额济纳绿洲胡杨林研究

李俊清　卢　琦
褚建民　王　艳　等　著

科学技术部社会公益研究专项（2005DIB4J141）资助

科学出版社
北　京

内 容 简 介

为了从理论上揭示额济纳绿洲退化原因和实践上恢复退化植被，自2000年开始，系统研究了额济纳绿洲群落生物多样性、胡杨生物学特征、胡杨和柽柳次生代谢物质分布及其与环境条件的关系。在此基础上，进行了干旱地区植被恢复技术的实践，取得了显著效果。

本书是一本研究专著，主要供生态学和林学领域的科技人员参考。

图书在版编目(CIP)数据

额济纳绿洲胡杨林研究/李俊清等著. —北京：科学出版社，2009
ISBN 978-7-03-026379-7

Ⅰ. 额… Ⅱ. ①李…②卢…③褚…④王 Ⅲ. 绿洲-胡杨-研究-额济纳旗 Ⅳ. S792.119

中国版本图书馆CIP数据核字（2010）第006440号

责任编辑：甄文全 / 责任校对：邹慧卿
责任印制：徐晓晨 / 封面设计：耕者设计工作室

科学出版社出版
北京东黄城根北街16号
邮政编码：100717
http://www.sciencep.com

北京厚诚则铭印刷科技有限公司 印刷
科学出版社发行 各地新华书店经销

*

2009年12月第 一 版 开本：787×1092 1/16
2017年 3月第二次印刷 印张：12 1/4 插页：4
字数：350 000

定价：68.00元

编 委 会

主　编： 李俊清　卢　琦　褚建民　王　艳

统　稿： 王　艳　李俊清

编写人员（按姓氏汉语拼音排序）：

程春龙　褚建民　崔向慧　高润宏

康秀亮　李景文　李俊清　刘　松

刘艳红　卢　琦　王　艳　王旭航

武逢平　张　昊　张玉波　张秋岭

前言

胡杨（*Populus euphratica* Oliv.）是我国西北地区极干旱荒漠绿洲的生态关键种，天然分布在河流沿岸，是该区域唯一可建群的高大落叶乔木。因具有耐盐碱，抗风沙，抗大气干旱等特性，其潜在的遗传多样性价值、生态作用和开发应用价值越来越引起人们的关注。本书以胡杨为主要研究对象，同时结合干旱荒漠地区植被变化情况，系统阐述荒漠绿洲生态退化机制和恢复的理论、退化的标准和指标体系，以及生态系统恢复的管理等问题，这也是近 20 多年来恢复生态学的前沿领域。

目前，在我国干旱、甚至半干旱地区，由于全球气候变暖、人口过多及不合理放牧，使天然植被生物多样性减少、生产力下降、畜种退化。绿洲生态环境急剧恶化不仅给当地居民带来严重的威胁，也成为风沙起源中心。在这种情况下研究干旱地区建群种生态特征，评价退化状态和建立恢复管理措施，对我国干旱荒漠区植被恢复和防止环境进一步恶化具有重要的学术价值和应用前景。

额济纳盆地是我国境内的主要分布区，由于黑河断流，造成该区胡杨种群面积缩小，天然更新速度减慢，甚至停滞，种群出现明显的衰退现象。荒漠植被面积急剧缩小，成为华北地区风沙的主要策源地。所以，如何从理论上认识胡杨种群的生态特性，研究适合当地植被特点的恢复措施，减少风沙，具有重要的实践价值和示范作用。

本书针对胡杨在各物候期的生物学特征，及其对应的气象条件，进行了相对完整、系统的研究。对不同的胡杨个体进行繁殖分配调查，总结胡杨繁殖对策和生活史对策；通过研究胡杨种子散布、种子命运及土壤种子库，揭示胡杨种子萌发选择机制；对胡杨根系分布特征、根蘖、根蘖芽及其不定根的形态和分布特征等，进行了深入、细致地观察和研究，探讨了胡杨无性繁殖能力与相关环境因子的关系，以及萌蘖苗与胡杨群落特征的关系；调查研究了额济纳绿洲胡杨种群和群落的更新、演替现状，不同生境中胡杨的繁殖更新方式；分析了胡杨体内酚类次生代谢物含量、分布以及对环境因子的响应，探索酚类物质在极端干旱地区对植物适应性的作用；最后分析了额济纳地区生态系统敏感性，在对不同植物群落的研究的基础上，建立了植被退化评价指标体系，并针对不同退化程度的植被进行了恢复实践。

在本书成稿之际，衷心感谢内蒙古额济纳旗林业局谭志刚、阿木古郎、雒金玉以及已故的李德平同志，在研究工作中给予的大力支持和无私奉献；感谢北京林业大学崔国发、廖荣苏、吕玉华和郑景明等老师，在野外研究工作中的帮助；更要感谢北京林业大学李佳同学，在书稿编辑和整理过程中所付出的辛苦和努力。

书中凝聚了参加额济纳绿洲生态恢复课题研究工作所有科研人员的汗水和劳动。但是，由于时间、作者变动大以及水平有限，难免存在缺点和不足，敬请广大读者批评指正。

编　者

2009年10月于北京

目　　录

绪　论

1　胡杨

1.1　分类和形态特征

胡杨（*Populus euphratica* Oliv.），别名胡桐，因其叶形存在变异，又称异叶杨，蒙名：图日爱-奥力亚苏，属杨柳科（Salicacece）杨属（*Populus*），起源于化石种变叶杨（*P. norini* Chansy），是该属中最古老、最原始的一种树木，系上新世古地中海残遗物种，属珍稀濒危树种。根据1935年在新疆库车千佛洞、甘肃敦煌铁匠沟发现的胡杨化石推断，胡杨距今约有300万～600万年的历史。法国植物分类学家葛·阿·奥利维尔（G. A. Olivor）于1809年发现并命名为胡杨（丁托娅，1995）。

胡杨存在着巨大的自然变异，胡杨种的分类学还存在争议。国际杨树委员会认为，胡杨派只有一个种，即 *Populus euphratica* Oliv.，其他属于同物异名，或不宜独立划分为种，这些名称包括：*P. diversifolia* Schrenk，*P. ariana* Dode，*P. mauritanica*，*P. bonnetiana*，*P. litwinowiana* Dode，*P. glaucicomans*，*P. illicitana*，*P. pruinosa* Schrenk，*P. ilicifolia* Rouleau，*P. denhardtiorum* Dode。中国的杨树分类学家倾向于把胡杨派分为两个种，即胡杨（*P. euphratica* Oliv.）和灰胡杨（*P. pruinosa* Schrenk）。哈萨克斯坦和原苏联的杨树研究者则倾向于把胡杨派分为3个种，即 *P. diversifolia* Schrenk、*P. pruinosa* Schrenk 和 *P. litwinowiana* Dode，后者被认为是前两种胡杨的天然杂种（王世绩，1995）。

杨柳科被认为是起源于东亚区北部、早在白垩纪以前就已经分化形成的古老类群。胡杨组（Sect. *Turanga* Bge.）是杨属植物起源后在早期向西传播过程中，伴随大陆漂移、气候变迁及植物适应过程中独立演化形成的耐干旱大陆性气候的次生类群（丁托娅，1995）。在北半球，组成荒漠河岸林的主要乔木和灌木植物种类是杨属（*Populus*）与柳属（*Salix*）的一些植物。胡杨便是其中最典型的代表种类。胡杨不仅在形态和生理特征上有别于杨属的其他植物，而且在生境、种群格局、繁殖、种间关系与演替等方面也具有独特性。作为绿洲河岸林中的高大落叶乔木，胡杨是维护荒漠河岸林生态平衡的植物、动物和微生物有机组合的生态关键种（key species）。以胡杨建群的绿洲河岸林是荒漠区域具有代表性的、十分重要的非地带性植被类型（中国科学院中国植物志编委会，1978），对维系当地生态平衡具有不可替代的作用。因此，胡杨是干旱区及荒漠绿洲生态建设中宝贵的种质资源。

胡杨因其耐高温和耐盐碱等特性而显著区别于其他杨树种类。1984年，胡杨被列为《中国濒危保护植物名录》的Ⅲ级濒危保护植物种之一。在联合国粮农组织（FAO）林木基因资源专家组于1993年6月召开的例会上，胡杨被确定为全世界干旱和半干旱地区急需优先保护的林木基因资源。

胡杨作为干旱荒漠区域绿洲天然分布河岸林中唯一可建群的高大落叶乔木，是适应于荒漠区域极端环境条件下的产物，具有耐盐碱、抗风沙、抗大气干旱等许多特性。长期以来，尤其在胡杨种群日渐衰退、分布面积日趋减少的今天，胡杨其潜在的遗传多样性价值、科研价值、环境生态作用和开发应用价值越来越引起人们的关注。

1.2　地理分布

胡杨分布具有地域跨度大、不连续性和沿河两岸廊道状分布的特点。全球胡杨林面积约为 6.48×10^5 hm^2，分布范围横跨欧、亚、非 3 个大陆，聚集在地中海周围至我国西北部和蒙古人民共和国干旱荒漠地带等 20 个国家，东西经向约覆盖 110°、南北纬度跨越约 50°（图 0.1）；其垂直分布范围较广，主要集中在海拔 800～1100m 的荒漠内陆河流沿岸冲积平原上，上限可达 2400m（王世绩，1995）。

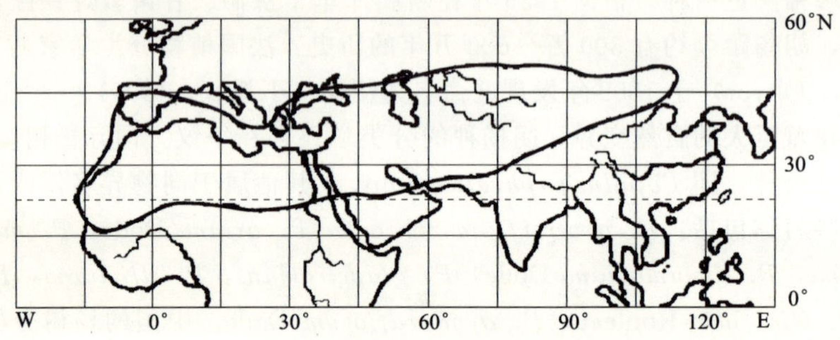

图 0.1　胡杨组分布示意图（仿丁托娅，1995）

我国现有胡杨林面积 3.95×10^5 hm^2，占全球胡杨林总面积的 61%以上，涉及西北地区的新疆、内蒙古、青海、甘肃和宁夏 5 个省（区）（表 0.1）。新疆维吾尔自治区塔里木河流域境内分布的胡杨林是目前全世界最大的天然胡杨林，面积约为 3.60×10^5 hm^2，占我国现有胡杨林面积的 91.1%。从塔里木盆地向西延伸至哈萨克斯坦，以及几个中亚共和国，构成了当今胡杨林分布的中心地带。据 1978 年调查，天然胡杨林总面积为 1.41×10^5 hm^2，是我国最大的一片胡杨林，占我国胡杨林面积的 37.28%，也是生长好、类型多、尚有较大面积未受人类干扰的原始天然林分。除塔里木河外，还有叶尔羌河、和田河、克里雅河、车尔臣河、孔雀河以及北疆准噶尔盆地的玛纳斯河、奎屯河和四棵树河等，沿河两岸形成廊道式胡杨林带，随着河流改道，远离河道的胡杨林逐渐衰老枯死，胡杨幼林伴随着新河道的形成而诞生。在新疆，胡杨林的垂直分布界线是海拔 800～1100m。其中，天山南坡上限 1300m，昆仑山上限 2300～2400m，罗布泊湖以下库鲁塔克山谷上限 2100m。内蒙古自治区境内的胡杨林面积约为 2.7×10^4 hm^2，占我国胡杨林面积的 5.1%，集中分布在西部额济纳绿洲的额济纳河谷地及其 19 条干、支流的河滩谷地，大部分为 15 年生以上的中龄林和成熟林，其中约 1/3 的林分为长势不佳的疏林。额济纳向东乌海市、临河市、包头市的达贸旗有零星分布。分布区内最适宜的自然成林环境是海拔 800～1100m 的河流冲积平原。分布在甘肃疏勒河水系的胡杨，面积约为 1.5×10^4hm^2，占我国胡杨林面积的 3.8%，其中 133hm^2 人工林。青海西部的柴达木盆地以西、昆仑山北麓、托拉海沿岸的河滩阶地和宁夏境内也有零星分布（王世绩，1995；刘钟龄等，2002）。

表 0.1　胡杨林在中国分布地点和面积

地点	新疆		内蒙古西部	甘肃西部	青海和宁夏	总计
	塔里木盆地	准噶尔盆地				
面积/hm^2	352 200	8000	26 700	15 000	零星分布	395 200
比例/%	89.1	2	5.1	3.8	—	100

注：内蒙古西部胡杨分布面积，根据王世绩（1995）、李俊清（2000）和司建华等（2005）相关资料整理；其余引自王世绩（1995）。

由于胡杨分布区域的经济相对落后以及对胡杨林维持荒漠地区生态平衡的功能认识不足，胡杨林遭受严重破坏，面积锐减到不足建国前的 1/2（王世绩，1996）。

2　胡杨的研究概况

20 世纪 90 年代，王世绩所著的《胡杨林》一书是我国第一部全面反映胡杨生物学、生态学特性的专著，具有开创性的意义。近十年来，针对胡杨的研究越来越多，成果逐渐丰富，本文将从个体、种群、群落三个层次进行总结。

2.1　个体生态研究动态

陈亚宁（2003）对塔里木河下游干旱胁迫下的胡杨生理特点的分析发现，胡杨体内的脯氨酸和脱落酸含量与地下水位变化密切相关。随着地下水位的下降、水分胁迫程度增大胡杨体内脯氨酸和脱落酸含量呈现明显增加态势。

在胡杨抗盐机理研究方面，谷瑞生等（1999）从细胞学的角度解释了胡杨细胞在盐胁迫下不易发生质壁分离的原因。马焕成等（1996，1998）对盐胁迫下胡杨的研究后发现，胡杨对盐分不是简单的拒吸机制，胡杨的根细胞中能够形成大量富含氯离子的小液泡，根和茎能够吸收和储存较多的盐离子而减少其进入叶组织。

胡杨表现 4 种耐盐机制：①减少叶片的数量和面积；②叶柄肉质化（叶面积随盐胁迫的增加而减少）；③茎和叶片的斥盐性；④选择吸收 K^+ 和 Ca^{2+} 以抵抗盐离子的毒性，并保持膜的完整性（马焕成等，1996）。

胡杨虽然是抗盐植物，但这是针对成熟个体而言，盐分会抑制胡杨种子的萌发（刘建平等，2004）。计巧灵等（2003）探讨了运用化学药品提高胡杨种子萌发率的方法。

2.2　种群研究动态

王让会和韦如意（2000）采用遥感与实地调查相结合的手段对塔里木河下游的胡杨种群进行了分析，结果表明，胡杨种群起源既有实生林，也有根蘖林；胡杨幼龄林、中龄林、近熟林和成过熟林依次分布在高位河漫滩、现代冲积平原和古老冲积平原上。何志斌和赵文智（2003）运用地统计学的方法，对黑河下游的胡杨种群进行研究后发现，老龄和幼龄胡杨种群的空间异质性尺度较小，老龄胡杨群落的密度和高度明显低于幼龄胡杨。

2.3 群落研究动态

大多数研究是对胡杨群落进行一般性的生态学描述。胡杨林的群落垂直结构较为简单，一般只含有 3 层，群落水平结构的不郁闭性和林窗现象普遍。群落年龄结构老化，种群呈衰退趋势，影响胡杨生长的主要因素是地下水位、土壤水分和土壤盐分的变化（李志军等，2003；张武文和史生胜，2002；张立运等，1995；刘钟龄等，2002）。水分和盐分是胡杨自然更新的主要制约因素（艾合买提·那由甫等，2002）。

3 额济纳绿洲胡杨现状

“林随水生”是胡杨林自然分布区最大特点之一，胡杨林水分布的地貌景观为冲积、洪积平原，凡有胡杨生长的地段，大都临近水源，地下潜水位高，土壤在夏季能得到河流洪水浸润，或有引洪灌溉条件。因此，可以说河流是根本，河漫滩是摇篮，地下水是命脉，胡杨林源于河流而受制于河流。但在现实条件下，由于塔里木河与黑河上游对水资源的不合理利用，导致河流下游的长时期、大范围断流，使胡杨生境的地下水补给量锐减，造成胡杨种群面积缩小，天然更新速度减慢甚至停滞，出现明显的种群衰退现象。

由于黑河来水量减少，河道断流时间增长，地下水位下降，沿河植被失去水源，长势明显衰退，面积急剧减少。20 世纪初到 50 年代末，额济纳绿洲生态系统处于相对稳定的状态；到 90 年代，植被总面积为 $2.67\times10^4 hm^2$，与 20～30 年代相比，减少了 $3.33\times10^4 hm^2$。绿洲的缩小必然包含着植被的衰退，森林覆盖率由 20 世纪 60 年代的 18%下降到 90 年代的 12%（李俊清，2000；司建华等，2005）。由于绿洲内生态环境恶化，特别是关系绿洲存亡的胡杨（*P. euphratica*）、柽柳（*Tamarix* spp.）和梭梭（*Haloxyron ammodendron*）等建群种形成的荒漠植被分布面积急剧缩小，衰退现象十分严重。胡杨林病虫害严重，林龄老化，退化严重（黄培佑，1991；李俊清，2000）。

4 胡杨群落类型

根据地形和群落学特征，可将额济纳绿洲胡杨群落分为以下四个类型（表 0.2）：

表 0.2　额济纳绿洲胡杨群落特征表

因子			林型			
			河漫滩胡杨林	阶地胡杨+柽柳林	沙地荒漠化胡杨疏林	戈壁胡杨+柽柳+沙枣林
地形地势			支河道滩地、丘间平地	平地、半固定沙丘、低洼地	沙地、半固定沙丘	平地
立木因子	树种组成		10胡	6胡、4柽	10胡	4胡、5柽、1沙
	郁闭度		0.6	0.4	0.3	0.5
	年龄/年		18	14	25	20
	母树	株数	73	77	131	74
		胸径/cm	45.4	54.6	39.4	19.3
		树高/m	9.1	9.5	9.1	8.6
	面积/m^2		10754	17061.3	12560	1800
	活地被物		苦豆子、甘草、芦苇	骆驼蓬、黑果枸杞、甘草、芦苇、苦豆子	苦豆子、甘草	苦豆子、白刺、麻黄、苦菜
更新	株数		156	699	207	625
	等级		中	良	差	良
	总苗量/%		0.27	0.35	0.06	0.33
土壤	pH		8.68	8.67	9.13	8.86
	有机质/(g/kg)		4.91	20.38	1.67	2.36

(1) 河漫滩胡杨林（**Ass.** *Populus euphratica*）（图版ⅣD)。该类型主要分布于河成阶地、河漫滩、农田边缘等。由于胡杨的庇荫，柽柳得不到充足的阳光而衰退，从而形成胡杨异龄纯林。草本植物有甘草、芦苇等。林木生长较好，林相较整齐，病虫害较轻，郁闭度0.4～0.8。林内及林缘偶见萌蘖更新苗的出现。

(2) 阶地胡杨+柽柳林（**Ass.** *Populus euphratica* + *Tamaris elongata*）(图版ⅣB)。该类型是胡杨中较稳定而分布广的林型，主要分布于古河道两侧或古河床及河成阶地上。林内植被有柽柳、苦豆子、甘草、芦苇、枸杞、骆驼蓬等。部分林内地表有盐结皮。林木生长一般，林相不整齐、多枯梢，郁闭度0.3～0.5，无萌蘖更新苗出现。

(3) 沙地荒漠化胡杨疏林（**Ass.** *Populus euphratica*）（图版ⅣC)。该类型主要分布于干河道及沙漠边缘以及丘陵低地，呈小片状或零星分布，由于水分缺乏，胡杨生长不良，灌木及草类也较少，草本植物有苦豆子、甘草等。地表沙化或形成盐结皮，林木生长较差，林相残败，立木多枯顶、树干中空，郁闭度0.2～0.4，病虫害相对严重。

(4) 戈壁胡杨+柽柳+沙枣林（**Ass.** *Populus euphratica* + *Tamaris elongata* + *Elaeagnus angustifolia*)。该类型林分是人工林，位于阿拉善荒漠植被保护与合理利用试验示范区，是纳林河防风固沙林带。在额济纳旗达来呼布镇西侧2km处，以乡土树种沙枣、胡杨和柽柳等乔灌木为主，同时引进适于荒漠戈壁条件生长的植物种。林木生长优劣并存，草本植物有苦豆子（图版ⅣE)、白刺（图版ⅣF)、苦菜等。郁闭度0.4～

0.6，存活率62％。

草本层多为根茎类草本植物。河岸阶地上，以耐盐碱草本为主。主要有甘草、苦豆子、骆驼蓬（图版ⅣG）、狭叶旋复花、芦苇、苦菜等，平均盖度15％。

参考文献

艾合买提·那由甫，李卫红，徐海量．2002. 塔河下游胡杨和红柳自然恢复的土壤条件初步研究．新疆环境保护，24（4）：6-10

陈亚宁．2003. 塔里木河的水资源利用与生态保护．地理学报，58（2）：215-222

丁托娅．1995. 世界杨柳科植物的起源、分化和地理分布．云南植物研究，17（3）：277-290

谷瑞生，蒋湘宁，郭仲琛．1999. 胡杨细胞和组织结构与其耐盐性关系的研究．植物学报，41：576-579

何志斌，赵文智．2003. 黑河下游荒漠河岸林典型样带植被空间异质性．冰川冻土，25：591-596

黄培佑．1991. 荒漠河岸胡杨林的生活周期对生境水条件的动态适应的研究．新疆环境保护，13（2）：5-10

计巧灵，黄培佑，孟东恒．2003. 提高胡杨种子萌发率初探．种子，5：7-8

李俊清．2000. 西北地区植被恢复与重建．北京林业大学学报，22（4）：1-7

李志军，刘建平，于军等．2003. 胡杨、灰叶胡杨生物生态学特性调查．西北植物学报，23：1292-1296

刘建平，李志军，何良荣等．2004. 胡杨、灰叶胡杨种子萌发期抗盐性的研究．林业科学，40（2）：165-169

刘钟龄，朱宗元，郝敦元．2002. 黑河流域地域系统的下游绿洲带资源——环境安全．自然资源学报，17（3）：286-293

马焕成，冯衍枝，王沙生．1996. 胡杨抗盐机理初探．北京林业大学学报，5：31-40

马焕成，王沙生．1998. 盐胁迫下胡杨的离子响应．西南林学院学报，18：42-47

司建华，冯起，张小由．2005. 黑河下游分水后的植被变化初步研究．西北植物学报，25（4）：631-640

王让会，韦如意．2000. 干旱区内陆河流域荒漠河岸林变化研究．北华大学学报（自然科学版），1：242-245

王世绩．1995. 胡杨林．北京：中国环境科学出版社

王世绩．1996. 全球胡杨林的现状及保护和恢复对策．世界林业研究，5：37-44

张立运，夏阳，安尼瓦尔．1995. 塔克拉玛干沙漠植被的生态学性质和持续发展．干旱区研究，12（3）：26-33

张武文，史生胜．2002. 额济纳绿洲地下水动态与植被退化关系的研究．冰川冻土，24：421-425

中国科学院中国植物志编委会．1978. 中国植物志．北京：科学出版社，20（2）：76

第 1 章　额济纳绿洲自然环境背景

1　自然地理条件

内蒙古阿拉善盟额济纳旗地处祖国北部边疆，是阿拉善盟的最西端，东与阿拉善右旗接壤，南与甘肃省金塔县毗邻，西与甘肃省肃北蒙古族自治县相连，北与蒙古国交界，地理坐标为 39°52′20″～42°47′20″N；97°10′23″～103°7′15″E，总面积 $1.14\times10^5km^2$（图 1.1）。

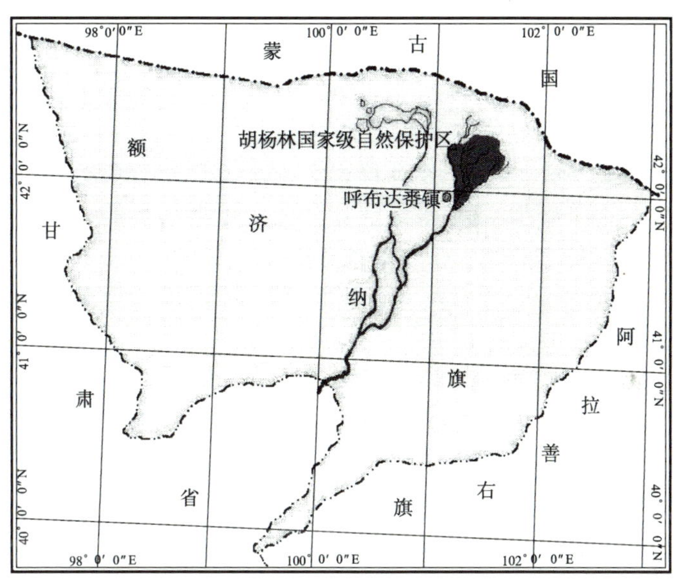

图 1.1　额济纳旗及胡杨林国家级自然保护区地理位置示意图

1.1　地形地貌

内蒙古西部受阿拉善弧形构造带的制约，处于马鬃山、龙首山和贺兰山构成的内蒙古高原的外缘山地，这些山地既是我国北方主要自然界线，也影响着很多自然要素呈东北—西南向的弧形分布。内蒙古高原西部是亚洲荒漠植物区的最东部，巴丹吉林沙漠、乌兰布和沙漠、腾格里沙漠和库布齐沙漠就分布于其中。

额济纳旗地势由西南向东北逐渐倾斜，四周高中间低，平均海拔 900～1 600m。在漫长的地质年代里，由于受地质构造和内外应力的控制，特别是外应力长期的风水侵蚀作用和堆积作用，形成了额济纳地区复杂的地貌结构。按其地貌形态和物质组成，主要地貌有洪积平原和风力沉积的半固定、固定沙丘和戈壁，其中戈壁面积 607 752.15hm^2，占该旗总面积的 5.93%；沙漠面积为 1 555 360.81hm^2，占总面积的 15.17%；低山丘陵面积为 4 830 521.57hm^2，占总面积的 47.15%；而天然林和湖滩草场只有 342 666.67hm^2，占总面积的 27.57%。总之，额济纳旗地处我国西北沙漠戈壁的腹地，自然条件十分恶劣。

1.2 气候

额济纳绿洲属于温带荒漠大陆性气候，冬季、春季受西伯利亚-蒙古冷高压控制，夏季、秋季为东南季风所影响，冬季严寒，夏季酷热，主要有以下特征（表 1.1）：

气候干旱，雨量稀少，分配不均。额济纳绿洲深居内陆，受东南湿润季风环流的影响极小。年平均降水量约 39.8mm，而且年际间降水变率大，一次降水量大于 10mm 者甚少。根据额济纳旗气象站 1954～2003 年（50 年）年降水量观测资料，额济纳地区年均降水量自 20 世纪 60 年代递减。按年代均值统计，60 年代为 39.36mm，70 年代为 36.70mm，80 年代为 23.48mm，且逐年度的减少幅度越来越大。在这 50 年的降水量中，年最大降水量出现在 1969 年（103.0mm），而最小值出现在 1983 年（7.0mm）。从 80 年代至 2003 年，有 6 年降水量低于 60 年代的最低年份（1962 年，17.6mm）。最多年降水量为最少年份的 13.3 倍。全年降水季节分配不均，降水多集中于 7～9 月，占全年降水量的 78.8%。11～3 月降水稀少，只占全年降水量的 5.1%。年平均蒸发量 3 537.0mm，是降水量的 79～109 倍；最高蒸发量达 4 035.0mm。一年中 5 月、6 月蒸发量最大，平均为 730.5mm。1 月蒸发量最少，为 43.4mm。空气十分干燥，绝对湿度 4.2mbar，年均大气相对湿度不足 35%，湿润系数小于 0.01，4～5 月相对湿度最小，平均为 25%，12 至次年 1 月较大，平均为 39%。

光照充足，热量丰富，温度变化剧烈。额济纳绿洲多年平均气温 8℃，多年平均极端最高气温 42.5℃，绝对最低气温－35.3℃。7 月平均气温达 26.3℃，1 月平均气温－12.0℃。年较差 34.6℃，7～9 月日温差可达 14～20℃，最大可达 43.1℃，平均日较差为 14～27℃，最高可达 43.8℃，春季气温与秋季气温几乎相等，春季气温陡升，秋季气温骤降，全年≥10℃的积温为 3 356.8℃。年平均无霜期 148 天。受全球气候变温的影响，本地区近年气温持续上升，与 20 世纪 50 年代相比，90 年代以后，平均气温上升 0.3～0.8℃。研究区光热资源丰富，年均日照为 3 325～3 452h，5 月、6 月日照时数日均长达 11～13h，累年平均总辐射量太阳辐射总量为（6.50～6.71）×10^{5}J/(cm^2 · 年)，是仅次于西藏南部我国最高地区之一。

该区风沙频繁、旱风同季、风蚀强烈。全年平均风速 4.4m/s，以春季 3～5 月风速最大，平均在 4.8m/s。冬季平均风速 4m/s，历年最大瞬时风速为 31.0m/s，西北风盛行。多年平均（1970～2003 年）大风日数 52 天，扬沙日数 35.2 天，年平均沙尘暴日数 9.1 天，年最多沙尘暴日数 28 天。起沙风次数每年 200～250 次以上，主要集中于春季，因此 3～5 月是地表受侵蚀最严重的季节。全年 8 级以上大风日数平均 8 天。在严酷与极不稳定的大气条件下，再遭遇西伯利亚强冷空气南下所形成的强对流，可形成 8～12 级的风力。1993 年春季（4 月 20～23 日，5 月 5～6 日）和 1994 年春季（4 月 6 日）连续发生 3 次强沙尘暴，黄褐色的强沙尘暴由西北向东南席卷直下，袭击河西走廊

表 1.1 额济纳绿洲基本气象参数表

月份	降水相对变率/%	总辐射量/(MJ/m^2)	光合有效辐射/(MJ/m^2)	平均日照时数/h	日平均照百分率/%	平均气温/℃	极端最低气温/℃	降水量/mm	=0.1mm降水日数/d	降水变率/%	最长连续降水日数及其量/(d/mm)	最长连续无降水日数/d	平均相对湿度/%	蒸发量/mm
1	144	311.1	150.9	231.7	79	−11.9	−33.4	0.2	0.4	144	2/0.2	166	50	36.3
2	—	376	182.4	235.1	79	−7.3	−35.3	0.3	0.3	164	2/5.8	194	39	70.2
3	—	534.7	259.3	279	76	1.7	−21.7	0.7	0.5	132	2/2.4	225	29	190.7
4	137	678.7	329.2	304.2	76	10.9	−13.7	1	0.6	137	2/8.8	255	24	382.4
5	—	824.8	400	341.5	76	19.1	−5.1	4.2	1.3	129	3/8.5	285	22	559.9
6	—	771.6	374.2	342.2	75	24.5	4.3	5.2	2.7	90	3/45.7	198	27	624.3
7	64	746.9	362.3	336.8	73	26.4	10.3	11.8	4.3	64	4/28.0	159	34	609.9
8	—	677.4	328.5	328.2	77	24.4	5.5	8.5	3.8	64	4/9.1	57	35	555.1
9	—	582.8	282.7	305.6	82	17.4	−4.5	3.2	1.7	116	2/2.5	45	34	376
10	136	468.1	227	284.1	83	8.1	−12.9	2.2	0.8	136	2/9.9	74	35	224.2
11	—	317.8	154.1	237.2	81	−2.2	−27.3	0.5	0.4	162	3/4.5	104	40	99.4
12	—	273.4	132.6	223.1	79	−10.3	−35.2	0.1	0.2	171	2/0.7	135	49	41.2
全年	39.8	6563.2	3183.2	3448.4	78	8.4	−35.3	37.9	16.9	43	4/28.0	285	35	3769.6

注:引自马玉明,1999;数据测定时间为1954～2003年(50年)。

和宁夏平原北部的广大地区。沙尘暴中心的能见度为“零”，据与沙尘暴中心相距1200km（直线距离）的宁夏中卫县“沙坡头治沙站”观测，瞬时最大风速 37.9m/s，降尘 25.6mg/cm^2。

1.3　土壤

额济纳绿洲及其周围土壤可分为 11 个土类、24 个亚类和 28 个土属。在高含碳酸盐风化壳的基础上，由于自然条件和人为活动的综合影响，各种各样的成土过程塑造出这一带土质粗砺、有效土层薄、土体干燥、土壤可溶性盐类聚集表层、碳酸盐增加、有机质缺乏、有效成分不高、土壤生产能力低的荒漠化土壤类型。灰棕漠土是主体土壤类型，广泛分布于全旗境内的高平原和冲积平原。草甸土和潮土主要分布于额济纳河河谷阶地和封闭洼地；盐碱土主要分布于拐子湖、古日乃湖及东、西居延海等湖盆地周围；漠境盐土主要分布于北部高原封闭洼地；石质土、粗骨土、新积土主要分布于东西及南部的剥蚀残丘、残山和洪积山面；风沙土除巴丹吉林沙漠为代表外，在额济纳河西岸尚有带状分布；龟裂土面积很小，主要分布于高原或平原上的局部蝶形洼地。全旗土壤类型比较简单，母质组成比较粗，砾漠广布，土壤发育不完全，土层薄，土壤肥力低，植被稀少，土地利用价值较低。

1.4　水文

地表水资源主要有河流和湖泊两种形式。额济纳河是内蒙古西部阿拉善高原荒漠区少有的内流河，是胡杨林赖以生存的母亲河。境内流长 168km，平均河宽 250m。水量主要来源于祁连山冰雪融化水和黑河上中游春秋两季洪水下泄，70%以上集中在 1～3 月和 7 月、8 月。由于额济纳旗境内不产生径流，因此其行水期长短、地表径流量大小主要取决于黑河上中游水量的自然变化及人为用水的多少。自 1949 年以来，额济纳河行水期缩短，入水量的年际变化总体上呈现出逐步下降的趋势，且在水量上和时间上都表现出明显受人为因素控制的特点（王根绪和程国栋，1998）。

境内平原上湖泊分布较少，水量也不大，但分布在绿洲区的内部或边缘的湖泊与胡杨林关系密切。较大的湖泊主要有被分别称为苏泊淖尔和嘎顺淖尔的东、西居延海以及巴丹吉林沙漠西缘和西北边缘的古日乃湖和拐子湖。古日乃湖、拐子湖等主要依靠地下水溢出补给；北部的居延海则主要靠河水补给。由于河水量逐年减少，河道断流，而终端湖泊干涸，大小湖泊竭泽，消失水域面积 2527km^2（陈建生等，2004）。

额济纳平原在地质构造上为构造盆地，盆地内巨厚的第四纪松散沉积物，构成了良好的贮水空间，为盆地内地下水的形成和贮藏提供了良好的条件。盆地中地下水的贮存与补排关系表现出典型的干旱区水文地质盆地特征：由于地形闭塞，地下水的补给来源主要有黑河水季节性的垂向渗漏补给（平均年补给量为 1.93×10^8 m^3，占补给总量的 66.38%以上）（杨国宪等，2003），大气降水的入渗补给，相邻鼎新盆地的侧向径流补给，盆地东南部巴丹吉林沙漠潜水的侧向径流补给，外围基岩山区裂隙孔隙水及基岩裂隙水的侧向径流补给。地下水系统的排泄主要有：潜水的蒸发排泄、植被的蒸腾排泄及工农业生产和居民生活对地下水的开采。其中，蒸发蒸腾的散失占绝大部分，蒸发蒸腾量达 $6.51\times10^{8}m^{3}$，约占总排泄量的96.75%（杨国宪等，2003）。

在潜水埋深和水化学特征上，表现为从盆地边缘的单一潜水含水层，向盆地中心的多层含水层，潜水位埋深由深变浅，矿化度由低变高。在盆地边缘，潜水埋深一般在10～30m，个别地区变浅为5m左右；矿化度小于1g/L，少数地区可达5g/L。在双层过渡带，潜水位埋深戈壁区在5～10m，近河部位和局部洼地小于5m，近河部位地下水矿化度一般小于3g/L，地下水化学类型：HCO_3^--SO_4^{2-} 或 SO_4^{2-}-HCO_3^- 型。潜水矿化度在南部和西部地区在3g/L以下，北部地区大于5g/L。在沉降中心区，潜水埋深多在4m以内，水质较上游更差，矿化度一般在3g/L以上，湖盆中心区大于5g/L，古日乃湖区最高可达30～42g/L；而承压水，无论是浅层承压水，还是深层承压水，均为矿化度1g/L以下的淡水。自20世纪60年代起，地下水位大幅下降，水质矿化度明显增高。沿河地带表现尤为突出，据调查沿河原有约800多眼井，已有120多眼不能供水，还有近300眼井水量不足，局部地段矿化度可达3～5g/L或者更高，导致绿洲植被衰退、危及当地民众的生产和生活（张武文和史生胜，2002）。

本区大气降水对地下水的直接补给作用十分微弱。但降水对增加土壤含水量，抑制蒸发具有重要作用，因此降水对干旱少雨的额济纳平原仍是一种重要的水资源形式。以多年平均降水量39.8mm计，入渗系数取0.1，补给面积按 $3.4\times10^{4}km^{2}$ 计算，整个平原区年降水平均补给量大约为 $1.353\times10^{8}m^{3}$。

2 天然植被

2.1 植物种类和区系

额济纳旗地处温带荒漠区域，植物区系组成是中国荒漠区系中相对丰富的地区，境内有高等植物152种，隶属于33科109属。其中，木贼科为单属单种科；种子植物涉及32科、108属、151种；被子植物包括31科、107属、148种，包含双子叶植物26科、78属、112种；单子叶植物有5科、29属、36种（表1.2）。藜科、豆科、菊科和禾本科种类相对丰富，共有79种、58属，单属科有15科包含19种，杨柳科、罂粟科、瓣鳞花科等12科各仅含1种植物（表1.3）。在内蒙古只有在额济纳地区分布的荒漠物种有40种，占额济纳植物种总数的25.2%。被列入《中国濒危保护植物名录》的Ⅱ级种类有肉苁蓉（*Cistanche deserticola*），Ⅲ级种类有胡杨（*Populus eupharatica*）、梭梭（*Haloxyron ammodendron*）和裸果木（*Gymnocarpos przewalskii*）；瓣鳞花（*Frankenia pulverulenta*）、肉苁蓉同时被列为《濒危野生动植物种国际贸易公约》中的Ⅱ级植物种类，瓣鳞花被列为《国家重点保护野生植物名录》中的Ⅱ级植物种类。

表 1.2 额济纳旗植物区系统计

植物类别			种	属	科
种子植物	被子植物	双子叶植物	112	78	26
		单子叶植物	36	29	5
	裸子植物		3	1	1
	小 计		151	108	32
蕨类植物			1	1	1
合 计			152	109	33

注：根据全国第三次草场普查内蒙古资料汇编整理统计。下同。

表 1.3 额济纳旗植物科属种组成统计

序号	科	属	种	序号	科	属	种
1	木贼科 Equisetaceae	1	1	18	锁阳科 Cynomoriaceae	1	1
2	麻黄科 Ephedraceae	1	3	19	蓝雪科 Plumbaginaceae	1	2
3	杨柳科 Salicaceae	1	1	20	夹竹桃科 Apocynaceae	1	1
4	蓼 科 Polygonaceae	4	6	21	萝摩科 Asclepiadaceae	2	2
5	藜 科 Chenopodiaceae	15	23	22	旋花科 Convolvulaceae	2	3
6	石竹科 Caryophyllaceae	3	3	23	紫草科 Boraginaceae	2	3
7	毛茛科 Ranunculaceae	2	4	24	马鞭草科 Verbenaceae	1	1
8	罂粟科 Papaveraceae	1	1	25	茄 科 Solanaceae	2	2
9	十字花科 Cruciferae	4	4	26	玄参科 Scrophulariaceae	1	1
10	蔷薇科 Rosaceae	2	2	27	列当科 Orobanchaceae	2	3
11	豆 科 Leguminosae	12	15	28	菊 科 Compositae	10	18
12	牻牛儿苗科 Geraniaceae	1	1	29	眼子菜科 Potamogetonaceae	1	1
13	蒺藜科 Zygophyllaceae	3	8	30	水麦冬科 Jucaginaceae	1	2
14	锦葵科 Malvaceae	1	1	31	禾本科 Gramineae	21	23
15	瓣鳞花科 Frankeniaceae	1	1	32	莎草科 Cyperaceae	4	6
16	柽柳科 Tamaricaceae	2	4	33	百合科 Liliaceae	2	4
17	胡颓子科 Elaeagnaceae	1	1				

额济纳旗代表植物以亚洲中部荒漠成分及古地中海成分占优势，并含有中亚成分，说明本区地处亚洲荒漠东部，受蒙古草原区系影响，与地中海区系有较密切联系。缺乏地方特有成分，只有 2 个特有属，没有特有种。与毗邻区比较，说明本区属于西南蒙古亚地区（表 1.4）。

表 1.4　额济纳旗植物区系地理成分

区系地理成分	种数	百分比/%
全球分布种	5	3.3
泛北级种	8	5.3
古北极种	6	4.0
东古北极种	4	2.7
东亚种	4	2.7
华北种	1	0.7
古地中海种	25	16.7
黑海-哈萨克-蒙古种	2	1.3
哈萨克-蒙古种	4	2.7
达乌里-蒙古种	4	2.7
蒙古种	2	1.3
戈壁蒙古种	8	5.3
戈壁种	31	20.7
亚洲中部种	24	16.0
西戈壁种	2	1.3
阿拉善种	1	0.7
东阿拉善种	1	0.7
中亚种	8	5.3
未定种	10	6.7

2.2　植物生活型与水分生态类型

额济纳旗内植物的生活型组成相对单一，多年生草本占优势，共有 70 种，占全部维管植物的 46.1%；一二年生草本植物，有 42 种，占 26.3%；灌木和半灌木各占 13.2%和 12.5%。根据 C. Raunkiaer 生活型系统生活型组成可分为：地面芽植物最多，占 34.2%；一年生及地下芽植物次之，分别占 22.7%和 17.1%；地上芽植物 25.0%；高位芽植物 2.0%（表 1.5，表 1.6）。植物的水分生态类型包括水生到旱生的各种类型。其中，旱生植物占优势，共有 92 种，占全部维管植物的 60.5%；中生植物居其次有 52 种，占 34.2%；水生植物 1 种，占 0.7%；湿生和湿中生植物有 7 种，占 4.6%（表 1.7）。

表 1.5　额济纳旗植物组成统计

数量	生活型					
	乔木	半乔木	灌木	半灌木	多年生草本	一二年生草本
种数	2	1	20	18	69	42
百分比/%	1.3	0.7	13.2	11.8	45.4	26.3

表 1.6　额济纳旗植物生活型统计

数量	生活型				
	高位芽植物	地上芽植物	地面芽植物	地下芽植物	一年生植物
种数	3	38	52	26	33
百分比/%	2.0	25.0	34.2	17.1	22.7

表 1.7　额济纳旗植物水分生态类型

数量	生活型								
	水生	湿生	中生			旱生			
			湿中生	典型中生	旱中生	中旱生	典型旱生	强旱生	超旱生
种数	1	7	1	44	7	8	67	11	6
百分比/%	0.7	4.6	0.7	28.9	5.3	4.6	44.1	7.2	3.9

2.3　植被群落类型与结构

温带荒漠植被是境内地带性植被，主要代表群系有红沙荒漠（**Form.** *Reaumuria soongorica*）、砾石戈壁上的膜果麻黄荒漠（**Form.** *Ephedra przewalskii*）、霸王柴荒漠（**Form.** *Zygophyllum xanthoxylum*）、覆沙戈壁上的泡泡刺荒漠（**Form.** *Nitraria sphearocarpa*）、石质低山残丘上的合头藜荒漠（**Form.** *Sympegma regelii*）、短叶假木贼荒漠（**Form.** *Anabasis brevifolia*）和坡麓分布的少量的裸果木荒漠（**Form.** *Gymnocarpos przewalskii*）等，并由上述诸多群系组成了稀疏的荒漠植被。在略有地下水补给的地段常分布梭梭荒漠（**Form.** *Haloxyron ammodendron*）和星散分布的蒙古沙拐枣荒漠（**Form.** *Calligonum mongolicum*）等。马鬃山山地延伸至额济纳旗的西南部，并构成了简单的山地垂直植被带。额济纳河沿岸发育的成片柽柳（**Form.** *Tamarix* spp.）灌丛、胡杨林（**Form.** *Populus euphratica*）和沙枣林（**Form.** *Elaeagnus angustifolia*）形成了具有绿洲典型特色的河岸林，芦苇（*Phragmites communis*）、拂子茅（*Calamagrostis epigejos*）、芨芨草（*Achnatherum splendens*）等组成的草甸群落片段，共同构成了该地区较发达的隐域性植被（表 1.8）。

表 1.8　额济纳绿洲植物群落及其生境类型

植物群落类型		生境类型
芦苇沼泽化草甸	**Form.** *Phragmites communis*	河滩湿地、湖滨湿地
拂子茅草甸	**Form.** *Calamagrostis epigejos*	河滩地
芨芨草盐化草甸	**Form.** *Achnatherum splendens*	河滩地、湖盆洼地
赖草盐化草甸	**Form.** *Leymus secalinus*	河滩地、湖盆洼地
苦豆子旱生化草甸	**Form.** *Sophora alopecuroides*	河流沿岸盐化低地
骆驼刺盐生草甸	**Form.** *Alhagi sparsifolia*	河流沿岸及湖盆盐化低地
胡杨疏林	**Form.** *Populus euphratica*	河滩地、古河道、阶地
长穗柽柳灌丛	**Form.** *Tamaris elongata*	高河滩地、湖盆洼地
沙枣疏林	**Form.** *Elaeagnus angustifolia*	河滩地

河岸胡杨林垂直结构明显，一般只有两层，最多不超过三层，即乔木层、灌木层和草本层；甚至许多地段只有稀疏的胡杨矗立在裸沙地上。在地表干燥、土壤缺水、盐分多的成熟林中，缺少草本植物层。林分常为纯林，乔木树种以胡杨为主，偶见混生有沙枣（*Elaeagnus angustifolia*），林分稀疏，郁闭度0.2～0.4，下木以柽柳（*Tamarix* spp.）为优势种。在河滩地盐化草甸上，植物种类较多，有芦苇（*Phragmites communis*）、黑果枸杞（*Lycium ruthenicum*）、白刺（*Nitraria* spp.）、盐爪爪（*Kalidium foliatum*）、盐穗木（*Halostachys caspica*）、猪毛菜（*Salsola collina*）、蒙古猪毛菜（*S. ikonnikovii*）、鸦葱（*Scorzonera austiaca*）、飞廉（*Carduus crispus*）、胀果甘草（*Glycyrrhiza inflata*）、苦豆子（*Sophara alopecuroides*）、骆驼刺（*Alhagi sparsifolia*）、赖草（*Leymus chinesis*）、芨芨草（*Achnatherum splendens*）、狗尾草（*Setaria viridis*）、金色补血草（*Limonium aureum*）、骆驼蓬（*Peganum harmala*）、沙拐枣（*Calligonum mongolicum*）、膜果麻黄（*Ephedra przewalskii*）、银灰旋花（*Convolvulus ammannii*）、梭梭（*Haloxylon ammodendron*）等，覆盖度30%～50%。

乔木层的建群种为胡杨，个别林分中伴生种为沙枣。胡杨及沙枣位于垂直结构的上层，构成群落的主体，起主导作用。高大母树（平均高11m，平均胸径51cm）纯林生长较差，林相残败，立木多枯梢或枯死，空心、病腐木随处可见。更新老林林相不整、密度过大，树木个体生长优劣并存。

灌木层以柽柳为主，分布于垂直结构的中层，在群落中起重要的作用；随着土壤水分和盐分变化，还有白刺、膜果麻黄、梭梭、黑果枸杞侵入。灌木层多稀疏，盖度20%～30%。只有河漫滩地柽柳胡杨林中，灌木层盖度50%～60%。而各种草本植物，如苦豆子、胀果甘草、骆驼刺、芦苇、拂子茅以及各种杂类草位于下层。群落的水平结构相对简单。水平结构和垂直结构，体现了荒漠河岸林空间结构上的镶嵌性和复合性。在时间尺度上，随着荒漠河岸植被发育过程的更替，荒漠河岸林群落的季相变化亦十分明显。在一定空间地域上，胡杨群落以主河道为对称轴，向河流两岸呈近似阶梯状分布，即在河漫滩、一级阶地、二级阶地等阶地以及不同的地貌部位上，均分布有发育阶段和生长状况不尽相同的荒漠河岸林。因分布区域的地形地貌、水分状况、盐分条件以及植物生长发育和演替过程不同，在植物种类组成和群落结构上形成各类型群落。滩地土壤盐分含量高，地表形成盐结皮，胡杨难以生长。平地较盐碱滩地相对而言盐分含量少，具有一定的养分含量和保肥能力，因此平地上胡杨生长较好。沙丘坡度越大胡杨林密度越小。因为随沙丘坡度增大，相对地下水位下降，无法满足胡杨林生长发育需要（图1.2）。

由于额济纳河穿行于低丘和戈壁中间，致使其形成的冲积平原明显受地形的约束，河道仅能在有限的范围内摆动，使胡杨、柽柳聚生于河道周围较狭小的区域。尽管历史时期曾因水量充裕而绿洲范围较现在宽广，但绿洲的轮廓基本稳定（高华君，1987；龚家栋和董光荣，1998；王永兴和张小雷，1999；董智等，2000；刘钟龄等，2002；申元村和汪久文，2003）。

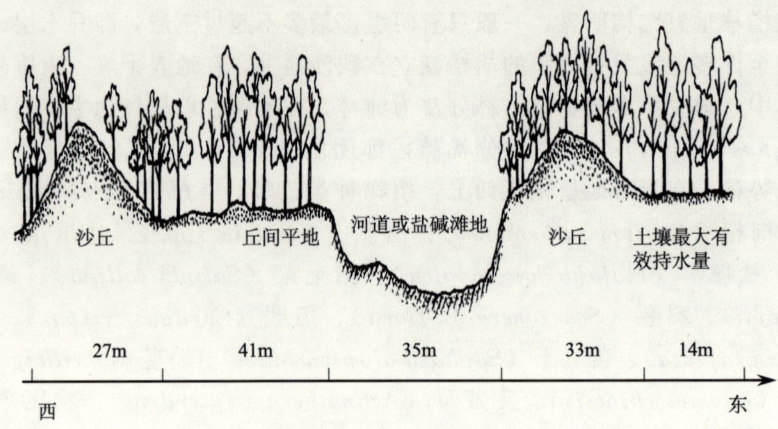

图 1.2 保护区胡杨林地形分布断面示意图

注：数字代表对应部分的宽度

3 动物资源

额济纳地区的动物共计 5 纲 21 目 43 科 118 种，其中被认定的国家Ⅰ级保护野生动物 9 种，它们是：雪豹（*Panthera uncia*）、野驴（*Equus hemionus*）、野马（*Equus przewalskii*）、野骆驼（*Camelus ferus*）、北山羊（*Capra ibex*）、黑鹳（*Ciconia nigra*）、胡兀鹫（*Gypaetus barbatus*）、波斑鸨（*Otis undulata*）、遗鸥（*Larus relictus*）；国家Ⅱ级保护野生动物 34 种，它们是：荒漠猫（*Felis bieti*）、猞猁（*Lynx lynx*）、水獭（*Lutra* spp.）、鹅喉羚（*Gazella subgatturosa*）、白琵鹭（*Platalea leucorodia*）、疣鼻天鹅（*Cygnus olor*）、白额雁（*Anser albifrons*）、苍鹰（*Accipiter gentilis*）、雀鹰（*Accipiter nisus*）、凤头蜂鹰（*Pernis ptilorhynchus*）、大鵟（*Buteo hemilasius*）、鹰雕（*Spizaetus nipalensis*）、草原雕（*Aquila rapax*）、秃鹫（*Aegypius monachus*）、白尾鹞（*Circus cyaneus*）、草原鹞（*Circus macrourus*）、鹊鹞（*Circus melanolencos*）、短趾雕（*Circaetus gallicus*）、游隼（*Falco peregrinus*）、燕隼（*Falco subbutes*）、灰背隼（*Falco columbarius*）、红脚隼（*Falco vesperetinus*）、黄爪隼（*Falco naumanni*）、红隼（*Falco tinnunculus*）、蓑羽鹤（*Anthropoides virgo*）、小青脚鹬（*Tringa guttifer*）、黑腹沙鸡（*Pterocles orientalis*）、纵纹角鸮（*Otus brucei*）、普通角鸮（*Otus scops*）、雕鸮（*Bubo bubo*）、纵纹腹小鸮（*Athene noctua*）、长耳鸮（*Asio otus*）等。

4 自然环境问题

从 20 世纪 50 年代以来，特别是近 10 年来，黑河下泄水量大幅度减少，从甘蒙交界处的狼心山进入额济纳河的多年平均径流量由 8 亿～10 亿 m^3 减少到 3.05 亿 m^3，1992 年最小，仅为 1.83 亿 m^3。河道断流周期从 50～60 年代的 100 天左右延长到 90 年代的 200 多天左右。50 年代末，黑河的终端湖区——西居延海和东居延海分别保持水域面积为 267km² 和 35.5km²。上游来水减少后，西居延海于 1961 年干枯，成为草木不生的戈壁、盐漠；东居延海也于 1992 年完全干枯，湖底死鱼遍地，满目凄凉。古人笔下“湍漭不息”的居延海从此成为历史。当地地下水也因得不到地表水的补给，水位持续下降，水质逐渐恶化。目前已有 60%的水井供水不足，10%的水井干枯。地下水矿化度普遍增高到 1～3g/L，两湖地区井水含氟量、含砷量普遍超标。

水资源条件的改变使额济纳绿洲急剧萎缩，植被退化，荒漠化加速蔓延。额济纳河沿岸原有的 726km² 河岸林，正以每年 26km² 的速度消减。与 20 世纪 50 年代相比，胡杨、沙枣林现已减少 54.6%，柽柳林减少 33%。成片枯死的胡杨林在河岸阶地上比比皆是，而残存林又多处于过熟状态，长势衰退，林中病虫害日益加剧，每年重灾面积都在 400km² 以上。原先在洼地、湖畔边成片分布的芨芨草甸、芦苇沼泽，如今已消失殆尽，无处可寻。相反，荒漠化土地迅速扩张。额济纳河两岸的灌丛沙丘逐渐活化，相连成片，向南已与巴丹吉林沙漠相接；东居延海、西居延海盐漠广布，湖岸沙丘正向湖内逼近；古日乃湖与拐子湖周边已形成重盐土和斑状梭梭林沙地；额济纳河沿岸 102km² 灌耕地除勉强维持灌溉 7km² 外，余者皆因沙化、盐化而弃耕。近 20 年来，额济纳绿洲已新增沙质荒漠化土地 3500km²，绿洲内外有 34%的草场严重退化。伴随着环境恶化，原有的 130 多种可食牧草现仅存 20 多种，杂草、毒草蔓延。荒漠草场的产量和载畜量分别下降了 43%和 46%，羊和骆驼的平均体重普遍下降了 50%左右。多年前还可见到的野驴、盘羊、黑灌、猞俐、天鹅等珍稀动物已基本上绝迹，迁途他乡，生态环境遭到严重破坏，额济纳绿洲正在加速向荒漠景观演变。

由于生态环境的恶化，一部分牧民沦为“生态难民”，四处迁徙；一些嘎差（村）、苏木（乡）也不得不搬迁到有水的地方重建，农牧业生产难以维持而陷入困境。同时，由于绿洲生态系统的防护功能大大削弱，突发性灾害频繁发生。1993 年、1994 年、1995 年连续发生三次特大沙尘暴，额济纳地区就是主要尘源地之一，并首当其冲，深受其害。这是本区生态环境恶化的总爆发，沙尘暴给阿拉善、河西走廊、银川平原、河套平原造成了巨大的经济损失和人员伤亡，直接、间接经济损失达到 15 亿元以上。

参考文献

陈健生，赵霞，汪集旸等．2004. 巴丹吉林沙漠湖泊钙化与根状结核的发现对研究湖泊水补给的意义．中国岩溶，23（4）：277-283

董智，姚云峰，李红丽．2000. 额济纳绿洲生态环境现状与综合治理对策．干旱区资源与环境，14（5）：1-4

高华君．1987. 我国绿洲的分布和类型．干旱区地理，10（4）：23-25

龚家栋，董光荣．1998. 黑河下游额济纳绿洲环境退化综合治理．中国沙漠，18（1）：44-50

刘钟龄，朱宗元，郝敦元．2002. 黑河流域地域系统的下游绿洲带资源——环境安全．自然资源学报，17（3）：286-293

马玉明．1999. 内蒙古资源大辞典．呼和浩特：内蒙古人民出版社

申元村，汪久文．2003. 中国绿洲．郑州：河南大学出版社

王根绪，程国栋．1998. 近 50 年来黑河流域水文及生态环境的变化．中国沙漠，18（3）：233-238

王永兴，张小雷．1999. 绿洲地域关系及其演变规律的初步研究．干旱区地理，22（1）：62-68

杨国宪，何宏谋，杨丽丰．2003. 黑河下游地下水变化规律及其生态影响．34（2）：27-29

张武文，史生胜．2002. 额济纳绿洲地下水动态与植被退化关系的研究．冰川冻土，24（4）：421-425

第2章　胡杨物候节律研究

植物物候（phenology）是进化生态中是最重要的现象之一，多年来已经吸引了许多生态学家的研究兴趣。生活史的季节性时间选择对植物繁殖是十分关键的，对于物种的存活也特别重要（Cole，1954；Gross，1991）。

20世纪80年代以来，许多学者开展了物候方面的研究，但大多物候研究常常集中在热带地区（Ollertonn and Dlaz，1999），特别是在热带干或湿的森林，温带地区则较少（Hastings，1982）。

Rathcke和Lacey（1985）指出，单物种的物候详细研究和相关物种的比较研究同样重要；植物发生在时间和空间上对生境的选择（作为环境选择的结果）是同样重要的。有关植物开花物候（flowering phenology）的研究表明：不同的物候特征对植物的生殖成功均有重要影响（Rathcke和Lacey，1985），如始花期（Dieringer，1991；Galen and Stanton，1991；Ollertonn and Dlaz，1999）和开花同步性（Augspurger，1983；Bolmgren，1998），并认为开花同步性是提高植物生殖成功的重要因素（Carol，1999），也是植物选择倾向于早期开花的证据（Campbell，1989，1991；Kelly，1992）。因此，在许多有花植物种群内，开花物候被认为是一个很重要的适合度因子。

针对胡杨物候及繁殖物候的研究，通常在关于胡杨的分类、生物生态学特性等相关论文（李志军等，1996，2003；乌日根夫等，2003；周正立等，2005）、植物志和专著等文献中（秦仁昌，1959；魏庆莒，1993；王世绩，1995）被提及，较为系统和完整的胡杨物候及繁殖物候的研究尚无报道。胡杨繁殖器官相关特征的研究有：李志军等（1996）进行了胡杨花粉活力与贮存条件的关系与花、果的空间分布格局（刘建平等，2003，2004）。胡杨地上分枝构型和繁殖器官在不同性别的个体、群体水平上的相关特征的研究尚没有学者涉足。

本章针对额济纳绿洲胡杨各物候期的生物学特征及其对应的气象条件进行了相对完整、系统的研究，特别是对胡杨繁殖物候进程中不同阶段、不同龄级雌雄个体开花、展叶和雌株果期的时间特性；雄株花粉数量、花粉活力及败育率；雌株座果率；不同龄级雌雄个体地上分枝、繁殖器官的数量特征；不同群落类型中胡杨最低、最高和平均生殖年龄等，进行了探索性研究。

1　材料与方法

1.1　样地和观察样株的设置

2003年和2004年2年生长季的3月15日至8月31日，在内蒙古额济纳旗的国家级胡杨林自然保护区，分别沿平行河道和垂直河道方向，选取有代表性胡杨群落分布地段，设立正方形样地50块，20m×20m。样地调查按常规方法进行，分别测定其树高、胸径、树龄、郁闭度、冠幅等群落学特征。同时还对各样地的环境因子进行调查，其中经纬度、海拔由 GPS（FAC 系列，台湾）实测，土壤因子采用常规土壤调查分析方法测定。在样地内，选取人为影响小、个体大小（基茎、高度）基本一致、冠形匀称、无偏冠及严重的枯梢与严重枯枝现象的胡杨雌、雄株的老龄（胸径＞50cm）、中龄（胸径：17～50cm）和幼龄（胸径 8～17cm）（孙洪祥和姚云峰，2000）标准木各 5～10 株，同时标记（不足部分，则按标准地方向在标准地外选择），作为定期固定观测样株。

1.2　胡杨的物候节律特征的研究方法

对样地选择及观测植株进行物候学观察（宛敏渭和刘秀珍，1979）。观测内容包括：冬芽萌动期、芽膨大期、芽开放期；开花初期、开花盛期、开花末期；展叶期；果期；叶黄及叶落期，并对形态特征进行观察记录。同时，参考额济纳旗林业局自 1990 年以来的部分物候观察记录资料。

个体及种群物候相的各阶段，根据植株及所观察对象（芽、花、叶、果）进入相应物候相的数量比例确定，≥5%为始期或进入该物候相；≥50%进入盛期等。个别物候相依具体特征而定，如展叶期可依据第 1～2 片叶展开的数量而确定。

1.3　胡杨种群繁殖物候特征的研究方法

1.3.1　胡杨种群花期物候特征的研究方法

每年自 4 月中旬第一株胡杨开花超过 5%开始，每天观察记录 1 次，直到花谢，对所有标记植株观察其开花进程。观测时记录各植株花序开放数量、开放的开始和持续的时间、计算相对开花强度（relative flowering intensity）。相对开花强度参考 Herrera（1991）方法并调整为下列公式进行计算：

$$\text{个体相对开花强度} = \frac{\text{植株现有花序数}}{\text{该植株开花高峰期的最大花序数}} \times 100\% \tag{2.1}$$

$$\text{个体群相对开花强度} = \frac{\text{进入花期后处于花期的个体数}}{\text{同性别、同龄级个体总数}} \times 100\% \tag{2.2}$$

$$\text{种群相对开花强度} = \frac{\text{进入花期后处于花期的个体数}}{\text{种群个体总数}} \times 100\% \tag{2.3}$$

开花强度是花分布频度相对地位比较的一种表达方式（Herrera，1991）。根据个体、群体和种群相应观测数计算开花物候参数：个体（群体或种群）总花期长度和平均花期长度（duration）；相对开花强度。始花日期（onset）、开花高峰日期和终花日期（end set）参照《中国物候观测方法》（宛敏渭和刘秀珍，1979）确定。上述参数中，均在植物个体、群体和种群三个水平上进行描述。个体水平的物候参数以所标记的全部个体的平均值计算。

1.3.2　胡杨种群物候期与生境水热条件的对应关系的分析

参照相对开花强度的统计计算方法，调查种子散布期种群内进入散布期的相对散布强度。并以此结合胡杨生长蒸腾耗水量与自然条件下额济纳河历史上年度内水量的季节动态和生长季平均气温用图解方式进行联系和对比分析，以揭示胡杨种群繁殖物候中两个最重要的物候期与生境水热条件的相互关系。

1.4 胡杨种群雌雄个体繁殖器官数量特征的研究方法

1.4.1 胡杨植株分枝级别的确定及指标测定

枝序的确定方法有多种，Strahler 法较为常用（王宁和刘济明，2004）。本文采用方法是：将植株主干定为 0 级，同期从主干分出的分枝定为Ⅰ级，由Ⅰ级枝同期分出的分枝定为Ⅱ级，以此类推。测量各级分枝的长度、基部直径及次级分枝数量。用量角器量取各个分枝的角度，统计各龄级植株上不同分枝角度的出现频数，最后进行加权平均，得出胡杨雌雄各龄级个体不同分枝级别的平均分枝角度。

1.4.2 胡杨种群个体繁殖器官数量统计方法

对胡杨个体分枝级数、各级分枝数、每枝花序数、每枝果穗数（雌株）进行统计；从不同龄级标准木上随机采集各 10 枚花序，分别贮于玻璃瓶中，分别计数每一花序花朵数（雌雄株）、花朵花药数、花药花粉量（雄株）、花朵雌蕊数、果穗的果实数、果实内种子数（雌株）等，取同龄级个体的加权平均值作为每一指标的数值。

1.4.3 胡杨雄株花粉数量测定

取 10 个雄花序上所有小花的花药，分别置于广口瓶中，自然干燥后，在研钵中用玻璃棒将花药研碎，加 2ml 蒸馏水稀释。置于血球计数板上，光学显微镜下计数。每一雄花序测定 5 次重复，取平均值 n，每个视野里测量体积是 $0.1mm^3$，则 2ml 悬浮液中雄花序的花粉粒总量为：$N=n\times2\times1000/0.1$，每雄花的花粉粒含量＝N/花序中雄花数，每个花药的花粉粒含量＝N/（花序中雄花数×花药数）。

1.4.4 胡杨雄株花粉活力、可育/败育率测定

在盛花期，挑选不同龄级雄株 3～4 株，在树冠中部按东、南、西、北方向选择 4 个花枝，采集胡杨即将散粉的雄花序各 3 个，分别放在室内培养皿中，自然阴干 4h 后花粉散落在培养皿中。放在室温（20～25℃）下贮藏备用。

花粉可育/败育率测定采用孢粉染色法（陈家瑞，1991）。取备用花粉样品，用吸管吸 1～2 滴孔雀绿-酸性品红-橘红 G（malachite green-aid fuchsin-orange G）染液放在血球计数板上，用小毛笔头蘸取花粉，用手指轻弹于染液上，然后加盖玻片，放在光学显微镜下观察计数，可育花粉孢粉壁绿色，原生质红色；败育花粉无原生质，只有孢壁染上绿色。随机选择 10 个花粉染色视野，统计花粉染色率，求其平均值作为可育花粉数。每组测定重复 5 次并求其可育率。可育率＝可育花粉数/观测花粉总数×100％。

花粉活力的测定采用 TTC 法。测定时，取备用花粉样品用玻棒碾碎并摇匀，用毛笔蘸取少量花粉粒置于血球计数板上，加 1～2 滴 0.5％TTC 溶液，盖玻片封片。将制片放入 35℃恒温箱中放置 30min 后置显微镜下观察染色结果。具有生活力的花粉呈现

红色，没有生活力的花粉未染色。随机选择 10 个花粉染色视野，统计花粉染色率、并求其平均值。每组测定重复 5 次。

1.4.5 胡杨雌株座果率和结实率的测算

胡杨雌株座果率和结实率测算的具体方法为：用胡杨传粉后，子房明显膨大时的相关数据测算座果率，用果实成熟尚未开裂时的相关数据测算结实率。其计算公式分别为：

$$\text{座果率} = \frac{(\text{果枝} / \text{株}) \times (\text{果穗} / \text{果枝}) \times (\text{果实} / \text{穗})}{(\text{花枝} / \text{株}) \times (\text{花序} / \text{花枝}) \times (\text{小花} / \text{花序})} \times 100\% \tag{2.4}$$

$$\text{结实率} = \frac{(\text{果枝} / \text{株}) \times (\text{果穗} / \text{果枝}) \times (\text{果实} / \text{穗})}{(\text{花枝} / \text{株}) \times (\text{花序} / \text{花枝}) \times (\text{小花} / \text{花序})} \times 100\% \tag{2.5}$$

式中，果实数为果穗中减去虫粒和空粒的数量。

1.5 胡杨生殖年龄及其影响因素分析的研究方法

胡杨盛花期，在河漫滩胡杨林、阶地胡杨+柽柳林、沙地荒漠化胡杨疏林的典型群落中，对胡杨进行逐株胸径调查，参考孙洪祥和姚云峰（2000）的相关研究确定胡杨的年龄，并根据胡杨不同群落类型计算其相关繁殖年龄及其相关环境因子的关系。

1.6 数据处理方法

利用 Matlab7.0 软件对所得数据进行相关因素方差分析，对方差分析显著的数据进行 Duncan 多重比较。

2 结果与分析

2.1 胡杨的物候节律特征

2.1.1 形态特征

花芽和叶芽嫩黄色，具革质赭石色芽鳞，芽鳞 1～3 枚；花芽和叶芽互生于上年生小枝上；小枝顶芽为叶芽，顶芽完全或不完全败育；花芽较叶芽稍大，雌雄花芽形态上有所差别，雌花芽短粗，雄花芽瘦长。每枝有花芽 3～6 个不等，花枝通常有叶（图版Ⅰ C、D)；胡杨花芽有胶状物严密保护。

幼叶有胶状物保护；叶变形 1～4 种，披针形、卵圆形、菱形和肾形，长 2～11cm，宽 3～7cm，全缘或先端有粗齿（图版Ⅱ)，基部有 2 腺点，两面同为灰蓝或灰绿色，有毛或无毛，叶柄长 1～3cm，稍扁，有毛或无毛。实生苗和萌蘖幼苗叶为披针形，叶面上有光泽，叶被有绒毛等，全缘或具 1～2 个疏齿。2m 以上且具明显主茎的个体拥有 2 种以上叶形，披针形叶多分布在下层枝条，一枝多形叶，一树多形叶十分普遍，各叶形的数量比例不定。叶栅状组织发达，薄壁组织缩小或退化，气孔少且较小。胡杨雌雄异株（dioecism)，无被花，葇荑花序（catkins)，风媒（anemophily)。雌花序、雄花序着生在上年生枝条上，每个花枝上有花序 3～6 个不等；花序少花，每花序有小花 15～26 枚左右，花序下垂，长 6～10cm，序轴和花梗被短绒毛或无毛；苞片近菱形，上部有疏齿；花盘杯状，干膜质，有凹形缺齿，早落；雄蕊 15～25，花蕊紫红色（图版Ⅰ E～L)；花粉呈淡黄色或黄色，无萌发孔、外壁较薄；花粉形态相对一致，大致呈椭球形或球形，极轴 21.733±3.349μm、赤道轴 24.204±2.931μm（图版Ⅰ A、B，内蒙古农业大学，燕玲提供)；花粉粒表面为颗粒状纹饰、局部不规则凹陷、呈橘皮状；颗粒大小不一、排列非常紧密，整体分布较为均匀。雌花子房圆锥形，被短绒毛或无毛，胚珠多数，柱头 3 枚，各 2 浅裂，鲜红或淡黄褐色。雄蕊紫红色，雌蕊鲜红或淡黄褐色。雌、雄柔荑花序的颜色分别取决于雌蕊柱头、雄蕊花药的颜色。雄花序颜色多见紫红色、少见黄绿色，亦有紫红色与黄绿色之间的过渡类型，而雌花序颜色则仅见紫红色和黄绿色两种。果实初期为灰绿色，接近成熟时变成淡黄色，适期变色的果实内为饱满种子，很早变色的果内种子多为虫粒或空粒；果穗长 6～11cm，结果 8～25 个不等；果长卵形，长轴 5～8mm，短轴 3～5mm，成熟后 2～3 瓣裂；蒴果长 9±2mm；种子微小，长椭圆形，长 1～1.2mm，中部直径 0.5～0.7mm 基部着生多根白色细长绒毛，长 6±2mm。

2.1.2 胡杨物候节律特征

胡杨在整个一年生命活动过程中，主要物候特征有，萌芽、开花、展叶、结果、叶黄、落叶和休眠（图 2.1)。

根据表 3.1，胡杨每年 11 月 5 日前后进入休眠期，此时日均温≤0℃、地表温度≤6℃；次年 3 月中旬，当日均温回升到 6℃以上、地表温度 10℃左右，平均相对湿度在 31.5%时，休眠期结束，历时约 109±2 天。

3 月 24 日左右芽初萌期开始，经 7 天进入膨大期、再 7 天进入开放期，计 14±1.05 天；雄株萌动较雌株早，雌雄幼龄植株萌动较晚，一般推迟 3～5 天。幼枝伸长主要也在该阶段完成，该发育阶段所需气温 11.3～18.1℃、地温 19.8～21.7℃、≥0℃积温 652.4℃、平均相对湿度 26.5%，历时 26 天左右。

花芽每年的 5 月下旬开始分化，至下年 3 月越冬花芽继续分化，4 月上旬分化成熟；近 5 月中旬花期结束。开花所需气温 10.9～19.1℃、地温 19.8～28.3℃、≥0℃积温 778.5℃、平均相对湿度 26.5%，历时 18 天左右。

胡杨是先花后叶植物，雄株花枝顶叶芽是在雄花序散粉结束并脱落时开始展叶，而雌株花枝顶叶芽是在雌花序尚在开花阶段，柱头没有萎蔫以前就开始展叶（表 2.1)。展叶期所需气温平均 17.5℃、地温平均 25.3℃、≥0℃积温 774.5℃、平均相对湿度 29.4%，历时 10±1.3 天。

胡杨雌株自 5 月中旬进入结实膨大的过程，历时 135±2.6 天。蒴果 7 月逐渐成熟，8 月上旬开裂。所需气温平均 24.3℃、地温平均 46.0℃、≥0℃积温 2148.8℃、平均相对湿度 26.9%（表 2.2)。

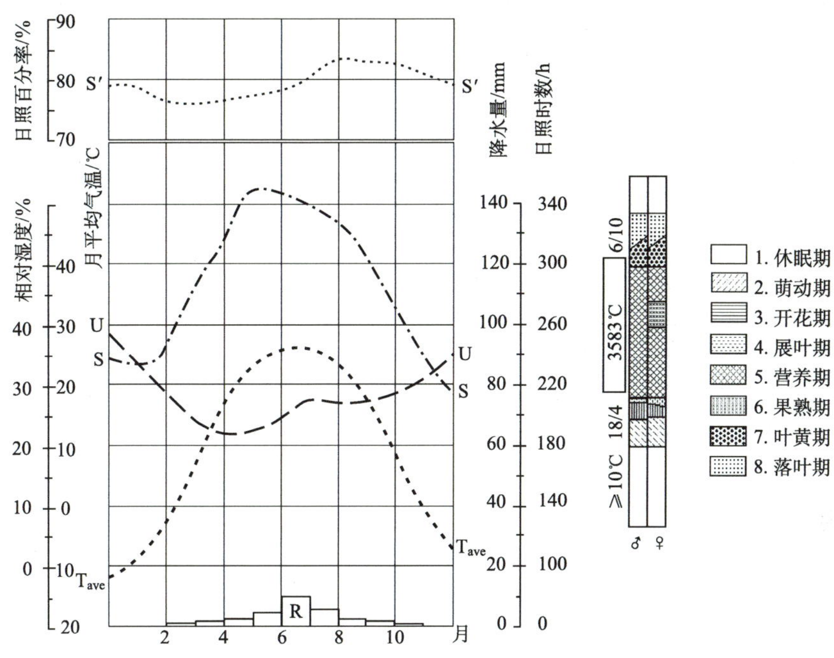

图 2.1　额济纳绿洲综合气象因素与胡杨物候谱图解

U— — 相对湿度/%　S′…… 日照百分率/%
S—·— 日照时数/h　T_{ave} - - - - 月平均气温/℃

表 2.1　额济纳绿洲胡杨雌雄个体物候节律比较（张昊等，2007）

性 别	萌 动 期			花 期		展 叶 期
	芽萌动	芽膨大	芽开放	始花期	末花期	
雄 株	23/3	30/3	7/4	19/4	6/5	10/5
雌 株	25/3	3/4	11/4	24/4	7/5	4/5

10 月 1 日前后，日平均气温下降到 10℃左右、平均相对湿度 30.2%，胡杨停止生长，叶片开始变为中黄；10 月 25 左右，日平均气温下降到 6℃。

胡杨雌株自 5 月中旬进入结实膨大的过程，历时 115±2.2 天。蒴果 7 月逐渐成熟，8 月上旬开裂。所需气温平均 24.3℃、地温平均 46.0℃、≥0℃积温 2148.8℃、平均相对湿度 26.9%（表 2.2）。

平均相对湿度 34.3%时，进入落叶期。11 月 5 日之后进入休眠期。

表 2.2　额济纳绿洲胡杨物候相及环境因子状况（张昊等，2007）

物候期		日/月	历时/d	平均气温/℃	土表平均温度/℃	≥0℃积温/℃	平均相对湿度/%	平均风速/(m/s)
萌动期	芽萌动	24/3	14±0.7	5.8	9.7	37.5	26.5	—
	芽膨大	30/3		4.6	10.2	70.5		
	芽开放	7/4		10.5	15.5	323.5		
花期	现蕾期	8/4	150±2.1	10.6	19.8	326.3	26.5	5.0
	始花期	21/4		10.9	23.3	727.9		
	盛花期	26/4		19.1	28.3	740.8		
	末花期	10/5		18.1	28.3	778.5		
展叶期	始展期	4/5		17.3	25.8	752.6	29.4	—
	全展期	12/5		18.1	25.7	796.4		
果期	初期	30/4		18.5	26.0	808.2	26.0	5.3
	果熟期	25/7		23.2	33.5	2026.3		
种子散播期	始播期	28/7		24.6	45.9	2110.2	27.9	5.7
	盛播期	13/8		25.8	46.7	2138.4		
	末播期	23/8		22.4	45.4	2197.8		
叶变色期	始变期	1/10	15±0.6	10.7	12.5	4763.0	30.2	—
	全变期	15/10		8.7	11.4	3560.6		
落叶期	始落期	25/10	12±0.6	5.9	10.1	3756.9	34.3	—
	全落期	5/11		−0.3	5.5	4252.0		

注：气象数据除土表平均温度外，均引自额济纳旗气象站（南北相对位置相同，东西距研究区 4km）2000～2004 年观测数据 5 年的平均值；土表平均温度为 2003～2004 年测定值。

2.2　胡杨种群繁殖物候特征

2.2.1　胡杨花期进程及特征分析

额济纳绿洲分布的胡杨，雌雄花序的花期基本相同，为 5～7 天；雌、雄个体花期持续时间明显不同，分别为 7～11 天和 7～13 天；雌雄群体间花期持续时间也有差异，分别为 11～14 天、13～16 天，两者重合约 10 天；种群花期持续时间约 19 天（以雄株群进入花期始，至雌株群花期终计天数）（表 2.3）。风媒是个相对被动过程（passive process），因此，花粉的释放、散播及被雌花柱头的成功捕获对生境条件特别是气候条件的要求相对较高，其中风的特性被认为是一个主要因子，其次温度和降雨也是影响风媒植物授粉率的重要因素，因此，较低的湿度和降水有利于风媒植物传粉的顺利进行（Whitehead，1983；Kelly，1992）。根据对 2003 年和 2004 年及当地多年的观测资料的分析，胡杨不同年度繁殖物候期基本相同，开花期间均无降雨，多年平均气温 17.5℃、平均相对湿度 29.4%、平均风速 5.0m/s，基本能保障胡杨风媒传粉的顺利进行。

胡杨雌、雄株进入开花物候时，雌花芽、雄花芽明显膨大（花芽尚未从鳞片中露出），进而芽苞的鳞片裂开，花芽（花序顶端）露出。通过 2～3 天的生长，花序轴迅速伸长，花轴上的小花排列由紧密变得疏松，苞片早落。此时雌、雄花序伸长停止至下垂，

表 2.3　胡杨种群开花物候特征（张昊等，2007）

观测项目			雄株	雌株
个体及群体				
始花日期及相对开花强度	日期	个体	18/4	22/4
		群体	19/4	23/4
	相对开花强度/%	个体	31.35	36.37
		群体	5.25	6.47
	相对开花强度变异范围/%	个体	28.41～33.15	34.56～37.34
		群体	4.81～6.24	5.36～7.61
花期持续时间	持续时间/d	花序	4	4
		个体	10	8
		群体	16	14
	变异范围/d	花序	5～7	5～7
		个体	7～13	7～11
		群体	13～16	11～14
开花高峰期	进入花期累计天数/d	个体	3	2
		群体	5	4
	相对开花强度/%	个体	93.34	96.52
		群体	20.32	22.46
	相对开花强度变异范围/%	个体	92.36～95.52	95.74～97.91
		群体	19.25～21.33	21.65～23.57
终花日期及相对开花强度	进入花期累计天数/d	个体	8	6
		群体	12	10
	相对开花强度/%	个体	4.15	5.54
		群体	3.67	4.85
	相对开花强度变异范围/%	个体	3.61～7.42	4.51～7.33
		群体	3.15～5.42	4.23～5.61
种群				
始花日期及相对开花强度	日期	21/4		
	相对开花强度/%	5.45		
花期持续时间	持续时间/d	19		
开花高峰期	日期	26/4～1/5		
	相对开花强度/%	56.34		
终花日期及相对开花强度	日期	10/5		
	相对开花强度/%	4.15		

花轴上的小花发育成熟。雄花的花药由小变大，花药之间也由紧密变得疏松，花药由原来的深紫红或黄绿色变为泛黄色，花药开始散粉，至散粉结束，花轴开始萎蔫和脱落。雌花中各 2 浅裂的 3 枚柱头由最初的紧密贴合变为逐渐伸展外翻，柱头表面也逐渐变得湿润，发育到最充分状态时表面湿润呈水渍状；柱头表面积由小逐渐增大，表面直径由芽刚开放时的平均 1.60mm 增加到平均 4.50mm，子房最宽处直径由 1.20mm 增加到 1.76mm。之后柱头由深紫红色或黄绿色变成暗绿色并开始萎蔫，预示着受精作用完成，雌株随之进入果期。观察表明，胡杨一年生枝条受到机械损伤萌发出的新枝条基本上不能形成花芽，发生在雌株上也就不能结果。

胡杨雌株、雄株均为葇荑花序和无被花，这是花适应风媒传粉的主要特征。从花序组成来看，雌花序、雄花序花朵数较多。对雄株来讲，雄花花药多，能提供大量小而轻的花粉，并且散粉时相对集中，在风力作用下利于形成密度较大的花粉云，以提高传粉效率。对雌株来讲，较多的雌花集中在柔软的花轴上，在风力作用下随花轴在空中摆动，利于雌花接受来自各个方向的花粉，并且雌花形态上的显著特点是具有硕大的柱头浅裂外翻，从芽开放期到开花期柱头表面直径与子房直径的比由 1.33 增加到 2.56，为接受花粉提供了较大的表面积，进而提高了授粉效率。

胡杨单个花序上花朵开放顺序是由花轴基部向顶部依次开放的。各龄级雌雄株开花顺序均为树冠顶部、中部、下部依次开放。

观测发现，在同一株上花序颜色是一致的。在一定地段上，花序同色的个体往往成片或条带状群居在一起，不同花序颜色的个体群呈水平镶嵌分布。胡杨花序颜色与个体年龄无关；集群分布的个体群之间很可能是相对独立的无性系，因此其花序颜色形成机理以及可否根据花序异色个体群区分不同无性系值得进一步研究。

雌雄异株的胡杨花序上的花一般为单性花，但也能观察到雄花序中夹杂着几朵雌花，或雌花序中夹杂着几朵雄花或夹有两性花，但比例极小，黄培佑（1991）也曾在塔里木河流域发现类似现象（王世绩，1995），该现象是一种较罕见的返祖现象。

胡杨果实初期为灰绿色，接近成熟时变成淡黄色，适期变色的果实内为饱满种子，很早变色的果是虫粒或空粒。

2.2.2 胡杨雌雄株花期物候特征对比

额济纳绿洲分布的胡杨个体、同性个体群和种群均属于单峰“集中开花模式”(mass-flowering pattern)（Augspurger，1983），或者称为“总巢式开花模式”（cornucopia-flowering pattern），这种模式也是温带植物种类的常见开花模式（Bronstein，1995；Ollertonn and Dlaz，1999）。

研究结果表明，胡杨雌雄株随个体的龄级不同，开花相对集中程度不同。开花相对集中程度均呈现老龄＜中龄＜幼龄的模式，这可能与个体不同龄级的分枝数量和花序总数相关；而且各自相对开花强度≥60％的天数不同：雄株，老龄（4 天）≥中龄（4 天）＞幼龄（3 天）；雌株，老龄（5 天）＞中龄（4 天）＞幼龄（3 天）。雌雄不同龄级个体花期平均持续时间不同：雄株，老龄（11 天）≥中龄（11 天）＞幼龄（6 天）；雌株，老龄（10 天）≥中龄（10 天）＞幼龄（8 天）（图 2.2，图 2.3）。胡杨雌雄个体间相比，雌株开花相对集中程度高于雄株，而个体花期平均持续时间雄株大于雌株。从开花进程来看，雌雄个体开花进程迅速、花序开放比例迅速上升至高峰期，然后逐步下降。

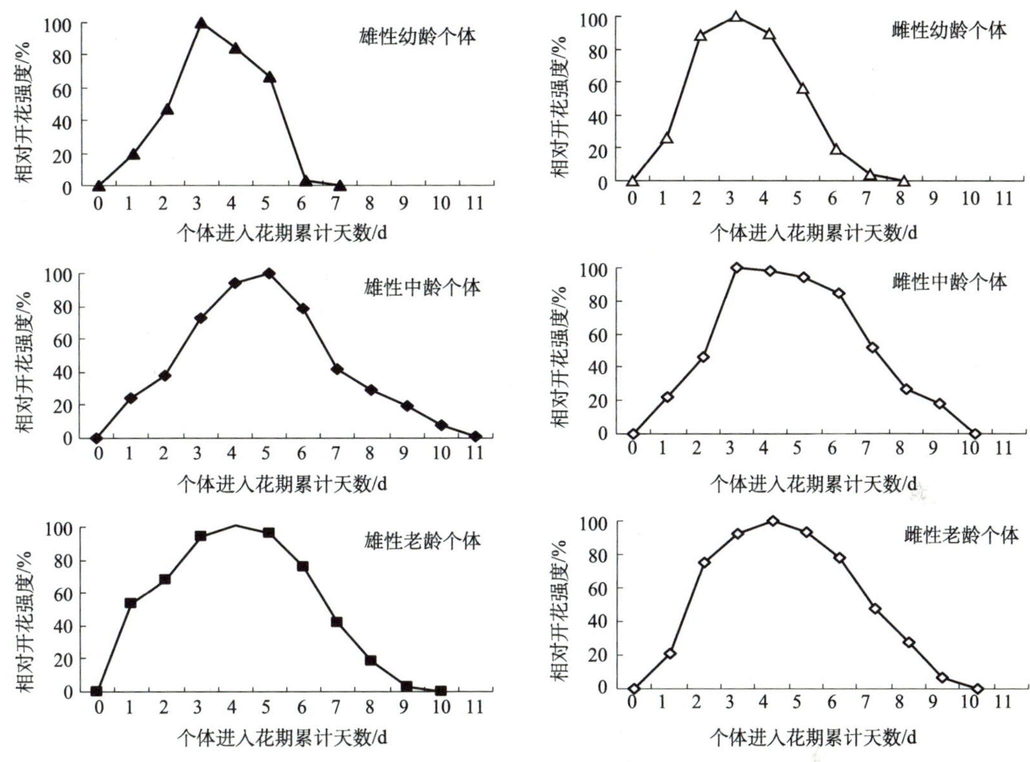

图 2.2　胡杨雌雄不同龄级个体相对开花强度（张昊等，2007）

样地内，胡杨不同龄级雌雄个体群进入盛花期顺序为：老龄早于中龄，幼龄（胸径 8～17cm）最晚（图 2.4）。该现象可能是由于不同龄级个体萌动时体内储存物质含量及各自繁殖投资比例的差异所致。雌雄个体群随个体的龄级不同，开花相对集中程度不同，相对开花强度最大值分别为：雄性个体群，老龄（19.81％）＜中龄（21.93％）＜幼龄（22.87％）；雌株，老龄（22.59％）＜中龄（24.74％）＜幼龄（26.56％）亦呈现老龄＜中龄＜幼龄的模式。相对开花强度≥20％的天数不同：雄性个体群，老龄（5 天）≥中龄（6 天）＞幼龄（5 天）；雌性个体群，老龄（4 天）＜中龄（5 天）＞幼龄（4 天）（图 2.2）。雌雄不同龄级个体群花期平均持续时间不同：雄性个体群，老龄（15 天）＞中龄（14 天）＞幼龄（13 天）；雌性个体群，老龄（14 天）＞中龄（13 天）＞幼龄（10 天）（图 2.2）。胡杨雌雄群体间花期持续时间不同（13～15 天、10～14 天）（表 2.3，图 2.3），且时序上明显不同（表 2.1，图 2.5），从而形成可授期、散粉期较长的重叠期（13 天，占种群花期 68.43％）。胡杨雌雄个体群之间相比，雌个体群开花相对集中程度高于雄个体群。

胡杨雄性个体群花期早于雌性个体群的现象表明：在雌株进入花期时，先期进入花期的胡杨雄株，花粉已有部分成熟，即可授期滞后于散粉期：雌株可授期开始较雄株散

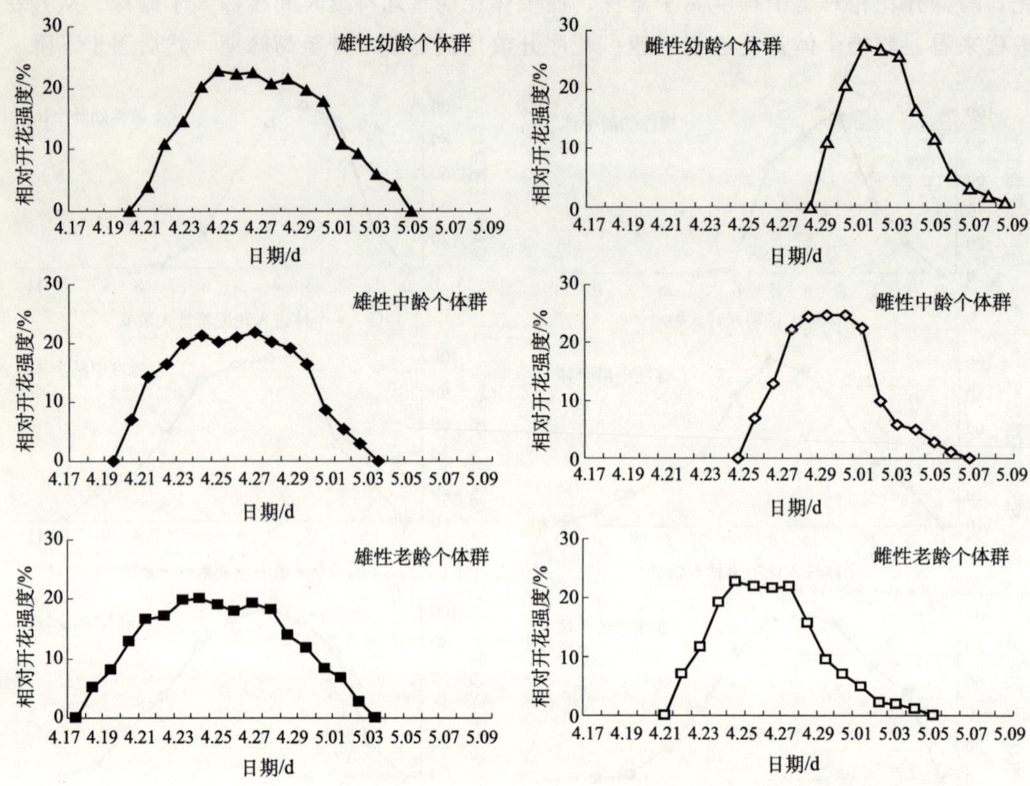

图 2.3 胡杨雌雄不同龄级个体群相对开花强度（张昊等，2007）

粉期晚 3～5 天，结束较雄株散粉期晚 1～2 天，雌雄群体间散粉期和可授期的重叠期较长（13±1.1 天）。

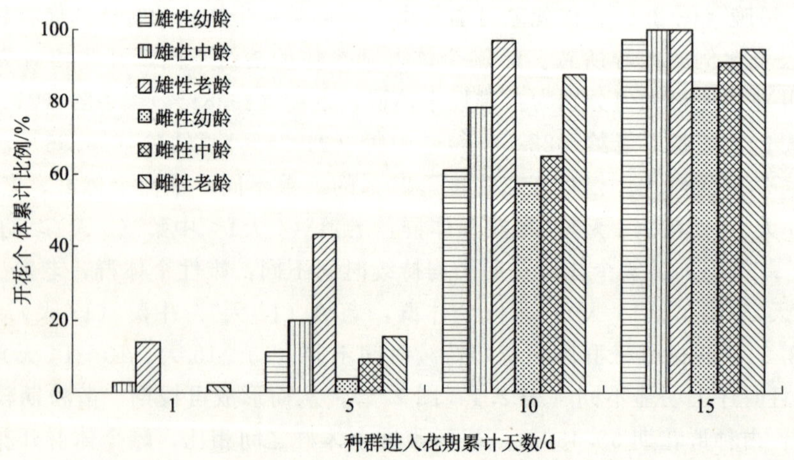

图 2.4 胡杨雌雄不同个体花期对比（张昊等，2007）

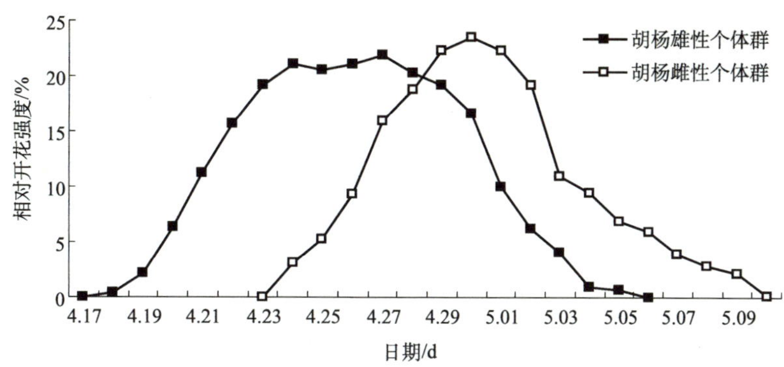

图 2.5 胡杨雌个体群、雄个体群的相对开花强度（张昊等，2007）

2.2.3 胡杨展叶期和果期物候特征

雌株展叶早于雄株约 5 天（表 2.3）：雄株枝上叶芽是在雄花序散粉结束并脱落的同时开始展叶，而雌株枝上叶芽是在雌花序尚在开花阶段柱头尚未萎蔫以前就开始展叶。

胡杨从开花到种子成熟期间历时长达 150±2.1 天，历经当年活动期的 68.18%（全年：3 月 30 日至 11 月 5 日，计 220 天），是杨属植物中花果物候期最长的树种。

2.2.4 胡杨种群物候期与生境水热条件的对应关系

胡杨种群物候期与生境水热条件对应关系的分析结果揭示（图 2.6），胡杨种群物候中花期和种子散布期与所依托河流存在极其密切的关系。自然条件下，额济纳河历史上形成的年度内水量季节变化中，4～6 月和 7～9 月的流量分别约占全年流量的 21.3% 和 56.2%，这是源于春季冰雪融化和夏秋降水集中形成的；较高的 4 月和 8 月可分别占到全年流量的 11.3%和 23.5%（冯绳武，1988；王根绪和程国栋，1998；陈仁升等，2003；李森等，2004；王亚军等，2004）。而花期和种子散布期这两个最重要的繁殖物候期在时间位上，恰恰也分别对应额济纳河的春汛和秋汛。胡杨的典型中生起源是上述吻合现象的生物学基础。其中，花期和春汛基本吻合，前者高峰期滞后于后者，这可能是春汛高峰时生境中的温度条件尚未达到胡杨开花所需水平有关；种子散布期和秋汛完全吻合，种子散布期间河水流量始终保持在大于全年流量 15.6%的水平以上，这一时段环境可为胡杨种子散布后的萌发提供生长季中最为优越的水热条件。图 2.7 中还可看出，胡杨形成的生长季生长蒸腾耗水量变化规律与额济纳河历史上形成的年度内水量季节变化模式密切相关，4 月之后生长蒸腾耗水量的大幅持续增加，产生于河流的 4 月春汛之后。7～8 月生长蒸腾耗水量高峰期又与河流秋汛基本吻合；生长季生长蒸腾耗水量变化趋势与月平均气温的变化趋势相一致，但前者滞后于后者。同时，秋汛也及时补充了生境中自 4 月后所消耗的水分。

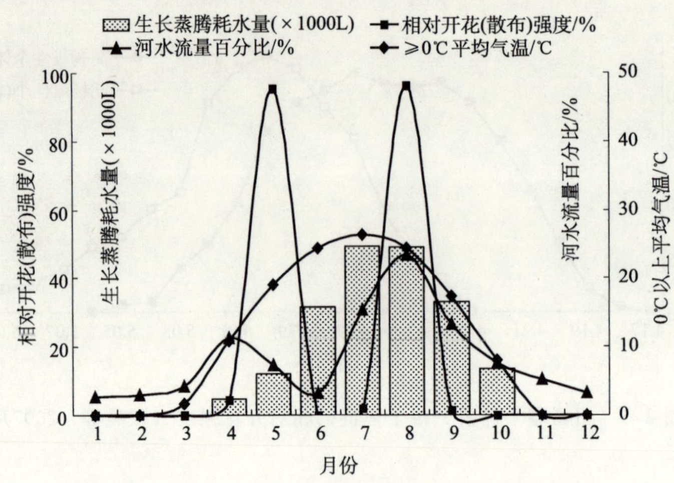

图 2.6 胡杨种群与生境水热条件的对应关系图解

注：图中河水流量数据引自冯绳武，1988；生长蒸腾耗水量引自张小由等，2006；月均温引自马玉明，1999

2.3 胡杨种群雌雄个体繁殖器官的数量特征

乔木树冠具有三维复杂性，植物体从主干开始，依次产生各级分枝，构成支持骨架。从而决定了整个植株的树冠结构，同时也影响到植物诸如生长等方面的特征（Fisher，1986；孙书存和陈灵芝，1999）。植物繁殖器官数量特征、花粉数量及活力和座果率是其繁殖对策中的基础特征。

2.3.1 胡杨雌雄株分枝的数量特征

额济纳绿洲分布的胡杨进入有性繁殖的个体，通常在≥2m 处分为若干分枝。胡杨雌雄各龄级个体不同分枝级别的数量特征统计如表 2.4 所示。从表中可以看出，胡杨个体随年龄增长，分枝级数增加。个体≤约 5 年时，顶端优势明显，尚存在通直的明显主干。此后，失去顶端优势，成年植株主干通常在≥2.5m 处，分为若干分枝，最多可分 5 级。

进入繁殖年龄的胡杨个体分枝末级枝条均为花枝。尚未进入繁殖年龄的胡杨个体一般仅有Ⅰ级、Ⅱ级分枝；树龄约 11±2.2 年，进入繁殖年龄后，胡杨个体在Ⅰ级、Ⅱ级分枝的基础上，每枝萌生 3～6 个次级枝条，并分化为花枝；此后经历若干年，末级分枝每枝再分化出 3～6 个次级分枝，直至Ⅴ级（图 2.7）。不同级别分枝间产生次级枝条所经历年限不同：Ⅱ级～Ⅲ级（约 5 年）＜Ⅲ级～Ⅳ级（约 8 年）＜Ⅳ级～Ⅴ级（约 11 年）（图 2.8）。胡杨老茎萌枝现象普遍，通常产生在表皮已经龟裂的老茎上，茎萌枝数量不定，与产生的枝条的年龄呈正相关，其分级数量不超过 4 级；倒数 3 级的各级分枝无茎萌枝产生（表 2.4）。

花枝（图 2.7C）和上两级枝条组成胡杨个体构建地上部分的基本构件（basic module）单位（图 2.7E）。3～6 个基本构件着生于上级枝条上，并与着生的枝条以 3～6 重复模式着生于更高一级的枝条之上，再加上不同基本分枝上的老茎萌枝，共同构成胡杨个体的树冠，连同主干组成其外缘十分舒展的地上部分。

表 2.4　胡杨雌雄个体分枝数量特征

			Ⅰ		Ⅱ		Ⅲ		Ⅳ		Ⅴ		老茎萌枝	
			平均值	变异范围	平均值	变异范围	平均值	变异范围	平均值	变异范围	平均值	变异范围	平均值	变异范围
雄株	幼龄	数量	4	3～6	3	3～6	3	0～5						
		长度/m	1.34	0.96～1.43	0.60	0.51～0.65	0.44	0.35～0.57						
		直径/cm	3.2	2.6～4.3	1.6	1.1～1.8	0.4	0.3～0.5						
		分枝角度/°	14	10～35	21	15～28	11	8～16						
	中龄	数量	5	3～6	4	2～6	4	0～6	4	0～6			5	2～7
		长度/m	2.47	2.31～3.15	1.42	1.17～1.46	0.67	0.54～0.74	0.54	0.47～0.67			0.74	0.65～0.83
		直径/cm	12.4	9.7～18.1	3.3	2.6～4.1	1.5	1.2～2.2	0.9	0.6～1.4			1.3	0.6～2.5
		分枝角度/°	45	11～63	34	21～45	23	20～30	13	8～16			27	16～53
	老龄	数量	4	3～5	3	2～4	3	2～9	5	3～6	4	0～6	11	5～15
		长度/m	3.57	2.63～4.13	2.53	1.94～2.87	1.37	1.15～1.63	0.63	0.56～0.71	0.52	0.45～0.61	1.00	0.67～1.23
		直径/cm	35.5	22.3～48.9	17.4	11.3～21.6	3.5	2.6～4.4	2.4	2.1～2.7	1.0	0.6～1.3	2.3	1.6～3.7
		分枝角度/°	63	23～110	43	20～73	30	21～65	24	20～30	13	8～16	21	15～62
雌株	幼龄	数量	4	3～7	3	2～4	3	0～5						
		长度/m	1.23	0.95～1.40	0.61	0.52～0.67	0.41	0.34～0.53						
		直径/cm	3.6	2.5～4.1	1.4	1.2～1.8	0.5	0.4～0.6						
		分枝角度/°	20	13～33	23	17～30	16	10～20						
	中龄	数量	4	3～5	3	2～9	5	0～6	4	0～6			5	3～8
		长度/m	2.45	2.25～2.75	1.34	0.96～1.43	0.60	0.51～0.65	0.44	0.35～0.57			0.71	0.62～0.82
		直径/cm	13.4	9.6～17.5	3.7	2.6～4.3	2.6	2.1～2.8	1.3	0.7～1.5			1.3	0.6～2.5
		分枝角度/°	50	14～65	34	26～65	25	19～33	13	8～20			27	16～53
	老龄	数量	4	2～5	4	3～6	4	3～6	5	3～6	5	0～6	12	5～15
		长度/m	3.61	3.33～4.51	1.95	1.53～2.34	1.15	0.97～1.33	0.86	0.71～0.92	0.52	0.45～0.60	1.00	0.67～1.23
		直径/cm	37.5	24.3～47.6	18.3	11.5～22.4	3.7	2.6～4.3	2.6	2.1～2.8	0.83	0.6～1.1	2.1	1.4～3.6
		分枝角度/°	65	24～125	47	21～68	34	22～65	27	20～30	14	8～16	35	19～57

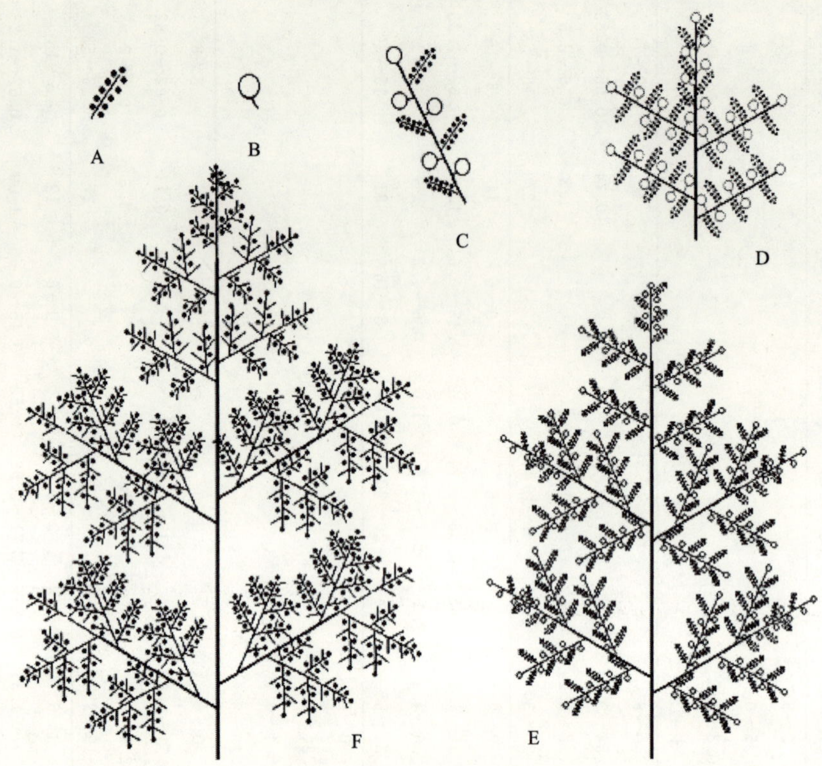

图 2.7 胡杨分枝模式示意图

A. 花序；B. 叶片；C. Ⅴ级分枝；D. Ⅳ级分枝；E. Ⅲ级分枝；F. Ⅱ级分枝

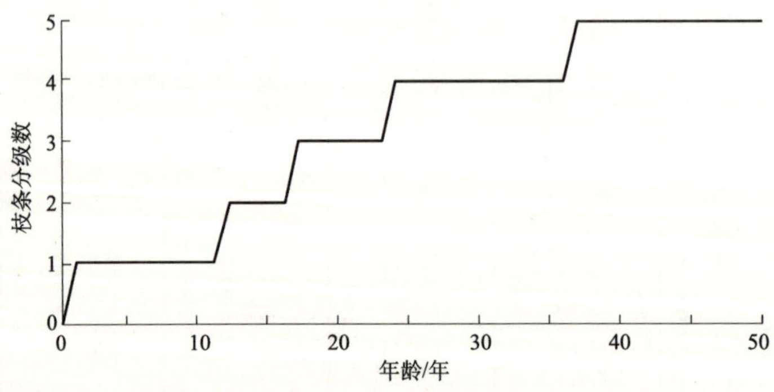

图 2.8 胡杨年龄与枝条分级的相关关系

基本构件（图 2.7E）通体枝条表皮光滑、尚未龟裂，木栓层还没有形成。其着生的不同级别分枝及主干的木质化程度相对较高，在风中比较稳固。基本构件在其支撑之下，形成外缘舒展的树冠，通常不易遭受机械损伤。

随胡杨分枝级别的增加，同级枝条的长度和直径增大（表 2.4）。同级枝条的长度、直径的增加随胡杨生长实现，同龄个体间的差异可能由性别、个体和环境差异所致。胡杨的分枝角度随年龄和分枝级别的增加而增加。分枝角度平均在 11°～63°（表 2.4）。

年龄较小时，次级分枝较少，分枝角度也较小，其枝条向上倾的趋势较大；年龄增大时，分枝数较多，同级枝条的长度和直径分枝角度增大，故其枝条呈现出外倾或舒展的趋势。

2.3.2　胡杨繁殖器官的数量特征

表 2.5 显示，雄株不同龄级个体，老龄植株的花枝数量是中龄的 2.6～3.7 倍，是幼龄的 10～15.9 倍；花序上小花数量中龄较多约 15～25 小花/花序，是老龄的 1.3～2 倍，是幼龄的 1.6～2.5 倍。雌株不同龄级个体，老龄植株的花枝数量是中龄的 2.6～2.9 倍，是幼龄的 7.2～8 倍；花序上小花数量中龄较多约 13～25 小花/花序，是老龄的 1.2 倍，是幼龄的 1.6 倍。雌株不同龄级个体的繁殖器官数量，由花期到果期的发育过程中，少数老龄个体的分枝存在因机械损伤等原因而减少的现象，中龄和幼龄个体均保持相对稳定；不同龄级个体上每果枝果穗与每花枝花序的数量相比，可能因个体差异、机械损伤或病虫危害，少数果枝上损失 1～2 个；每穗果实与每花序小花的数量相比，各龄级个体的数量均有所下降。不同龄级个体结实量为：中龄 2.3×10^6 个/株＞老龄 1.7×10^6 个/株＞幼龄 1.1×10^5 个/株。雌雄株对应龄级个体间花期繁殖器官相关数量的差异不显著。

表 2.5　胡杨雌雄株繁殖器官数量特征

性别及龄级		花枝/株	花序/花枝	小花/花序	果枝/株	果穗/果枝	果实/穗	种子/果
雄 株	幼龄	7～38	3～5	9～13	—	—	—	—
	中龄	43～103	4～6	15～25	—	—	—	—
	老龄	111～379	4～6	12～23	—	—	—	—
雌 株	幼龄	14～45	3～5	8～14	14～45	3～5	6～14	87～124
	中龄	49～125	4～6	13～25	49～125	4～6	11～23	97～135
	老龄	112～327	4～6	11～22	108～315	4～6	8～18	93～128

2.3.3　胡杨雄株花粉数量特征

胡杨花粉粒很小，极轴 21.733±3.349μm、赤道轴 24.204±2.931μm，近球形，很容易随风飘散。每个花药中花粉粒平均为 1.23×10^4 粒，每个小花中花药平均为 21.73 个，每个小花中花粉粒平均为 2.45×10^5 粒，每个花序中花粉粒平均为 3.16×10^6 粒（表 2.6）。花粉粒数量较为庞大。

表 2.6　胡杨花粉粒数量特征

花粉粒大小		形态指数	数　量			
极轴/μm	赤道轴/μm		粒/花药	粒/花	花药/花序	粒/花序
21.733±3.349	24.204±2.931	0.894	1.23×10^4	2.45×10^5	21.73	3.16×10^6

注：花粉粒大小数据由内蒙古农业大学燕玲教授提供。

2.3.4 胡杨雄株花粉活力、败育率特征

由表 2.7 可以看出，胡杨花粉的败育率不高，为 9.51%，说明胡杨雄株拥有比例较高的发育正常的花粉进入花期。花粉生活力持续时间的长短对有效地完成授粉授精作用有直接的影响。胡杨具活力花粉比例不高，仅为 62.68%，这一现象可能与花粉样本中包含一定比例尚未完全成熟的花粉和测试操作及试剂造成的误差有关。测试结果还表明，花粉活力丧失相对缓慢，平均每天 3.49%。同期近 30%的花粉，可保持活力 10 天左右，说明完全成熟的花粉活力具有一定的持续时间。研究表明，胡杨雌雄异步开花，雄花花期早于雌花花期，但近同期结束，这样，较长时间保持活力的花粉粒则可适应早开花同结束的授粉方式，可为雌花提供足够授粉的花粉粒。因此，可以得出结论，胡杨在花期内拥有足够的具活力的花粉用以传粉。

表 2.7 胡杨花粉活力、败育率统计

胡杨花粉 TTC 染色率/%				败育率/%
花药开裂 1 天	花药开裂 5 天	花药开裂 10 天	花药开裂 15 天	
62.68	37.45	28.53	10.34	9.51

2.3.5 胡杨雌株座果率特征和结实率的特征

根据胡杨雌株各龄级个体花期和果期繁殖器官的相应数值进行的座果率和结实率的测算结果如表 2.8 所示。其各龄级个体的座果率和结实率均较高，超过 90%，可提供较为充足的种子数量。龄级间及龄级内个体坐果率和结实率的相应差异，可能是年龄、个体差异和花期至果期个体遭受机械损伤和病虫危害造成的。

表 2.8 胡杨雌株座果率、结实率统计

	幼 龄	中 龄	老 龄
座果率/%	98.31±3.25^a	97.54±4.84^a	94.79±4.36^b
结实率/%	97.69±5.12^a	95.46±4.22^a	91.55±3.87^b

注：表中数据右上角字母相同者为差异不明显，不同者为差异（$P=0.05$）明显。

2.4 胡杨个体生殖年龄及其影响因素

最小生殖年龄（minimum reproductive age）是指种群的初次生殖年龄或称为生殖成熟年龄。不同群落内具有生殖现象的最年轻个体的年龄即为群落中该植物群体的最小生殖年龄，最大生殖年龄即植物一生中最后一次生殖时的年龄。各类生境中处于生殖期的最大年龄者即视为该生境中种群的最大生殖年龄。

胡杨的繁殖年龄在相关文献中（魏庆莒，1993；王世绩，1995；周正立等，2005）曾被提及。对不同群落类型中胡杨的繁殖年龄的研究未见报道。本节针对额济纳绿洲自然分布的 3 种不同胡杨群落中的胡杨个体，进行了繁殖年龄测定和研究。

2.4.1　不同胡杨群落的个体生殖年龄

表 2.9 中的结果表明，额济纳绿洲胡杨平均生殖年龄为 53.8 年，最小生殖年龄为 11.2 年，最大生殖年龄为 155.7 年。不同胡杨群落中胡杨个体的生殖年龄有明显的差别，其中河漫滩胡杨林最小生殖年龄 11.2 年、最高生殖年龄 155.7 年、平均生殖年龄 43.8 年；胡杨＋柽柳林最小生殖年龄 14.3 年、最高生殖年龄 80.0 年、平均生殖年龄 58.0 年；沙地荒漠化胡杨疏林最小生殖年龄 28.1 年、最高生殖年龄 90.1 年、平均生殖年龄 66.3 年。多重比较分析显示，河漫滩胡杨林的平均生殖年龄与最高生殖年龄与其他两种类型胡杨种群的平均生殖和最高生殖年龄均有显著差异，最小生殖年龄则略有不同，仅表现为河漫滩胡杨林与沙地荒漠化胡杨疏林差异明显，但与阶地胡杨＋柽柳林没有明显差异。阶地胡杨＋柽柳林的三种生殖年龄均有异于沙地荒漠化胡杨疏林的生殖年龄。

表 2.9　不同胡杨群落个体繁殖年龄

	平均生殖年龄/年	最高生殖年龄/年	最小生殖年龄/年
河漫滩胡杨林	43.8[a]	155.7[c]	11.2[a]
河流阶地胡杨＋柽柳林	58.0[b]	80.0[a]	14.3[a]
沙地荒漠化胡杨疏林	66.3[c]	90.1[b]	28.1[b]
小　计	56.0	155.7	11.2

注：字母相同者为差异不显著，不同者为差异显著（$P=0.05$）。

2.4.2　胡杨生殖年龄与环境因子的相关分析

为了进一步探讨影响胡杨生殖年龄的因素，对胡杨的平均生殖年龄、最高生殖年龄和最小生殖年龄进行了 Pearson 相关检验。

表 2.10 表明，胡杨的平均生殖年龄与群落中植物密度、土壤质地和土壤有机质呈负相关，与地下水埋深呈正相关，其中与群落密度和土壤有机质的相关性显著（$P<0.05$），地下水埋深对其影响也比较大。最高生殖年龄与群落密度、土壤质地和土壤有机质呈正相关，与地下水埋深呈负相关，且相关性显著（$P<0.05$），另外土壤有机质对最高生殖年龄的影响相对较大；最小生殖年龄与群落密度、土壤有机质和质地呈负相关，与地下水埋深呈正相关，群落植物密度、土壤有机质和地下水埋深对其影响相对较大。

表 2.10　生殖年龄与环境因素的相关分析

	植物密度	地下水埋深	土壤有机质	土壤质地
平均生殖年龄/年	－0.379*	0.206	－0.373*	－0.061
最高生殖年龄/年	0.083	－0.375*	0.107	0.090
最小生殖年龄/年	－0.217	0.149	－0.234	－0.042

* $P<0.05$；土壤质地（0～60cm）<0.002mm（%）。

3 讨论

3.1 胡杨物候节律特征

额济纳绿洲胡杨种群，1 年中活动期 220±3.7 天（占全年 60.27%），休眠期 145±3.1 天（占全年 39.73%；是全年活动期 65.92%）。胡杨物候期年度间波动亦随当地气候的年度波动而变化，基本适应当地的生态环境条件。

雄株平均早于雌株 3～5 天进入萌动期和花期，但雌株平均早于雄株 4～5 天进入展叶期。这可能是雌树通过较早展叶，以便尽快地进行光合作用来保证受精后子房迅速膨大所需要的营养物质供给。这是胡杨重要的生物学特性之一。

胡杨开花和结实对温度要求相对严格，喜温度平稳的环境条件（杨自辉和俄有浩，2000）。胡杨种子发育成熟期很长：4 月下旬至 5 月上旬开花受精之后，经过 5～7 月完成膨大结实的生理过程，历时 115±2.2 天，这一现象可能是胡杨在长期进化，从选择种子适时散播期（此间分布区中或其中部分地段，能够提供胡杨种子成功萌发及其后续形成幼苗的一定条件）过程中，形成的适应特征，同时这一特征亦可缓解该时间段体内生长物质分配的压力。胡杨种子成熟期相对一致，成熟的蒴果开裂后种子遇风极易脱落飞散。胡杨果实依赖气流来完成散布，属气流散布（anemochory）中的飞翔型（马绍宾和李德铢，2002），表现出诸多对气流散布适应方式的特征，如种子小、轻（0.08～0.18g/千粒）、具冠毛、结实量大。

根据杨自辉和俄有浩（2000）对干旱沙区 46 种木本植物的物候进行的研究表明，胡杨萌动期的类型属于高温-较高积温-短日照迟萌动型植物，基本与地带性生境上分布的梭梭等植物同期萌动；展叶期类型属于低温-短日照-低积温短花期型植物，较地带性生境上分布的梭梭等植物相对较晚，这可能与胡杨中生起源对水分要求相对较高决定的；叶变色期类型属于较高温-较高积温-较长日照型植物，较地带性生境上分布的梭梭等植物停止生长相对较早。对胡杨与杨属其他植物对比结果表明，胡杨物候节律表现为：萌动早、开花晚、花果期长和较早停止生长的特点。

3.2 胡杨繁殖物候特征

3.2.1 胡杨繁殖物候特征

额济纳绿洲分布的胡杨，在与相对极端的环境条件的长期适应过程中，种群的繁殖物候完全适应当地环境条件，并形成相对稳定和独特的繁殖物候节律及相应特征。

胡杨雌雄株的小花和花序的形态特征，从形态结构方面可较好地保障风媒传粉和受精过程的顺利实现。在雌雄不同龄级的个体和群体及种群整体水平上，从花期持续时间、开花时序和相对开花强度特性等方面，形成了“大量、个体相对集中、群体相对分散、雌雄异步开始、近同期结束”的较为独特的开花模式。这一特征是胡杨同性及异性的单株及不同龄级群体之间开花异质性的表现，是胡杨花期从时序上适应形成的一种生殖策略。该特性，一方面可使同性个体群的开花天数相对延长，从而保证在较长的时间段内都有雄株陆续散粉，确保在不同时间发育成熟的雌花完成授粉、受精作用。另一方面，单株开花期的不一致，预示着传粉、授粉相对不集中，这可以避免花期突发性气象变化（如气温骤降，大风等）造成传粉、受精这一生殖过程中断。胡杨作为一种濒危物种，在环境的选择压力之下，保障胡杨种群在花期既顺利传粉又实现节能的成功适应，这种分异趋势具有深刻的进化意义（奇文清等，1998）。

开花物候在不同水平上的差异和种群年度间的相似性说明，其开花时间可能是由与其相关的复杂的微生境特征和（或）由其遗传因子决定的，同时也反映了雌雄群体间的遗传分异和种群内个体间的遗传一致性。

胡杨芽萌动较早、开花较晚和拥有杨属植物中最长的花果物候期（150±2.1 天）及较早停止生长的独特的繁殖物候节律。花期和种子散布期这两个最重要的繁殖物候期在时间位上分别所依托河流的春汛和秋汛相吻合，是胡杨在长期演化过程中，对逐渐形成的环境条件水热变化规律响应的过程中形成的独特适应机制（张昊等，2007）。

3.2.2　胡杨繁殖物候特征与生殖适合度的讨论

植物的开花时间可以在多方面强烈影响其生殖成功（Rathcke and Lacey，1985）。这种影响可能是个体水平上和种群水平上的因素所造成的，所以开花物候可在多层次水平上影响植物的生态生物学特性，包括植物个体生殖成功、植物有机体间的相互影响、植物种群动态和生态系统功能。测定开花物候、结果和种子产量之间，雌雄、龄级、个体和群体之间的关系以及这些关系中的时空变异水平，可以揭示影响植物开花演化的选择压力。开花物候也被认为是一个很重要的适合度因子（fitness factor）。尤其在雌雄异株的风媒植物中，如果雄性个体不能提前或同步做好为可授期的雌性柱头提供一定数量的花粉，雌雄的交配成功就不可能实现。但不是每一次“植物到植物”的运动都是成功的，所以传粉中从雄性个体到雌性个体间的运动概率在两性异株植物中比两性同株植物更低（O' Neil，1999）。因此，生殖同步性（reproductive synchrony），包括开花同步性，被认为是提高植物生殖成功的重要因素。然而开花时间的遗传变异多样性常常保持在许多有花植物种群内（O' Neil，1999）。尽管，目前相关研究表明，正反两方面均有例证（Augspurger，1983；Ollertonn and Dlaz，1999；陈波等，2003）。对胡杨的物候特征分析表明，其特征在雌雄、龄级、个体和群体之间均存在变异。然而目前还不能肯定这种变异的选择行为对其适合度的影响。

3.3　胡杨种群雌雄个体繁殖器官的数量特征

胡杨随年龄增长，分枝级数增加，最多可分 5 级。花枝和上两级枝条组成胡杨个体构建地上部分的基本构件单位，以 3～6 模式逐级重复模式建构，年龄增长直至Ⅴ级，加上不同级别分枝上的老茎萌枝，共同构成胡杨个体的树冠，连同主干组成其地上部分。进入繁殖年龄的胡杨个体各龄级个体分枝末级枝条均为花枝。不同级别分枝间产生次级枝条所经历年限不同：Ⅱ级～Ⅲ级（约 5 年）＜Ⅲ级～Ⅳ级（约 8 年）级Ⅳ～Ⅴ级（约 11 年）。

胡杨老茎萌枝现象普遍，通常产生在表皮已经龟裂的老茎上，茎萌枝数量不定，随产生的枝条的年龄呈正相关，其分级数量不超过 4 级；倒数 3 级的各级分枝无茎萌枝产生。这一现象可能与胡杨本身遗传特性和相应年龄阶段的同化物质在体内的分配状况有关，也可能在一定程度上受环境条件的左右。

胡杨随年龄增长，每株的花枝数随年龄增加而增加、每花枝的花序数、花序上小花数量，均呈幼龄＜中龄≥老龄的模式。

个体分枝级别、长度、直径和角度随年龄增加的特性，加之地上部分基本构件单位的形态特征，既是胡杨生长发育的结果，也是胡杨在长期进化适应过程中所形成的地上部分适应风媒、风播及抗拒风沙的成功表现。一方面，植株内枝条对光照的竞争较大，迫使一部分枝条向外扩展以获得充足的光照，使分枝角度势必增大；分枝级别多的枝条呈现平展趋势，正是为了顺利实现传粉和授粉及改善光照吸收条件的适应结果；另一方面，随年龄增加，不同龄级个体间同级枝条分枝角度的增大可能是因伴随分枝级树的增加，其所承载的重量增加所致。雌雄株相比，雌株比雄株相应级别分枝的分枝角度稍大，这可能与雌株拥有果期，因而在相应时间段的负载大于雄株造成的。

雄株花粉粒数量较为庞大，每个花序中花粉粒平均为 3.16×10^6 粒，具活力花粉近 30%，花粉可保持活力 10 天左右，花粉的败育率为 9.51%，说明胡杨在花期内拥有足够的具活力的花粉可供传粉。

雌株个体的坐果率和结实率均较高，个体结实量均 $\geq1.1\times10^5$ 个/株，可为胡杨有性繁殖提供较为充足的种子数量，表现为种子结实的 r-对策。

3.4 胡杨生殖年龄及其影响因素分析

额济纳绿洲胡杨林平均生殖年龄为 53.8 年，最小生殖年龄为 11.2 年，最大生殖年龄为 155.7 年。

繁殖过程的开始和结束取决于物种个体生殖前期生长对生殖的准备和生殖过程中的消耗方面的特性。繁殖和生长之间的权衡（trade-offs）必然会导致早期繁殖和晚期繁殖之间的权衡；不同物种的繁殖和生长之间的繁殖年龄差异很大，并趋向与其寿命值呈正相关（Lovett-Doust，1989）。对于多次结实的乔木而言，在良好的环境条件下，由于早期生长发育较快，积累的营养物质较多，较早生殖有利于种群的繁衍和扩展；而在较差的环境中，植株早期生长发育较慢，较长时间的营养生长可能有利于积累更多的营养，可以带来较高的初始生育力（生育力随个体增大而提高），产生高质量的后代（张大勇和姜新华，2001），提早生殖产生的后代质量较差，反而可能会增加其死亡的危险。同时，生物群落类型及其结构的复杂程度、幼株积累生物量的能力、群落特征、土壤类型等因子对生殖年龄也有一定的影响（苏智先等，1998）。

额济纳绿洲胡杨群落，依河漫滩胡杨林、阶地胡杨柽＋柳林、沙地荒漠化胡杨疏林的序列逐渐恶化（孙洪祥和姚云峰，2000；董智等，2000；钟华平等，2002；张武文和史生胜，2002；肖生春和肖洪浪，2004）。不同胡杨群落中胡杨个体的生殖年龄有明显的差别。胡杨的平均生殖年龄、最小生殖年龄和最高生殖年龄与群落密度、土壤质地、土壤有机质和地下水埋深有着较为密切的相互关系。

与地带性生境上分布的梭梭等植物和杨属其他植物相比，胡杨生殖前期比较长，即有性繁殖的准备时间较长，但繁殖持续时间较长。

参考文献

陈波，达良俊，宋永昌．2003. 常绿阔树种栲树开花物候动态及花的空间配置．植物生态学报，27（2）：249-255
陈家瑞．1991. 植物孢粉染色技术综述及其应用．植物学集刊，5：269-276
陈仁升，康尔泗，杨建平．2003. 黑河流域山前绿洲水量转化模拟研究．冰川冻土，25（5）：566-573
董智，姚云峰，李红丽．2000. 额济纳绿洲生态环境现状与综合治理对策．干旱区资源与环境，14（5）：1-4
冯绳武．1988. 河西黑河（弱水）水系的变迁．地理研究，7（1）：12-16
黄培佑．1991. 荒漠河岸胡杨林的生活周期对生境水条件的动态适应的研究．新疆环境保护，13（2）：5-10
李森，李凡，孙武等．2004. 黑河下游额济纳绿洲现代荒漠化过程及其驱动机制．地理科学，24（1）：61-67
李志军，刘建平，于军．2003. 胡杨、灰叶胡杨生物生态学特性调查．西北植物学报，23（7）：1292-1296
李志军，吕春霞，段黄金．1996. 胡杨和灰叶胡杨营养器官的解剖学研究．塔里木农垦大学学报，8（2）：21-33
刘建平，李志军，何良荣．2003. 胡杨、灰叶胡杨种子萌发期抗盐性的研究．林业科学，40（2）：165-169
刘建平，李志军．2004. 胡杨、灰叶胡杨 P-V 曲线水分参数的初步研究．西北植物学报，24（7）：1255-1259
马玉明．1999. 内蒙古资源大词典．呼和浩特：内蒙古人民出版社
马绍宾，李德铢．2002. 高等植物的散布与进化Ⅰ．散布体类型、数量、寿命及散布机制．云南植物研究所，24（5）：569-582
奇文清，尤瑞鳞，陈晓鳞．1998. 濒危植物南川升麻传粉生物学的研究．植物学报，40（8）：688-694
秦仁昌．1959. 关于胡杨和灰杨的一些问题．新疆维吾尔自治区自然条件论文集．北京：科学出版社．141-170
苏智先，张素兰，钟章成．1998. 植物生殖生态学研究进展．生态学杂志，17（1）：39-46
孙洪祥，姚云峰．2000. 额济纳绿洲胡杨林更新复壮技术研究．干旱区资源与环境，14（5）：69-73
孙书存，陈灵芝．1999. 辽东栎植冠的构型分析．植物生态学报，23（5）：33-44
宛敏渭，刘秀珍．1979. 中国物候观测法．北京：科学出版社
王根绪，程国栋．1998. 近 50 年来黑河流域水文及生态环境的变化．中国沙漠，18（3）：233-238
王宁，刘济明．2004. 顶坛花椒生长状况及其构件种群研究．贵州林业科技，32（13）：26-31
王世绩．1995. 胡杨林．北京：中国环境科学出版社
王亚军，陈发虎，勾晓华．2004. 黑河 230 年以来 3～6 月径流的变化．冰川冻土，26（2）：202-206
魏庆莒．1993. 胡杨．北京：中国林业出版社
乌日根夫，战士宏，程继全．2003. 额济纳旗天然胡杨林生物学、生态学抗旱机理与繁殖机理研究．内蒙古林业调查设计，26（4）：1
肖生春，肖洪浪．2004. 额济纳地区历史时期的农牧业变迁与人地关系演化．中国沙漠，24（4）：448-450
杨自辉，俄有浩．2000. 干旱沙区 46 种木本植物的物候研究——以民勤沙生植物园栽培植物为例．西北植物学报，20（6）：1102-1109
张大勇，姜新华．2001. 植物交配系统的进化、资源分配对策与遗传多样性．植物生态学报，25（2）：130-143
张昊，李俊清，李景文等．2007. 额济纳绿洲胡杨种群繁殖物候节律特征的研究．内蒙古农业大学学报，28（2）：60-66
张武文，史生胜．2002. 额济纳绿洲地下水动态与植被退化关系的研究．冰川冻土，24（4）：421-425
张小由，康尔泗，司建华等．2006. 黑河下游胡杨耗水规律研究．干旱区资源与环境，1：195～197
钟华平，刘恒，王义．2002. 黑河流域下游额济纳绿洲与水资源的关系．水科学进展，13（12）：223-228
周正立，李志军，龚卫江．2005. 胡杨、灰叶胡杨开花生物学特性研究．武汉植物学研究，23（2）：163-168
Augspurger C K. 1983. Phenology, flowering synchrony, and fruit set of six neotropical shrubs. Biotropical, 16: 257-267
Bolmgren K. 1998. The use of synchronization measures in studies of plant reproductive phenology. Oikos, 82: 411-415

Bronstein J L. 1995. The plant-pollinator landscape. *In*: Hanssos L, Fahrig L, Merriam G. Mosaic landscapes and ecological processes. London: Chapman & Hall. Press, 256-288

Campbell D R. 1989. Measurement of selection in a hermaphroditic plant: variation in male and female pollination success. Evolution, 43: 182-193

Campbell D R. 1991. Effects of floral traits on sequential components of fitness in *Ipomopsis aggregate*. Nature, 137: 713-737

Carol G. 1999. Wind pollination and reproductive assurance in *Linanthus parvorus*, a self-incompatible annual. American Journal of Botany, 86: 948-954

Cole L. 1954. The population consequences of life history phenomena . Qua Rer Biology, 29: 103-137

Dieringer G. 1991. Variation in individual flowering time and reproductive success *of Agalinis strictifolia* (Scrophulariaceae) . American Journal of Botany, 78: 497-503

Fisher J B. 1986. Branching pattern and angles in trees. *In*: Givnish J T. On the economy of plant form and function. London: Cambridge University Press, 493-518

Galen C, Stanton M L. 1991. Consequences of emergence phenology for reproductive success in *Ranunculus adoneus* (Ranunculaceae) . American Journal of Botany, 78: 978-988.

Gross M R. 1991. Salmon breeding behavior and life history evolution in changing environments. Ecology, 72 (4): 1180-1186

Hastings A. 1982. Dynamics of a single species in a spatially varying environment: the stabilizing role of high dispersal rates. Journal of Mathematical Biology, 10: 49-55

Herrera J. 1991. Allocation of reproductive resources within and among in florences of *Lavandu lastoechas* (Lamiaceae) . American Journal of Botany, 78 (6): 789-794

Kelly C A. 1992. Reproductive phonologies in *Lobelia inflata* (Lobeliaceae) and their environmental control. American Journal of Botany, 79: 1126-1133

Lovett-Doust J. 1989. Plant reproductive strategies and resources allocation. Tree, 4: 230-233

O' Neil P. 1999. Selection on flowering time: an adaptive fitness surface for nonexistent character combinations. Ecology, 80: 806-820

Ollertonn J, Dlaz A. 1999. Evidence for stabilizing selection acting on flowering time in *Arum maculatum* (Araceae): the influence of phylogeny on adaptation. Oecologia, 119: 340-348

Rathcke B, Lacey E P. 1985. Phenological patterns of terrestrial plants. Annual Review of Ecology and Systematics, 16: 179-214

Whitehead D R. 1983. Wind pollination: some ecological and evolutionary perspectives. *In*: Real L. Pollination biology. Orlando: Academic Press

第3章　胡杨种群繁殖对策和生活史

繁殖（reproduction）是植物种得以延续的唯一手段，它不仅是种群形成、发展和进化的核心问题之一，也是生物群落和生态系统演替的基础（雍学葵和张利权，1992；班勇，1995；苏智先等，1998）。植物的繁殖包括有性繁殖（sexual reproduction）和无性繁殖（asexual reproduction）两大类型。有些植物类群仅以其中一种方式进行繁殖，而有的植物类群兼以两种方式实现物种的延续（Richard，1986；苏智先等，1998）。有性繁殖和无性繁殖各有利弊，并随生境、演替阶段等发生变化（钟章成，1995）。

由于各种植物繁殖过程中所经历各阶段障碍的性质与强度不同，其所采取的繁殖方式及其适应特征也各不相同（钟章成，1995；尚玉昌，1998；苏智先等，1998；王崇云，1998）。这些差异首先表现为，仅以其中一种方式进行繁殖，还是兼以两种方式实现物种的延续以及两种繁殖方式中的主导方式；其次在繁殖过程中，资源的分配、繁殖时间和繁殖频率等方面存在许多可能的变异：繁殖前期的长度，在生活周期中产生种子的次数，两次繁殖的间隔期等。根据这些差异，可以推测植物种特定的繁殖对策（reproductive strategy or traits），即植物在其生活史过程中，通过最佳的资源分配格局，以其特有的繁殖属性从时空上适应环境，提高植物适合度的自组织过程。其适应的对象是生存环境，最终目标是物种的持续生存和繁衍（钟章成，1995）。

植物种群生活史是指植物种群从种子萌发到种子形成所经历的全部过程，它应包括植物种群生活周期各个阶段（繁殖、种子、补充与生长）的生活史特征（life history strategy or traits）以及与同一生境内其他生物之间的相互作用（Silvertown et al.，2001）。生活史对策包括植物生活史中各种变量组合，也是植物应对交替变化环境的反应（Gross，1991）。繁殖对策是生活史对策的最重要的组成部分，通过适当的繁殖对策选择，植物体可以协调在一定生境条件下的繁殖与生存的关系。这方面的工作亦越来越受到国内外学者的高度重视（何维明和钟章成，1997）。

相关文献表明，对于植物繁殖特性及种群繁殖对策生态学研究的基础理论研究，在我国还是刚刚起步，尚有大量基础性工作亟待进行（何维明和钟章成，1997；钟章成，1995，1996，2000）；国内外对植物有性繁殖与无性繁殖的比较研究，主要集中在草本植物或木质草本（竹子），以乔木为研究对象的研究报道很少（Dieringer，1991；Herrera，1991）；针对胡杨及其种群的基本生物生态学特性方面的研究相对零散（王世绩，1995，1996；李毅，1996；康向阳，1997；李利和张希明，2002；李志军等，2003），特别是从胡杨繁殖对策和生活史对策等繁殖生态学基础方面的研究报道更少。而文献显示，植物繁殖特性及种群发展对策生态学研究，已开始从繁殖分配和繁殖投资为重点逐步转向以繁殖分配和繁殖投资的量变质变为基础，探讨不同年龄阶段的最佳分配格局，以及繁殖、生长和维持之间的协同进化关系方面的研究，并把繁殖进化及其机理研究列为繁殖对策的重要内容（Harper，1981；Tilman，1993；张大勇和姜新华，2001；方炎明等，2004；张景光等，2005）。

本章拟通过对额济纳绿洲胡杨现实幼苗库状况的调查、结合已有的研究成果，确定种群（或现阶段）主导繁殖形式；对胡杨不同性别个体进行繁殖分配调查，结合物候节律的研究结论，总结胡杨种群的繁殖和生活史对策，并做一定深度的探讨。

1 材料与方法

1.1 胡杨幼苗库的调查

依据对额济纳绿洲胡杨林国家级自然保护区内胡杨群落踏查结果和自然保护区植被分布图，根据尽可能大的穿越河道和胡杨群落的原则，确定样线走向和长度。自正对旗林场头道河河床中点（101°10′35″E，42°9′54″N），沿东偏北15°方向，途经二道河、三道河、五道河和六道河及其间的胡杨、柽柳等群落和裸地，总长度15km。用GPS确定方向和位置，并记录样线上，裸地、胡杨萌蘖苗（h≤2m）、实生苗出现地段的起止点位置。在出现实生苗和萌蘖苗的地段，分别做面积2m×200m的样条（河漫滩，平行河岸）和20m×20m样方（胡杨群落），对样方（条）内所观察到的萌蘖苗和实生苗的出现地形部位、数量、高度、基（地）径和密度进行统计和测定。野外工作结束后，进行内业汇总。

1.2 胡杨雌雄个体繁殖分配的调查

1.2.1 调查指标的确定

严格意义上说，植物繁殖分配是指营养系统1年中同化和吸收的有机和无机物质总量中用于生殖的部分，分配于生殖的营养物质包括果实、种子、花被的干重；营养部分则比较复杂，包括当年生的营养系统（根、茎、叶、叶芽、次生木质部、次生韧皮部等）。由于植物繁殖分配的测定受到其生长规律的限制，实际操作过程难度很大，乔木树种的繁殖分配测定的困难体现的更为突出。根据构件理论，1个果枝相当于1株树的基本构件单元（modules）；通常植物是由一定数量，包括若干基本单元的上一级枝，遵循一定规律构成更高级别的分枝（通常具体植物种地上各级分枝间拥有相对稳定的模数），与主干共同组成植物地上部分的组元结构（modular structure）（Herrera，1991；Newell，1991）。Herrera提出，花序是自动构件（autonomous modules），由于资源不可能在构件间重新分配，可以直接以构件为单位进行定量测定（Lovett-Doust，1989；Herrera，1991）。事实上，乔木树种的部分与整体之间存在一种内在的自相似关系，这种关系用分形几何的语言来描述，被称为自仿关系。生物学上的理论依据是细胞的全能性，单个细胞可发育为一株植物体，细胞同植物体的功能关系可以同自仿关系相类比。据此，在对胡杨植株分枝特征调查和初步分析的基础上，将对胡杨的整体繁殖分配测定简化为，对其花（果）枝为基本单位进行繁殖分配的测定。

1.2.2　供试材料的选择和测定

在胡杨群落内，在曾进行繁殖相关特征观察的雌株、雄株的老龄、中龄和幼龄的样株中，各选取 5 株，标记后作为固定观测样株。分别在胡杨盛花期（4 月 26 日）对全部选定样株、果熟期（7 月 25 日）对选定的雌性样株，进行测定。每次在树冠中部取样，每株取 5 个当年生果枝，每个样本分成营养部分和生殖部分，烘干后用精度为万分之一的电子天平（JA21002，上海）称重。所得数据利用 Matlab7.0 软件进行单因素方差分析，对方差分析显著的数据进行 Duncan 多重比较。

1.3　生活史对策分析的理论基础与特征分析原则

一般认为生活史（life history）与生活周期（licycle）含义相同，都是指生物一生中（从配子形成到下一代配子形成）所经历的各个阶段（MacArthur and Wilson，1967；Grime，1979；Tilman，1993；Silvertown et al.，2001）。由于植物整个生长发育不同阶段个体进行光合作用的能力存在差异，合成和可利用的光合产物有限，因此生长、繁殖和防御等各种功能对有限的资源始终存在着竞争问题，即有限资源如何分配的问题，而植物必需权衡（trade-offs）这些功能间的资源分配（Sutherland and Delph，1984；张大勇和姜新华，2001）。故资源分配的模式在很大程度上反映了植物生活史特征，植物种的起源及演化过程中所经历的环境变迁，会在其生活史中留下深深烙印（李博和杨持，1995；孟金陵，1997；张景光等，2005）。而生活史对策就是这种不同功能间权衡资源分配的综合结果，是植物种群生态学研究的三个主要理论问题之一（周纪伦等，1992）。生活史对策理论不仅要研究植物生活史特征的相关性，更要研究这些变量的组合。生活史特征之间往往存在相关性（张大勇和姜新华，2001；方炎明等，2004）。生活史中变量越多，可能的变量组合也增多，从而导致多样性，也提供了更多的选择机会。但是并非所有的生活史组合形式都能为自然所选择，只有那些最佳生活史组合会被选择。

1.3.1　生活史对策分析的理论依据

本文是依据 MacArthur 和 Wilson（1967）提出的 r-K 选择（对策）的生态对策理论（或称自然选择理论）（Theory of ecological strategy 或 Theory of natural selection）和 Grime（1979）对此所进行的扩充内容，在相关调查和文献查阅的基础上，对胡杨种群生活史对策进行分析。

1.3.2　生活史观察指标的分析原则

根据相关文献（MacArthur and Wilson，1967；Grime，1979；Lovett-Doust，1988；张大勇和姜新华，2001；方炎明等，2004；张景光等，2005），植物生活史变异可分解为若干个变量或特征，这些变量的适合度含义如下：

（1）生育年龄。在植物界中，第 1 次开花结实的年龄差别很大。一般说来，生育年龄越早，适合度越高。生育年龄早，倾向于 r-对策；生育年龄晚，倾向于 K-对策。

(2) 生殖分配。对于存在资源限制生育力的植物，生殖分配越高，适合度越高。生殖分配低，倾向于 r-对策；生殖分配高，倾向于 K-对策。本文对生殖分配时空格局分为平衡重叠和不平衡不重叠两类。

(3) 结实次数。根据结实次数，可将植物区分为一年生 1 次结实植物、多年生 1 次结实植物和多年生多次结实植物。结实次数越多，适合度越高。结实次数多者，倾向于 r-对策；结实次数少者，倾向于 K-对策。

(4) 种子产量。种子产量是重要的适合度指标之一（Winn and Werner，1987）。生殖分配用于塑造整个生殖系统，而真正决定适合度的是种子数目。因此，最有意义的产量指标是有生活力种子量，即生育力。一般而言，植物界中，生育力差别很大，生育力越高，适合度也相应提高。种子产量大者，倾向于 r-对策。

(5) 种子重量。植物种子干重的变异范围在 0.1mg 以下及 10g 以上。大种子营养储备充足，适合度高。0.1mg 以下倾向于 r-对策；10g 以上倾向于 K-对策（Kang and Primack，1991）。

(6) 成体寿命。有一年生、二年生和多年生植物之分。根据形态演化规律，植物寿命越短，进化水平越高，相应地其适合度也越高。植物寿命短倾向于 r-对策；寿命长倾向于 K-对策。

2 胡杨种群的繁殖对策

繁殖对策主要内容有：繁殖类型、繁殖时间、繁殖频度、繁殖物候和繁殖分配等（钟章成，1995）。这些特征主要由遗传因素决定，但环境可使之发生一定的适应性变化，以适应不同的环境压力（方炎明，1996；Gabriel et al.，1999）。不同生活型、不同种类，以及异质环境条件下的植物具有适应环境条件的不同的生长和繁殖对策，繁殖方式的多样性使得许多植物在不同的生境条件下可以采取不同的繁殖对策，这也是生物自然选择和进化的结果，反映了植物与环境相适应、结构与功能相统一的关系。

根据已有的相关文献及本书对胡杨种群物候节律、繁殖物候研究结果和实地对胡杨种群幼苗库及胡杨雌雄个体调查的分析结果，本节重点对胡杨种群的繁殖类型、繁殖时间、繁殖频度和繁殖分配进行分析和总结，胡杨种群繁殖物候特征本文第 2 章已做详尽阐述。

2.1 胡杨种群的繁殖类型

植物的繁殖类型（reproductive style）选择通常是比较稳定的。兼以两种方式实现物种的延续的植物类群，两种繁殖方式分别对种群繁殖贡献的不同决定其繁殖类型的主要形式。

2.1.1 胡杨种群的繁殖类型

胡杨是杨柳科中最古老的一种，是我国干旱荒漠区唯一能自然形成大面积森林的乔木树种（黄培佑，1991；王世绩，1995）。在自然条件下，胡杨依靠有性（种子）繁殖和无性（营养）繁殖两种繁殖方式综合进行繁殖（黄培佑，1991；王世绩，1995，1996；李毅，1996；康向阳，1997；李利和张希明，2002；李志军等，2003）。

2.1.2　胡杨种群幼苗库与主导繁殖形式的确定

针对胡杨种群幼苗库（图版Ⅲ A）的调查分析结果显示（表 3.1），在总共 8 块样地和样条中，幼苗数量的变化范围在 7～56 株，总共 162 株胡杨幼苗，幼苗的平均密度为 506.25 株/hm^2。幼苗的起源多数为萌蘖苗，占幼苗总数的 76.54%，多数萌蘖苗分布于胡杨群落内的林窗和林缘，约占萌蘖苗总数的 92.74%；实生苗仅占幼苗总数的 23.46%，绝大多数起源于河漫滩，约占实生苗总数的 97.37%，只在 1 号样地内的冲刷沟中发现 1 株高度只有 23cm 的实生苗。统计结果表明，无性繁殖产生的萌蘖苗占胡杨群落幼苗的绝大多数，有性繁殖产生的实生苗在胡杨的更新方式中只占很小的比例。有一定数量涉及该问题的相关文献也阐述了类似的结果（黄培佑，1991；王世绩，1995，1996；李毅，1996；康向阳，1997；李利和张希明，2002；李志军等，2003）。据此可以认为无性繁殖是额济纳绿洲分布的胡杨种群的主导繁殖方式。

表 3.1　4 块样地和 4 块样条中的幼苗状况

样地号	幼苗数	萌蘖苗数量	萌蘖苗平均高度/m	密度/(株/hm^2)	实生苗数量	实生苗平均高度/m	密度/(株/hm^2)	实生苗出现地形部位
Plot 1	56	55	0.74	1375	1	0.23	25	冲刷沟
Plot 2	32	32	0.65	800	0	—	0	—
Plot 3	21	21	0.82	525	0	—	0	—
Plot 4	7	7	0.95	175	0	—	0	—
Tran. 1	16	4	0.60	100	12	0.55±0.10	300	河漫滩
Tran. 2	15	0	—	0	15	0.45±0.15	375	河漫滩
Tran. 3	8	0	—	0		0.35±0.11	200	河漫滩
Tran. 4	7	5	0.63	125	2	0.40±0.06	50	河漫滩

2.2　胡杨种群的繁殖时间

繁殖时间是生活史特征的一个重要组分。繁殖时间都是遗传性决定的，以适应不同的环境压力。如有较大的死亡危险，延迟种子产生就可能导致繁殖的彻底失败。不稳定的环境适合于尽可能早的产生种子的植物，如一年生植物或繁殖前期较短的多年生植物。繁殖要利于生长前期积累的营养物质和分生组织，从而大个体比小个体的种子产量高。由于繁殖对植物前期生长的这种依赖性，植物在繁殖和生长之间的权衡等同于早繁殖和晚繁殖之间的权衡（钟章成，1996，2000；何维明和钟章成，1997）。

根据本文对胡杨种群物候节律、繁殖物候研究结果，胡杨种群繁殖时间特性表现如下：

额济纳绿洲胡杨的平均生殖年龄为 53.8 年、最小生殖年龄为 11.2 年、最大生殖年龄为 155.7 年。即胡杨个体繁殖前期约为 11.2 年、繁殖期持续时间平均约为 42.6 年，繁殖期持续时间最高可达 144.5 年。

胡杨种群拥有杨属植物中最长的花果物候期（150±2.1 天），约占全年中活动期的 68.17%（占全年活动期 220±3 天）。雄性群体花期约 13～16 天，占种群花期（19 天）持续时间的 68.42%～84.42%，约占全年中活动期的 5.91%～7.28%。

雌雄个体花序的花期基本相同，为 5～7 天；雌个体、雄个体花期持续时间明显不同，分别为 7～11 天和 7～13 天；雌雄群体间花期持续时间不同，分别为 11～14 天、13～16 天；种群花期持续时间约 19 天。在雌雄不同龄级的个体和群体及种群整体水平上，从花期持续时间、开花时序和相对开花强度特性等方面，形成了“大量、个体相对集中、群体相对分散、雌雄异步开花、近同期结束”的较为独特的开花模式。

2.3 胡杨种群的繁殖频度

1982 年 Silvertown 提出了最佳繁殖频度的概念，旨在揭示植物繁殖频率与环境因子的关系。

根据已有的相关文献和实地观测，胡杨种群在每个年度的生长季均可基本顺利完成开花和结实的过程。因此，胡杨种群比较适应其分布地域的综合环境条件。

2.4 胡杨种群的繁殖物候

额济纳绿洲分布的胡杨群落，一般在 3 月下旬休眠芽开始萌动，4 月 21 日至 5 月 10 日为开花期，种群花期持续时间 30±2 天，占整个生长期的 13.64%；5 月上旬不同龄级雌性个体陆续进入果期，至果熟期（7 月下旬）持续近 80 天；约 7 月 28 日前后，种子开始散播，8 月 23 日以后结束，历时约 27 天。至此胡杨种群一年的繁殖物候期结束，共计 164 天左右，约占整个生长期（220±3 天）的 74.55%。

胡杨先花后叶，近花期结束时，约 5 月 4 日左右，雌株先于雄株 3～5 天开始展叶，进入叶片扩张和节伸长期，5 月中旬叶片形态面积停止扩张。叶片系统的成长发育与开花过程在时间位上基本分离。

2.5 胡杨种群的繁殖分配

由遗传决定物种在植物整个生长发育阶段中，不同阶段个体进行光合作用的能力不同，可利用的光合产物有限，同时它又受一定环境的限制。而每一植物种在其生活周期中，都需要一定数量的适合的资源，可供分配资源的限制，使植物在生长、繁殖和防御等各种功能对有限的资源始终存在着竞争问题，即有限资源如何分配的问题。自然选择使每种生物中的资源分配趋于最佳程度-资源分配原则。繁殖分配正是植物遵循该原则，通过既相互联系、相互矛盾，又高度协调的营养生长和繁殖生长，在共同完成植物生命史的发展历程中所形成的结果（Silvertown et al.，2001）。

2.5.1 胡杨雌雄个体花（果）枝的数量特征与分析

对所得的胡杨雌雄个体花（果）枝的数量特征数据进行条件分析表明（表 3.2），雌株不同龄级个体间每花枝拥有花序数量和果枝拥有果穗数量无显著差异。雄株不同龄级个体间每花枝拥有花序数量及雌雄株不同龄级个体间每花枝拥有花序数量也无明显差异。其他数据在同一数量特征下，雌、雄及不同龄级个体间，在 $P=0.01$ 水平上均差异显著。其中，个体花枝长度以雄性中龄个体最大（最大为 0.67m，平均为 0.54m）；雌雄个体对比，雄性均比雌性对应龄级的花枝长度长。雌雄个体的花枝直径均以中龄个体最大，老龄个体次之，幼龄个体最小。花序上包含小花的数量以雌性中龄个体最多（最大为 25 个，平均为 23.43 个）；雌雄老龄、雄性中龄和老龄个体间无显著差异；雌雄幼龄个体间相近。个体花枝重量（不包括繁殖器官部分）以雌性中龄个体最大（最大为 73.45g，平均为 60.59g）；雄性中龄次之；雌性老龄和雄性老龄个体间差异不明显；雄性幼龄个体花枝重量平均为 52.04g，雌性幼龄个体最低，仅平均为 42.92g。花枝上平均叶片重量由大到小依次为，雌性中龄个体＞雌性老龄个体≈雄性中龄个体≈雄性老龄个体＞雌性幼龄个体＞雄性幼龄个体。花枝花序的重量（包括小花和花序轴的重量），即花枝上繁殖器官的重量由大到小依次为，雌性中龄个体＞雌性老龄个体≈雄性幼龄个体≈雄性中龄个体＞雌性幼龄个体＞雄性老龄个体（小花重量：雌性中龄个体＞雄性幼龄个体＞雄性中龄个体＞雌性老龄个体＞雌性幼龄个体＞雄性老龄个体；花序轴重量：雌性中龄个体≈雌性老龄个体＞雄性幼龄个体＞雄性中龄个体≈雌性幼龄个体＞雄性老龄个体）。雌性个体果期，果枝上果穗的数量在各龄级个体间无明显差异。果枝重量（不包括繁殖器官部分）、果穗上果实数量、果实中种子数量、果皮＋穗轴的重量和果实中所含种子重量，均呈相同变化趋势，即中龄个体＞老龄个体＞幼龄个体。各龄级个体间果穗重量的特征为，中龄个体≈老龄个体＞幼龄个体。

表 3.2　胡杨雌雄个体花（果）枝的数量特征

特征	雌株			雄株		
	幼龄	中龄	老龄	幼龄	中龄	老龄
花枝长度/m	0.41^{B}	0.44^{B}	0.52^{AB}	0.44^{B}	0.54^{A}	0.52^{AB}
花枝直径/cm	0.5^{C}	0.65^{AB}	0.83^{BC}	0.40^{C}	0.91^{AB}	0.72^{BC}
花序/(枝)/个	4.6^{A}	5.3^{A}	5.2^{A}	4.5^{A}	5.2^{A}	5.1^{A}
花/(花序)/个	10.61^{B}	23.43^{A}	20.94^{AB}	11.02^{B}	21.03^{AB}	20.87^{AB}
果穗/(枝)/个	4.5^{A}	5.3^{A}	5.2^{A}	—	—	—
果/(果穗)/个	11.3^{B}	17.4^{A}	14.5^{AB}	—	—	—
种子/(果)/个	106.2^{B}	121.4^{A}	$1.7.5^{AB}$	—	—	—
花枝/g	42.92^{C}	60.59^{A}	50.68^{B}	44.29^{C}	56.06^{AB}	52.04^{B}
果枝/g	56.16^{B}	67.38^{A}	63.51^{AB}	—	—	—
叶片/g	22.56^{BC}	29.20^{A}	26.37^{AB}	20.11^{C}	27.01^{AB}	26.57^{AB}
花序/g	3.56^{BC}	5.78^{A}	4.16^{B}	4.10^{B}	4.07^{B}	3.35^{C}
小花/g	1.64^{C}	3.22^{A}	1.87^{C}	2.58^{AB}	2.78^{B}	2.25^{BC}
花轴/g	1.92^{B}	2.46^{A}	2.29^{A}	1.52^{C}	1.29^{C}	1.78^{D}
果穗/g	9.99^{B}	15.47^{A}	13.27^{A}	—	—	—
果皮＋穗轴/g	5.16^{C}	8.06^{A}	6.91^{B}	—	—	—
种子/g	4.83^{C}	7.41^{A}	6.36^{B}	—	—	—

注：表中数据为相应特征指标的平均值，统计分析及差异性分析结果为雌雄不同龄级个体在同一数量特征下的分析结果；表中数据右上角字母相同者为差异不明显，不同者为差异（$P=0.01$）明显。

胡杨雌性不同龄级个体花（果）枝数量特征的差异，一定程度上可以反映出不同属性个体利用环境和光合（或体内营养物质贮藏）能力的差异。雌性中龄个体花枝的各项数量特征值均高于其他属性的个体，这在一定程度表明，胡杨在个体水平上形成了以雌性中龄个体群作为其实现有性繁殖中坚力量的特性。同性别不同龄级个体间上述能力均呈现：中龄个体＞老龄个体＞幼龄个体模式；对应龄级个体间雌株均比雄株表现要好。雄性中龄个体在花枝长度上相对表现突出，应该说利于花粉的散播和授粉的顺利实现，这可能是为更好地实现有性繁殖与雌性中龄个体协同进化的结果。其是否已经成为个体群繁殖适应方面的特征，还有待于通过进一步研究加以证实。

2.5.2 胡杨雌雄个体繁殖分配特征与分析

草本植物繁殖分配是将植物干重量区分为生殖部分和非生殖部分。但对于多年生多次结实的植物，一年中同化的资源主要用于当年生枝叶生长及当年开花结实，生殖分配实质上是指当年生根、茎的次生木质部和枝、叶干重同当年生花、果、种子的干重比。

两次测定胡杨的繁殖分配表明（图 3.1，图 3.2）：不同发育时期，用于生殖的营养比例有所变化。

胡杨是先花后叶植物，4 月 26 日正值盛花期，雌雄个体上的葇荑花序完全展开，雌性小花全部开放。花枝上除一定数量的葇荑花序外，枝条上还包括已经萌动的叶芽。盛花期时胡杨个体繁殖器官占据花枝总重量比例（干重）范围在 6.05%～9.16%。就测定得到的数据而言，其所占比例不高，这一特征可能是由于繁殖器官的含水率较高而枝条含水率较低所致。

盛花期，繁殖分配以雄性中龄个体相对最高（约为花枝总重量的 9.16%，繁殖器官中花序轴和小花各占花枝总重量的 4.06%和 5.34%）（图 3.1D）；雄性老龄个体相对最低（约为 6.05%，繁殖器官中花序轴和小花各占花枝总重量的 2.18%和 3.88%）（图 3.1F）。雄性幼龄个体小花占花序重量比重较大（约 56.81%；小花占花枝总重量的 5.33%）（图 3.1B）。雌性幼龄个体小花占花序重量比重最小（约 46.01%；小花占花枝总重量的 3.52%）（图 3.1A）。原因可能是，由于雌性幼龄个体群在不同性别和龄级群中开花最晚，调查时虽正值胡杨种群盛花期，但非雌性幼龄个体群相对集中开花的时候。雌性幼龄、雌性中龄、雌性老龄和雄性幼龄个体间，繁殖分配比例差异不大（分别为 92.34%、91.30%、92.41%和 91.53%）。

胡杨雌株果熟期（7 月 25 日）个体繁殖器官占果枝总重量比例（干重）范围在 11.26%～13.80%，繁殖分配比值较盛花期明显增大。花期之后，随个体维持生存及叶片的生长，必定消耗一定的营养物质，而胡杨雌株繁殖分配比值仍较盛花期明显提高，从一个侧面表明胡杨种群对雌性个体群的繁殖投资是相当可观的。个体繁殖器官占果枝总重量比值中，雌性中龄个体相对最高（13.80%）、雌性老龄个体居中（12.86%）、雌性幼龄个体最大（11.26%）（图 3.2A，C，E）。这一现象与胡杨拥有杨属植物中最长花果期的特征是一致的。

胡杨雄性个体对应雌性个体果熟期的生殖结构和营养结构干重比的数量特征，是以 4 月 26 日盛花期测定的繁殖器官（小花＋花序轴）重量与 7 月 25 日测定的对应样株的

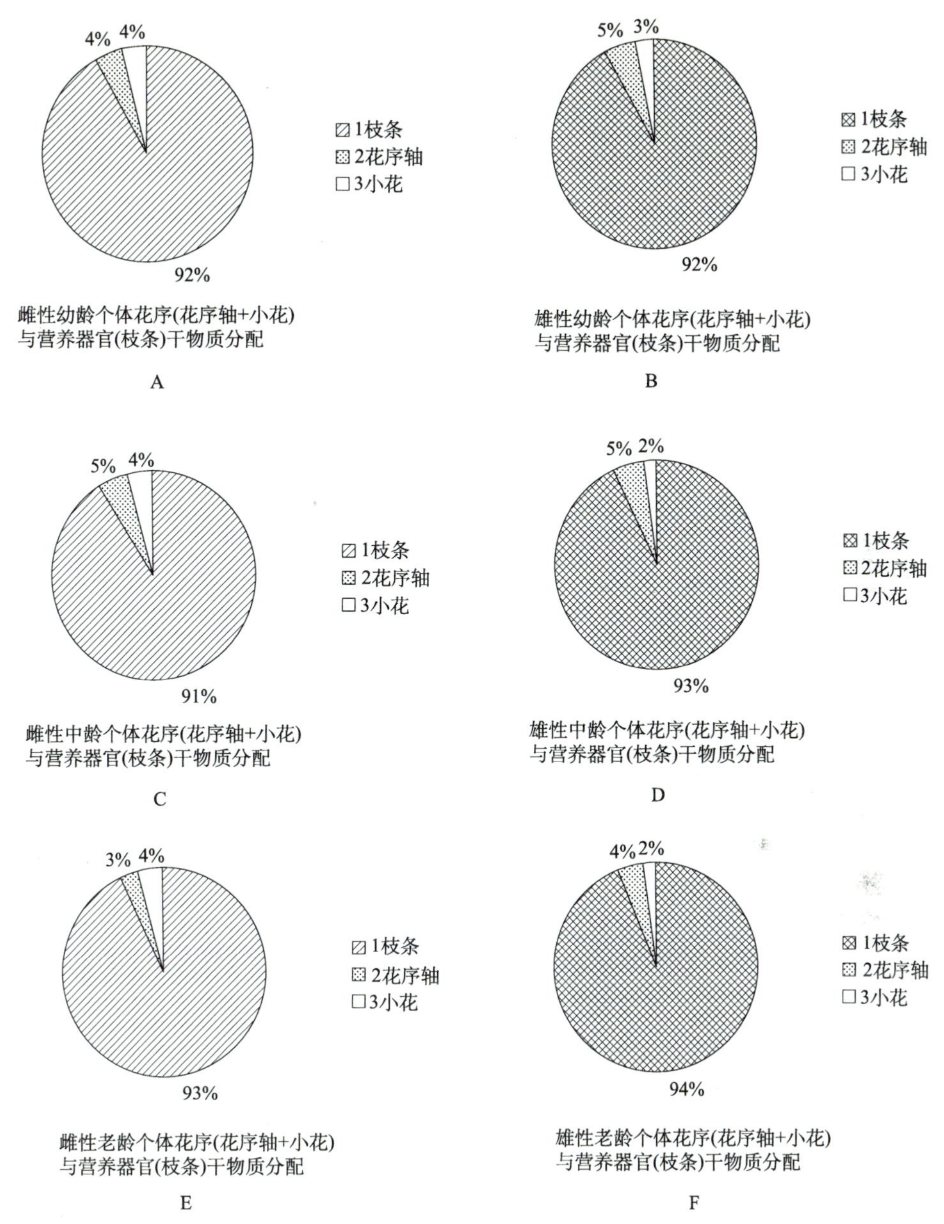

图 3.1　胡杨盛花期繁殖分配（4 月 26 日）

营养器官（枝条＋叶片）重量数据进行的。结果显示（图 3.2B，D，F），胡杨雄株一年的繁殖分配以雄性中龄个体相对最高（5.86％）、雄性幼龄个体居中（5.77％）、雄性老龄个体相对最低（3.67％）。

总体上看，一年中胡杨个体生殖生长和营养生长相比严重失衡，7 月 25 日测定的结果显示，雄株营养器官是繁殖器官干重的 16.7～26.2 倍、雌株营养器官是繁殖器官干重的 6.2～7.8 倍，而且年内不同发育期同性不同龄级个体间有所波动，雌性个体群

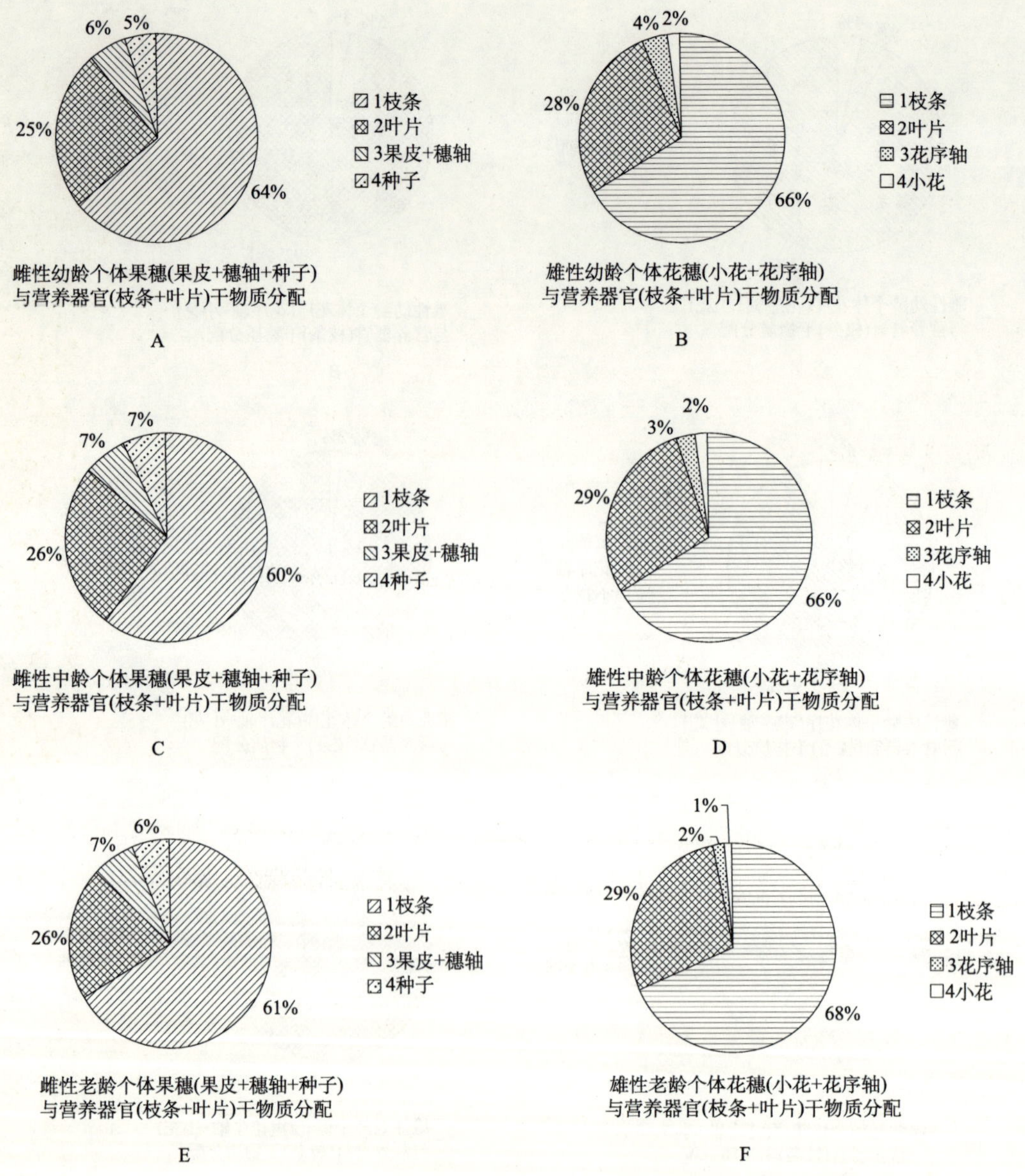

图 3.2　胡杨果熟期繁殖分配（7 月 25 日）

注：图中B、D、F为胡杨雄性个体繁殖器官(花穗＝小花+花序轴)(4月26日测定值)与营养器官(枝条+叶片)(7月25日测定值)的干物质分配

之间差异明显。花期胡杨雄性个体群繁殖分配相对高于雌性个体群。整个生长季雌性个体群繁殖分配明显高于雄性个体群的特征，与雄株先于雌株开花和雌株拥有约较长的花果期的繁殖物候节律是一致的。雌雄异株中的雌株生长的稳定性不及雄株，这可能是种子生产增加雌株在资源分配上的负担。

3　胡杨种群的生活史对策

植物种群的生长、繁殖和维持是其最基本的功能特征，共同构成了生物体的生活史过程（Silvertown et al.，2001）。由于从“种子-种子”的过程中，植物所经历各阶段障碍的性质与强度各不相同，其所采取的适应途径和方式及适应特征也不尽相同。这些适应途径和方式及适应特征，构成了植物实现物种延续的生活史对策。因而，生活史对策是植物在长期的自然选择下、通过实现生命活动中繁殖与生存历程中，塑造形成的主要以外形和习性等特征表现出来的适应对策（adaptive strategy）（Harper，1981）。因此，这些生活史变量主要表现在一组彼此相关的繁殖特征，如开花年龄、结实量、种子大小、繁殖分配等。自然选择的结果是只有最佳的生活史形式才能留存，而那些在一定时期内不能适应环境条件或变化的生活史形式，植物必须通过生活史变异来面对留存、迁移和绝灭的选择（Abrahamson，1980；Harper，1981；Bell，1984；Cook，1985；Campbell，1989；周纪伦等，1992；Silvertown et al.，2001）。

MacArthur 和 Wilson（1967）提出的 r-K 选择（对策）的自然选择理论认为，在植物与环境的长期相互作用中，存在两类选择：在不稳定环境中进行 r-选择（对策）；在稳定环境中进行 K-选择（对策）。两类对策者的居群增长机制不同，决定了它们具有不同的生活史特征。英国生态学家 Grime（1979）在 r-选择（对策）和 K-选择（对策）的基础上对生活史的式样分类做了有益的扩充。

Grime（1979）认为，限制植物生存与数量的外界条件有二，即胁迫和干扰。它们在地表的强度根据地区差异并形成四种组合，其中强胁迫＋强干扰处的植物不能存活，另外三种组合类型的生境导致三种适应方式：适宜分布在低胁迫＋低干扰生境、资源吸收量大、营养生长较快、个体高大和具强竞争力的竞争者（C 型，competitors）；能适应高胁迫＋低干扰的生境、生长慢、常有防御和减轻恶劣环境胁迫的各种适应特征、在优越有利环境中竞争力差的耐胁迫者（S 型，stress-tolerators）（干旱生境中的植物耐旱或避旱适应，生长较慢的类型是其中 4 种类型之一）；适生于低胁迫＋高干扰的环境、能快速完成生活史、有高的种子生产率、花期早、成熟快、具有适应所在生境强烈干扰并具有利用有限生境资源的能力的杂草型（R 型，ruderales）。

与 r-K 连续体相比，Grime 认为 R 型位于 r 端，S 型位于 K 端，二者数量皆向中间减少，C 型则居连续体中部，三类中间还有过渡类型。

3.1　胡杨种群生活史特征的分析

胡杨种群生活史呈现以下特点：①生育年龄较长。第 1 次结实一般在 11.2 年左右；②生殖系统和营养系统的资源位不平衡且基本不重叠。繁殖分配一般在 3.67%～13.80%；③多次结实。自第 1 次结实开始，可连年不断开花结果，一直延续到衰老期；④蒴果产量较高，且种子基本均具有生活力，大小年现象尚不明确；⑤种子重量很小（0.08～0.13g/千粒）；⑥寿命长。一般能存活 150～200 年，有的甚至能存活 500 年以上［额济纳旗呼布达赉镇北的胡杨神树据记载树龄为 600～880 年；新疆东部哈密地区伊吾县荒漠河岸分布着1株725年的老龄胡杨（王世绩，1995）]；⑦有性生殖过程，从混合芽发生，花芽分化，开花传粉受精，胚胎发育，到种子成熟，历经164天，是杨属植物中最长的类群。

根据生活史对策分析的理论依据和观察指标的分析原则，对胡杨种群生活史对策进行分析的结果如下：

个体最小生殖年龄为11.2年，与其他杨属植物相应特征相比，生殖前期相对于个体寿命而言，比值很小，属较早繁殖类型，适合度相对较高，倾向于r-对策；生殖分配较低，适合度不高，倾向于K-对策；结实特征为多年多次结实，适合度相对较高，属于r-对策；有生活力种子量很大，适合度相对较高，属于r-对策；种子千粒干重的变异在0.08～0.13g范围，适合度较低，属0.1mg以下类型，属于r-对策；成体寿命接近200年，适合度较低，属于K-对策。

根据对胡杨种群生活史观察指标分析结果的综合分析表明，作为乔木的胡杨，其生活史对策与两种对策者的典型生活史特征相比，虽属于K-对策型，但繁殖对策的某些特征，特别是繁殖频度和具活力种子的数量的r-对策特征，使之明显偏离于典型的K-对策型；在r-K连续体系列中，属典型的S型；“两头下注”（董鸣，1996；何维明和钟章成，1997；钟章成，2000）的选择倾向较为明显。这说明胡杨的生活史特征组合是一种较佳组合。虽然它有适合风力散布的散布体，但它与具冠毛的一年生菊科植物相比（闫巧玲等，2004），其散布机制更原始；同杨属的一些植物相比（尹春英等，2004），在结实规律和种子散布等方面可以类比，但胡杨更能适应不稳定的干旱环境；据此可以认为，胡杨的生活史对策属典型的S型，其生活史特征组合是较佳的组合类型。

3.2　胡杨种群生活史对策适合度的分析

对一般的生物来说，协同适应和协同进化使它们能够以最小的代价或成本实现在自然界的存在与繁殖（最大适合度）（王德利和高莹，2005）。根据对胡杨种群生活史观察指标分析结果中适合度的进一步分析表明，在选定生活史观察的6项指标中，适合度较高者4项、较低者2项。生殖分配的K-对策倾向，虽然不利于种群在自然界的生存与繁殖，但生殖前期以及繁殖频度和种子重量的r-对策倾向，特别是后两者在成体寿命K-对策倾向的保障之下，使胡杨在适应环境、丰富基因、保存基因和延续基因的策略方面是较成功的。据此可以推断，胡杨种群生活史对策的适合度相对较高。

一般认为，生活史对策中，如果用于生殖的营养越多，其生育力越强，则可以认为繁殖分配直接影响适合度。然而，在胡杨种群中不存在这种内在关系，虽然繁殖分配不高，但繁殖频度较大、具活力的种子结实量很大，即生育力不直接受营养限制。尽管如此，繁殖分配与适合度之间可能存在间接的关系。生殖系统所利用的资源用于塑造花被、雌雄蕊群、花轴与果轴、果皮和种子，真正有生活力种子所消耗的资源极少，而更多的资源消耗在繁育系统和果皮生长上，用以提高其传粉和种子散布能力。因此，繁殖分配与适合度之间可能存在间接的关系。

相关分析结果还表明，胡杨营养系统和生殖系统之间在资源分配的时空格局上，呈现一种不平衡、不重叠的关系，具体表现在资源的不等分配和利用资源的时间位分离。这就意味着在环境条件相对极端的荒漠绿洲中分布的胡杨营养上的竞争，功能上是相对和谐的，这可能是一种相对高效的生殖分配模式。

由以上分析可知胡杨生活史对策中至少包含以下两种生物控制机制（plant-controlled mechanism）：①有性繁殖中的风险分摊机制。这一机制主要包括两个方面。一方面胡杨能够产生大量具有较强生活力的种子，虽然由于种子寿命和安全生境的限制，使胡杨种子能够萌发的概率大大降低，但是胡杨能够以庞大的后代数量来弥补这一缺陷，由于种子的数量很大，所以在适宜的环境条件下，依然可能有数量可观的种子得以萌发。另一方面，除通过产生大量后代以外，胡杨种群（metapopulation）还可以通过调节繁殖时间来实现有性繁殖风险的分担。胡杨种群内部雌雄群体间，雌株、雄株不同龄级间，在开花及雌株落种时间方面存在着较高的时间异质性，这一特性使胡杨种群的种子成熟期得以延长，由于洪水方式的时间和流量在年份内和年际间存在不确定性，所以种子成熟期的延长使胡杨能够最大限度地利用洪水来进行种子繁殖。②r-K 连续体机制。胡杨在种子繁殖方面具有 r-对策种的一些特点，如后代数量多、个体小、对每个后代的投资较小，而且胡杨种子萌发时间很短，实验中发现刚采摘的种子在蒸馏水的培养下 12h 内即可发芽，这一特性可以使胡杨能够抓住短暂的种子萌发适宜期，完成萌发。胡杨所具有无性更新的能力使之又具有 K-对策种的特点。与种子繁殖相比，无性更新在利用异质性生境，增加种群适合度方面具有优势。虽然每个后代的资源投资较高，产生的无性系分株后代数量也相对较少，但其存活率比由种子形成的幼苗高得多。胡杨利用有性和无性繁殖两种方式实现了繁殖体的多态化，有性繁殖所产生的大量种子能够扩展胡杨的生境范围，使胡杨有机会在潜在生境定居，而无性更新所产生的萌生苗能够巩固胡杨已经占据的生境，使胡杨种群在不利的环境条件下得以维持。总而言之，繁殖体的多态性增强了胡杨在极端环境下的生存能力。

4　胡杨种群的生活史对策分析

4.1　胡杨种群的繁殖对策与生活史

胡杨种群繁殖对策主要特征表现为：

（1）繁殖方式：兼有有性繁殖和无性繁殖两种繁殖方式，且以无性繁殖为主导繁殖方式。

（2）繁殖时间：实生苗起源的个体开始繁殖较早，持续时间较长。

（3）繁殖频度：自第一次开花起，每年开花结果，一直延续到衰老期。

（4）繁殖物候：一年中，萌动较早、花期较晚、花果期较长，花期和种子散布期在时间上分别所依托河流的春汛和秋汛相吻合。

（5）繁殖分配：雌性个体繁殖分配明显高于雄性个体，生殖生长和营养生长相比严重失衡，年内不同发育期同性不同龄级个体间有所波动。

胡杨的生活史对策为近典型的 K-对策型；在 r-K 连续体系列中，属典型 S 型。其生活史特征组合属于较佳的组合类型。

4.2 胡杨种群繁殖对策和生活史对策形成机制

4.2.1 与繁殖相关的内因分析

胡杨既是古老残遗物种，在分类地位上又是十分孤立的物种，在世界范围内的分布十分狭窄。近年来，它们的分布面积有逐渐缩小的趋势，因而在中国珍稀濒危物种保护行动计划中被列为优先保护物种。从对其的生活史若干关键阶段所进行的比较研究中，发现了一些不利于有性生殖顺利进行的现象，主要表现为：①种子生理寿命很短；②无后熟和休眠作用；③种子萌发和幼苗形成具需水特性，抗旱和耐盐能力相对较差；④向幼苗的转化困难。

杨属植物的种子寿命一般不超过 2～3 周，而胡杨种子与之相比寿命相对较长（约 40 天），但仍属短命类型。种子受种皮保护，但种皮很薄，不能阻止氧气和空气中的水分进入种子，因此种子的呼吸作用加强，消耗营养物质增多，这是造成种子寿命短的原因之一。另外，胡杨和杨属植物一样种子寿命很短，可能是进化特征比较原始所决定的；而胡杨进化过程中，分布区内一年之中至少存在一次或平均寿命年限内至少存在多次可供胡杨种子安全萌发和幼苗形成的生境条件，也可能是胡杨种子没有向寿命延长方向进化的原因。胡杨种子无胚乳，子叶储藏的营养物中的有机物质均以粗蛋白质和脂肪含量最高，可溶性糖含量居中，淀粉含量最少（周立正等，2003）；由于蛋白质和脂肪含有的能量高，而且水解速率较慢，有利于种子萌发及苗期所需能量的持续、长期供应（这一点对于胡杨这类短寿命种子尤为重要）。成熟种子均不存在形态和生理上的后熟和休眠作用，落地后给予适宜的条件（充足的水分，温度在 2～30℃，萌发率 80%～90%）可立即萌发，种子成熟时具有较高的活性。有学者认为，种子发芽的不均一性和长期休眠适应，待有合适的条件出现而部分萌发生长，是沙漠植物生存适应的重要对策（黄培佑，1991）。因为这样可以避免种子在环境条件诱发下全部萌发，在幼苗生长的过程中，万一遇到生长条件不能满足植物的生存需要而使幼苗中途全部夭折，造成种群的更新困难。另外，种子休眠还可以使其顺利度过冬季不良的气候条件。因此，胡杨种子发芽的均一性和不具备长期的休眠适应对其种子向幼苗的成功转化极为不利。当然，种子休眠和后熟作用也不一定总是对物种的更新有益，有些濒危物种正是由于种子后熟时间长以及种子休眠的破除和萌发与年周期性变化的气候条件的不协调性而成为物种繁衍的一个制约因素（王迎春等，2001；Campbell，1991）。胡杨种子自然条件下生理活性丧失的速度很快（30～40 天），种子的这种不耐储藏和随时萌发很可能成为影响物种生活史正常进行的一个薄弱环节，是种群内实生苗不易观察到的一个重要原因（Holsinger，1995）。

在生活史的不同阶段出现的异常现象和薄弱环节都对物种顺利完成生活史有阻碍作用，单一因素对物种生存的影响可能不大，但若以上几种不利因素综合起来共同作用，很可能对物种生存构成威胁。由此造成的物种种子库内种子数量的减少，种子质量的降低，特别是种子向幼苗转化出现障碍，从而成为制约种群更新，导致生活史中断。虽然胡杨主要依赖于无性繁殖进行繁殖，但有性繁殖与无性繁殖的失衡，不仅直接影响着种子向幼苗的转化率的高低、种群的进一步扩展和物种的延续，而且对于胡杨种群基因的丰富、保存和延续极为不利。相关文献显示，胡杨种群的年龄结构是造成种群衰退的原因之一（王世绩，1996；康向阳，1997；李俊清，2000；李利和张希明，2002；李志军等，2003），因其种群中存在着幼苗存活率低、实生苗不易观察到和中龄实生起源植株明显缺乏的现象，这可能是导致种群濒危的重要原因。虽然，胡杨由于其独特的有性生殖方式，同时又辅以无性繁殖，加上其对荒漠绿洲环境的独特适应，在不出现大的自然灾害，如河流长期断流或人为的大面积破坏的情况下，种群的繁衍不会受到严重威胁。当然，也不能排除由于长期依赖无性繁殖造成物种的遗传多样性丧失对物种生存的影响。

因此，虽然胡杨在长期进化过程中演化出许多对荒漠绿洲环境的适应机制，特别是生殖保障机制，但由于气候、营养、传粉、遗传等因素的不可预测性，物种潜在的生存威胁正在明显增加。

4.2.2　与繁殖相关的外因分析

由于额济纳绿洲地处荒漠腹地，自然条件极端严酷，加之近几十年来人口数量不断增加，经济快速发展，特别是黑河上中游对河水的拦蓄，造成额济纳河水量逐年减少，1992 年第一次断流，致使胡杨种群种子安全萌发和幼苗形成生境及大面积群落的适生地段丧失，使生境严重破碎化，种群被分割；另外，由于管理不善，相当数量的各种经济实体等相继建成，造成大量植被被毁，生境破坏严重，使风蚀流沙、空气污染日益加剧，加速了物种的消亡。

人为不合理的经济活动及粗放经营是胡杨正常繁殖受到影响的主要干扰因素。在胡杨的分布区内长期而又频繁的放牧，对胡杨的实生苗和萌蘖苗破坏严重，也影响了种群正常的繁殖过程，这些也是造成种群生殖能力降低、分布面积缩小的部分原因。以牧户为中心，一定半径内没有围封的胡杨林内没有发现实生苗、萌蘖苗即是放牧对胡杨繁殖过程影响的实证。人为过度樵采则是另一种严重的威胁，当地居民将胡杨用作薪柴、住房和生畜圈舍等现象十分普遍，因而，人为对胡杨的砍伐和破坏十分严重，造成胡杨群落大面积被毁。

4.2.3　与繁殖相关的历史原因的分析

植物种在起源及演化过程中所经历的环境变迁，会在其生活史中留下深深烙印（李博和杨持，1995；孟金陵，1997；张景光等，2005）。杨柳科被认为是起源于东亚区北部、早在白垩纪以前就已经分化形成的古老类群。杨属植物孤立的系统演化地位和十分简化的繁殖器官，表明了它起源的古老性（赵能和龚固堂，1998）。胡杨组是杨属植物起源后在早期向西传播过程中，伴随大陆漂移、气候变迁及植物适应过程中独立演化形成的耐干旱大陆性气候的次生类群（丁托娅，1995）。

胡杨作为一种很古老的树种，是典型潜水旱中生树种（丁托娅，1995），是适应于极端干旱条件下的一个历史自然产物。历史上胡杨曾分布于湿润区域，随环境变迁，胡杨逐渐演化成为旱中生植物。在漫长的生存进化过程中，胡杨形成了一系列独特、复杂的，适应其极端恶劣生境的形态特征和生长发育节律，并保留了祖先的某些特性，如发育早期阶段对高湿环境的偏好便是其中之一。这一特性是其适应环境变化的缩影（丁托娅，1995；王世绩，1995；赵能和龚固堂，1998）。同时，也造就了胡杨群落的发生、发展和分布对河流深刻依赖的隐域性特征。

因此，胡杨很可能是杨属早期起适应于温暖湿润环境条件源后，向西传播过程中，伴随大陆漂移过程中独立孕育演化形成的耐干旱大陆性气候的次生类群，随着第三纪始新世中期，印度板块和欧亚板块合拢，产生了喜马拉雅造山运动，其分布由广袤的低海拔生境演变为内陆的高海拔生境，伴随着地质历史的变迁，原本潮湿温热的气候转变为现代干旱寒冷的气候。虽然在长期进化过程中物种的生物学特性和生活史特征演化出对内陆环境的适应性，但仍有一些生物学特征明显与现代气候条件不相融洽，如胡杨物候节律中的喜较高积温的迟萌动、喜温度平稳的短花期和较高温—较高积温—较长日照时便落叶停止生长的倾向（杨自辉和俄有浩，2000）等，制约了物种生活史的顺利完成。另外，有性生殖过程对生境相对苛刻的要求，也与胡杨对气候条件的不完全适应有关。因此，历史的原因造成物种的某些生物学特性与现代气候条件的不完全适应，也可能是物种衰退的原因之一。

4.3　胡杨种群保护对策和存在问题

虽然各级政府已经注意到胡杨保护的重要性，并于1992年经内蒙古自治区人民政府批准建立了额济纳旗七道桥胡杨林自然保护区；于2002年升级为国家级自然保护区。但保护区的管理仍然存在一些问题。为此，对胡杨的保护工作还应加强以下几个方面的工作：

（1）加强宣传工作，提高当地居民对生态环境破坏、生物多样性丧失的忧患意识以及对保护物种、保护环境意义的认识，严禁乱砍滥伐和过度放牧。

（2）合理规划工、农、牧业的发展，实现发展经济与环境保护和生物多样性保护并举，经济、生态和社会效益共赢的目标。

（3）制定相关的法律、法规，严格限制既污染环境又损害资源持续利用的各种经济实体的建立和运转，避免挤占和破坏胡杨的生存环境现象的发生。

（4）针对胡杨种子萌发困难及向幼苗转化率低的特点，应积极建立繁育基地，保护种质资源。

由于额济纳绿洲自然条件极端严酷，加之近几十年来，黑河上中游地区经济的快速发展和人口的不断增加，对水资源的需求量逐年增加，使得下游来水量日益紧缺，河道断流频繁，严重干扰了胡杨的有性繁殖和无性更新，甚至威胁到现有个体群的生存，导致胡杨群落衰败的速度日益加快。针对这些问题，额济纳旗政府和人民经过自己的努力，目前绿洲内已建立起国家级胡杨自然保护区，并于2000年启动了黑河上游和下游分水项目，2004年开始在额济纳旗全境内实施河道衬砌铺装工程，同时完成退牧还草、天然林保护工程 $1.03\times10^{6}hm^{2}$、生态移民2990人等举措，这一系列措施对于胡杨保护、复壮更新起到了良好的成果。为此，从胡杨种群特殊的生活史对策和实现胡杨林更好的保护出发，对于黑河分水和河道砌衬工程等与胡杨林保护有关的问题，引发和提出如下思考和建议：

（1）目前黑河分水项目虽然基本能够实施，但每年上游下泄水量很不稳定，而且明显不足。更突出的问题是下泄的时间“随意性”很大，与额济纳河形成的一年内发生两次洪泛过程的模式相去甚远。黑河分水对于胡杨群落的作用和意义不仅在于量值的充分保证，尤其在于分水时间的选择，应当与两汛基本吻合。否则，就失去分水最主要的意义，使针对胡杨群落生境的恢复和维持作用大打折扣。

（2）河水在自然流动过程中，随时可对沿途地下水进行补充。河道砌衬工程的实施，基本阻断这一功能；而且阻断了在河漫滩上淤积的过程，甚至使胡杨彻底丧失了种子安全萌发和幼苗形成的生境；即使退水后河道中形成的一些淤积地段上可能有胡杨幼苗形成，但这不仅有违胡杨自然条件下拓展分布方式，而且还会产生许多问题，诸如这些起源的实生苗是否保留；岸边植物，特别是胡杨等乔木地下根系生长对砌衬的破坏等。因此，从综合和长远的角度考虑，该项目很可能不仅达不到设计实施的真正目的，而且会引发生态、经济等一系列问题。

（3）自然条件下，额济纳河水，特别是两汛发生时，洪水是携带大量源于上游的黏粒、粉粒和腐殖质的“肥水”。而由黑河上中游水库逐级拦蓄后的河水，经历了无数次的沉淀过程，通过最后一级水库下泄，也只能携带流经荒漠区域冲刷下来的数量有限的上述成分。因此，与自然条件下到达额济纳绿洲的河水相比，分水下来的水只能算是“清汤寡水”。

据此，作者建议，制定和实施胡杨群落保护的相关政策和措施时，应当遵循其生态生物学特性，特别是胡杨群落生存和分布的隐域性属性；黑河分水实施时，必须同时兼顾水量的保证和分水时间的选择，特别是分水时间应与两汛的发生时间基本吻合；在绿洲内适当地段保留或开辟一定面积的可泛淤的区域，为胡杨自然条件下实现有性繁殖和科学研究提供一定的条件；鉴于目前额济纳河自然条件下缺乏洪泛过程和现实分水的水质情况，应考虑人工建立模拟胡杨有性繁殖自然发生的实生苗繁育基地。

总之，针对残遗物种和濒危物种的保护是保护资源、保护环境、利国利民的大事，已经引起各级领导和民众及广大科研人员的高度重视，应当投入更大的人力、物力和财力并协调运作才能取得良好的效果。否则，一旦失去了以胡杨群落为主体的额济纳绿洲，将丧失我国西北干旱区的一道强大生态防线，对酒泉国防科研基地、阿拉善、河西走廊地区以及宁夏平原，乃至华北和京津地区的生态安全造成极大的威胁。

参考文献

班勇．1995. 植物生活史对策的进化．生态学杂志，14（3）：33-39

丁托娅．1995. 世界杨柳科植物的起源、分化和地理分布．云南植物研究，17（3）：277-290

董鸣．1996. 异质性生境中的植物克隆生长：风险分摊．植物生态学报，20（6）：543-548

方炎明，张晓平，王中生．2004. 鹅掌楸生殖生态研究：生殖分配与生活史对策．南京林业大学学报（自然科学版），28（3）：71-74

方炎明．1996. 植物生殖生态学．济南：山东大学出版社

何维明，钟章成．1997. 植物繁殖对策的概念及其研究内容．生物学杂志，14（80）：1-3

黄培佑．1991. 荒漠河岸胡杨林的生活周期对生境水条件的动态适应的研究．新疆环境保护，13（2）：5-10

康向阳．1997. 甘肃胡杨恢复发展的限制因子及对策．中国沙漠，17（1）：53-57

李博，杨持．1995. 草地生物多样性保护研究．呼和浩特：内蒙古大学出版社

李俊清．2000. 西北地区植被恢复与重建．北京林业大学学报，22（4）：1-7

李利，张希明．2002. 光照对胡杨幼苗定居初期生长状况和生物量分配的影响．干旱区研究，19（2）：31-34

李毅．1996. 胡杨无性系苗斯年生长动态分析．甘肃农业大学学报，31（3）：252-256

李志军，刘建平，于军．2003. 胡杨、灰叶胡杨生物生态学特性调查．西北植物学报，23（7）：1292-1296

孟金陵．1997. 植物生殖遗传学．北京：科学出版社

尚玉昌．1998. 行为生态学．北京：北京大学出版社

苏智先，张素兰，钟章成．1998. 植物生殖生态学研究进展．生态学杂志，17（1）：39-46

王祟云．1998. 植物的交配系统与濒危植物的保护繁育策略．生物多样性，6（4）：298-303

王德利，高莹．2005. 竞争进化与协同进化．生态学杂志，24（10）：1182-1186

王世绩．1995. 胡杨林．北京：中国环境科学出版社

王世绩．1996. 全球胡杨林的现状及保护和恢复对策．世界林业研究，5：37-44

王迎春，侯艳伟，张颖娟．2001. 四合木种群生殖对策的研究．植物生态学报，25（6）：699-703

闫巧玲，刘志民，骆永明．2004. 科尔沁沙地 78 种植物繁殖体重量和形状比较．生态学报，24（11）：2422-2429

杨自辉，俄有浩．2000. 干旱沙区 46 种木本植物的物候研究-以民勤沙生植物园栽培植物为例．西北植物学报，20（6）：1102-1109

尹春英，彭幼红，罗建勋．2004. 杨属遗传多样性研究进展．植物生态学报，28（5）：711-722

雍学葵，张利权．1992. 海三棱藨草种群的繁殖生态学研究．华东师范大学学报，17（4）：94-99

张大勇，姜新华．2001. 植物交配系统的进化、资源分配对策与遗传多样性．植物生态学报，25（2）：130-143

张景光，王新平，李新荣．2005. 荒漠植物生活史对策研究进展与展望．中国沙漠，25（3）：306-314

赵能，龚固堂．1998. 杨柳科植物的分类与分布．四川林业科技，19（4）：9-20

钟章成．1995. 植物种群的繁殖对策．生态学杂志，14（1）：37-42

钟章成．1996. 植物生态学研究进展．重庆：西南师范大学出版社

钟章成．2000. 植物种群生态适应机理研究．北京：科学出版社

周纪伦，郑师章，杨持．1992. 植物种群生态学．北京：高等教育出版社

周正立，于军，李志军．2003. 胡杨、灰叶胡杨种子营养化学成分的研究．西北植物学报，23（6）：987-991

Abrahamson W G. 1980. Demography and vegetative reproduction. *In*: Solbrig O T. Semography and evolution in plant population's. Oxford: Blackwell. 89-106

Bell A D. 1984. Dynamic, morphology: a contribution to plant population ecology. *In*: Dirzo R, Sarukhan J. Perspectives on plant population ecology. Sinauer: Sunderland. 48-46

Campbell D R. 1989. Measurement of selection in a hermaphroditic plant: variation in male and female pollination success. Evolution, 43: 182-193

Campbell D R. 1991. Effects of floral traits on sequential components of fitness in *Ipomopsis* aggregate. Nature, 137: 713-737

Cook R E. 1985. Growth and development in clonal plant pupulation. *In*: Jackson J B C, Buss L W, Cook R E. Population biology and evolution of clonal organisms. New Haven: Yale University Press. 259-296

Dieringer G. 1991. Variation in individual flowering time and reproductive success of *Agalinis strictifolia* (Scrophulariaceae). American Journal of Botany, 78: 497-503

Gabriel B, Gregory J A, Patricio L S et al. 1999. Reproductive biology of *Lactoris fernandeziana*. American Journal of Botany, 86: 829-840

Grime J P. 1979. Plant strategies and vegetation processes. Chichester: John Wiley and Sons

Gross M R. 1991. Salmon breeding behavior and life history evolution in changing environments. Ecology, 72 (4): 1180-1186

Harper J L. 1981. Population biology of plants. London: Academic Press

Herrera J. 1991. Allocation of reproductive resources within and among in florences of *Lavandu lastoechas* (Lamiaceae). American Journal of Botany, 78 (6): 789-794

Holsinger K E. 1995. Conservation programs for endangered plant species. *In*: Nierenberg W A. Encyclopedia of environmental biology. Vol. Ⅰ. San Diego, CA: Academic Press. 385-400

Kang H, Primack R B. 1991. Temporal variation of flower and fruit size in relation to seed yield in *Celandine poppy* (*Chelidonium majus*). American Journal of Botany, 78: 711-722

Lovett Doust L. 1988. Plant reproductive ecology: patterns and strategies. Oxford: Oxford University Press

Lovett-Doust J. 1989. Plant reproductive strategies and resources allocation. Tree, 4: 230-233

MacArthur R H, Wilson E O. 1967. The theory of island biogeography. Princeton NJ: Princeton University Press

Newell E A. 1991. Direct and delayed costs of reproduction in *Aesculus california*. Journal of Ecology, 79: 365-378

Richard A J. 1986. Plant breeding systems. London: George Allen & Unwin

Silvertown J, Charles Worth D. 2001. Introduction to plant population biology. 4th. Oxford: Blackwell Science

Sutherland S, Delph L F. 1984. On the importance of male fitness in plants: patterns of fruit set. Ecology, 65: 1039-1104

Tilman D. 1993. Community diversity and succession: the roles of competition, dispersal, and habitat modification. *In*: Schulze ED, Mooney H A. Biodiversity and ecosystem function. Berlin: Springer-Verlag

Winn A A, Werner P A. 1987. Regulation of seed yield within and among populations of *Prunella vulgaris*. Ecology, 68 (5): 1224-1233

第4章　胡杨种子散布与萌发

1　种子散布

在植物群落中，植物种子的空间分布决定着种子能够成功定居的范围，从而对随后种子的萌发、幼苗的存活、生长等一系列生态学过程产生决定性的影响（Nathan et al.，2000）。种子雨在时间和空间上的分配构成了一个模板（template），这一模板直接影响到群落的物种组成、单个种群的变化以及整个群落的格局和过程（Nathan et al.，2000）。种子传播还会决定基因流动的速率，关系到种群内部和种群之间的遗传结构，从而对种群的适应、特化和生活史特征的演化产生重要作用（Ouborg et al.，1999）。种子落地后，由于自身或者环境条件的制约而推迟萌发，形成种子库，进而影响植物群落的更新以及退化生态系统的恢复和重建（Norbert and Annette，2004）。此外，对种子扩散的研究还有助于人们深入了解植物群落的更新限制（recruitment limitation）和预测植物种群对气候变化的响应机制。

种子的主要传播介质（dispersal agent）有风、水流、动物等。由于绝大多数的种子具有多种传播介质（Bakker，1996），因此种子雨的散布格局就决定于这些介质的综合作用。

1.1　研究方法

1.1.1　观测样地的选取和种子雨收集器的设置

选择3块胡杨母树林作为研究样地，其中1号样地为主要样地，以详细研究种子的时空分布格局，以2号、3号样地为辅助样地，主要目的是考察落种时间在同一种群中不同亚群之间的差异。在1号样地中设置边长为40m的正方形观测区域，在此区域中以5m为间隔设置81个种子雨收集器（D＝10cm，H＝7cm）。将种子雨收集器后埋于土中，入口高于表土2cm，盛满水，以防止收集到的种子再次飞出。在2号、3号样地中设置边长为20m的正方形区域，以5m为间隔设置25个种子雨收集器。为研究胡杨种子雨的散播距离，于1号母树林的边缘，在顺风方向、主风向的垂直方向（以下简称为垂直方向）、逆风方向上各设置4条长度为120m的观测样带（No.1～No.12）；在每条样带上，每隔5m平行设置3个间距为2m的种子雨收集器。

1.1.2　种子雨观测

每天8时和20时对1号样地中种子雨收集器中的种子进行2次计数。在高峰期，选择10个种子雨收集器，在8时和20时期间每隔2小时对收集器中的种子进行计数。2号、3号样地以及样带中的种子雨每天8时计数，计数完毕后计算种子雨密度

(个/m^2)。以种子雨强度首次超过 1 个/(m^2 · d) 为种子雨开始的标志，当种子雨强度连续 3 天小于 1 个/(m^2 · d) 时，即认为种子雨结束。

1.1.3　气象因子的观测

在 1 号样地中设置小型气象站（HOBO Weather Station，USA)，对温度、湿度、风速、风向进行观测，采样间隔为 5s。

1.2　结果与分析

1.2.1　种子雨在胡杨复合种群中的时间异质性

3 块样地的种子雨（图版Ⅲ C）开始、结束以及持续时间之间的差异见表 4.1。种子雨开始时间的跨度为 24 天（7 月 15 日至 8 月 8 日），结束时间的跨度为 30 天（7 月 23 日至 8 月 31 日），种子雨持续时间从 9 天（2 号样地）到 15 天（1 号样地）不等。3 块样地的种子雨强度和落种密度也有很大差异。这两项指标可以反映出 3 块样地在种源强度（种源产生的种子数量）方面的差异，即 3 号样地的种源强度最大、其次为 2 号样地、1 号样地最小。

表 4.1　3 块样地的群落特点、种子雨时间、种子雨强度（张玉波等，2005）

样地号		1	2	3
地点		N 41°58′139″ E 101°5′208″	N 41°59′41″ E 101°05′47″	N 41°57′15″ E 101°5′89″
乔木层（平均胸径）		胡杨（32.3cm）	胡杨（40.2cm）	胡杨（58.4cm）
群落特征	灌木层	柽柳	柽柳＋白刺	—
	草本层	苦豆子＋芦苇＋披碱草	苦豆子＋碱蓬＋猪毛蒿	苦豆子
土壤类型		荒漠盐渍土	荒漠盐渍土	沙土
种子雨开始时间		8 月 8 日	7 月 15 日	8 月 5 日
种子雨结束时间		8 月 23 日	7 月 23 日	8 月 15 日
种子雨持续时间		15	9	11
种子雨平均强度 SRI		1576	2235	5461
落种密度 SRD		23640	20115	60071

1.2.2　胡杨种子散布的时间

1 号样地的种子雨自 8 月 9 日开始，23 日结束，历时 15 天。种子雨的散布过程可以分为 3 个阶段：初始期、高峰期和消退期（表 4.2)。三个时期的种子雨强度差异很明显（$F=4.63$，$P<0.05$)。初始期与高峰期之间的界限为 8 月 11 日，此时种子雨强度出现一个极其明显的“跃迁”，随后两天（12 日、13 日）的种子雨强度与 11 日相差不多。14 日至 19 日的种子雨强度虽然相对较低，但仍然维持在一个较高的水平上。19 日以后种子雨强度大幅度下降，种子基本落完，23 日种子雨结束。

表 4.2 胡杨种子雨强度的时间变化格局（张玉波等，2005）

阶段	日期/(日/月)	白天强度/(个/m²)	夜晚强度/(个/m²)	日强度/(个/m²)	白天落种比例/%	夜晚落种比例/%	日平均/[个/(m²·d)]	比例/%
初期	9/8	392.1	111.2	503.2	77.9	22.1	361.3	3.3
	10/8	184.6	34.9	219.4	84.1	15.9		
高峰期	14/8	1642.5	85.0	1727.5	95.1	4.9		
	12/8	5022.6	146.1	5168.6	97.2	2.8		
	13/8	4981.1	40.3	5021.4	99.2	0.8		
	14/8	1642.5	85.0	1727.5	95.1	4.9		
	15/8	1266.8	45.8	1312.6	96.5	3.5	2327.3	95.3
	16/8	743.7	34.9	778.6	95.5	4.5		
	17/8	1275.6	41.4	1317.0	96.9	3.1		
	18/8	1743.0	79.6	1822.6	95.6	4.4		
	19/8	1164.2	37.1	1201.2	96.9	3.1		
	20/8	156.2	25.1	181.2	86.2	13.8		
消退期	21/8	66.6	0	66.6	100.0	0.0	78.9	1.4
	22/8	47.0	3.3	50.2	93.5	6.5		
	23/8	17.5	0	17.5	100.0	0.0		
平均值		1522.2	53.7	1576.0	—	—	—	—
总计		22833	805.5	23640	96.7	3.3	—	—

种子雨在时间维上的分配格局主要表现在两个方面：①虽然种子雨持续了 15 天，但大多数种子（87%）集中在高峰期（11 日至 19 日，9 天）落下；②种子雨集中于白天散落，在 15 天中，白天和夜晚的落种量分别为总落种量的 96.6%和 3.4%，前者是后者的 28 倍。图 4.1 更为直观地表示出 1 号样地的种子雨的时间分配状况。

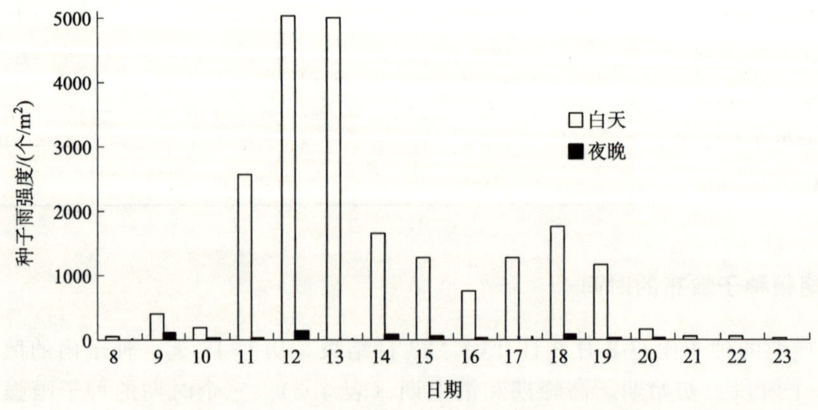

图 4.1 1 号样地胡杨种子雨强度随日期变化图

1.2.3　种子雨强度和空气相对湿度之间的关系

落种密度最大的 12 日和 13 日的空气湿度和落种密度见表 4.3。密集观测的起始时间为 12 日 8 时，13 日 20 时结束。

表 4.3　1 号样地种子雨高峰期空气湿度和种子雨密度随时间变化

时间	空气湿度/%	种子雨密度/(个/m^2)
8 月 12 日 8 时	62.75	44.25
8 月 12 日 10 时	32.25	885
8 月 12 日 12 时	25.25	1026.6
8 月 12 日 14 时	23.75	2203.65
8 月 12 日 16 时	20.75	2177.1
8 月 12 日 18 时	26.25	486.75
8 月 12 日 20 时	34.25	185.85
8 月 13 日 8 时	52.75	53.1
8 月 13 日 10 时	31.25	769.95
8 月 13 日 12 时	26.25	1371.75
8 月 13 日 14 时	24.75	1991.25
8 月 13 日 16 时	21.25	2194.8
8 月 13 日 18 时	25.25	1209.2
8 月 13 日 20 时	56.75	115.05

在一天中，种子集中散落的时间段为 10 时至 18 时。随着空气相对湿度的降低，种子雨强度逐渐增强，14 时至 16 时的相对湿度达到一天之中的最小值，种子雨强度则达到最大值，之后便迅速下降，20 时的种子雨强度与 8 时的相差不多。

图 4.2 更为直观地表示出了相对湿度和种子雨强度随时间的变化，相对湿度和种子雨强度的日变化曲线均为正态分布，但二者的变化趋势相反。

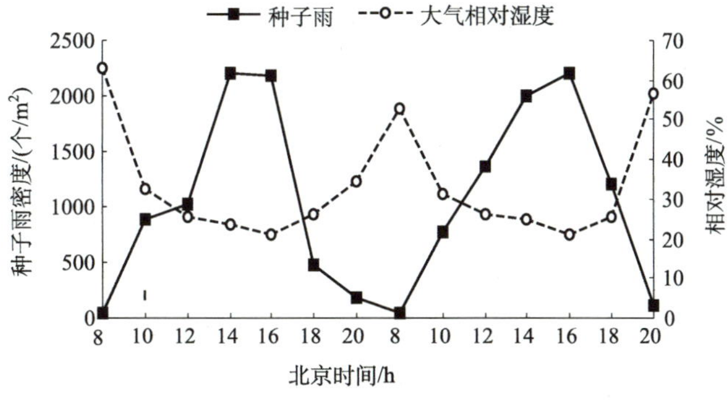

图 4.2　种子雨和相对湿度的日变化（张玉波等，2005）

应用一元线性回归模型对种子雨强度（y）与相对湿度（x）进行相关分析（图4.3），结果表明 x 与 y 的相关性很强（$r^2=0.8584$），随着相对湿度的减弱，种子雨强度增大，两者之间存在显著的负相关（$y=-184.04x+2431.3$），即较低的相对湿度有利于胡杨种子的扩散。

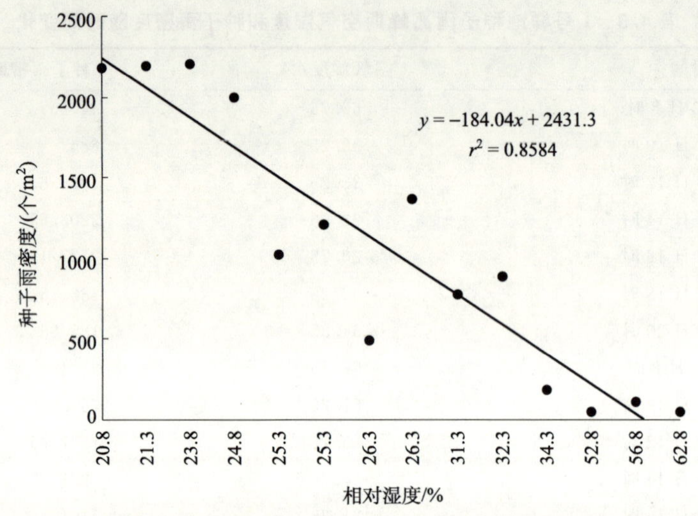

图 4.3　种子雨随相对湿度的变化（张玉波等，2005）

1.2.4　种子雨散布和风速之间的关系

由于种子雨在高峰期的强度最大，因此对高峰期的风速进行观测和研究会更有助于揭示种子散发和风速间的关系。高峰期的风速观测结果见图 4.4，白天（8 时至 20 时）和夜晚（20 时至次日 8 时）的平均风速分别为 4.9±0.4m/s、2.8±0.7m/s；上午（8 时至 12 时）的平均风速为 4.0±0.5m/s，中午至傍晚的平均风速为 5.5±0.5m/s。风速的变化规律可以总结为：在一天之中，白天高、夜晚低；在白天，上午低，中午至傍晚高这种变化趋势与种子散播强度的变化趋势基本一致。

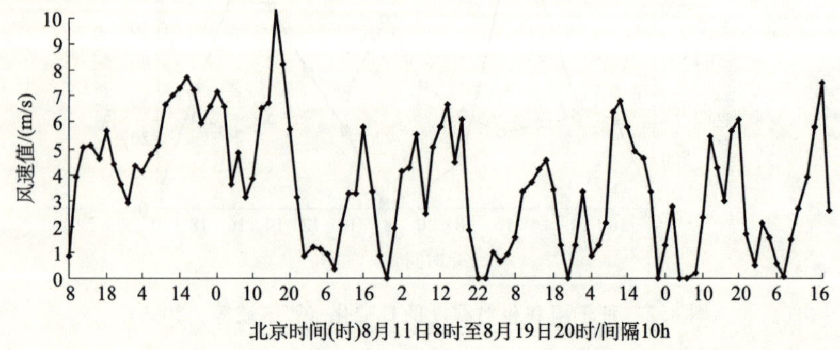

图 4.4　胡杨种子雨高峰期的风速值（张玉波等，2005）

1.2.5　胡杨种子传播的空间分配格局

胡杨种子向外扩散的曲线呈单峰状态势（图 4.5），种子雨密度的峰值都出现在距离种源最近的地方，而且离种源越远，种子雨强度越低，这一趋势在 3 个方向上是一致的。但不同方向上种子扩散的距离有很大差异（$F=56.72$，$P<0.001$），在顺风方向上，种子扩散的最大距离均超过了 100m，出现了长距离传播现象，其中 1 号和 2 号样带上的种子最大传播距离均超过了样带的长度（120m）。在垂直方向上，种子最大扩散距离为 75m，4 条样带的平均值为 54m。种子在逆风方向上的传播距离最短，在该方向上种子的最长传播距离为 40m（9 号、12 号），最短仅为 25m（10 号），种子在此方向上的平均传播距离为 34m。

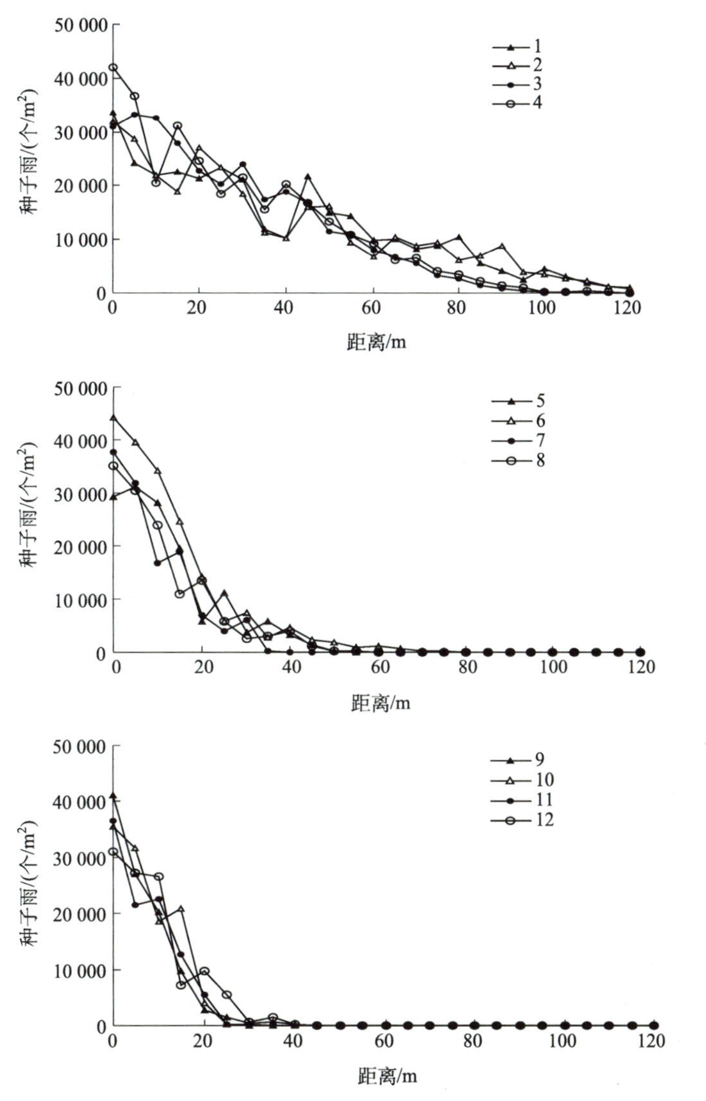

图 4.5　种子雨的空间分布（张玉波等，2005）

将不同方向上的样带观测值分别取平均值后，再对种子的散布概率进行累加后得到图 4.6。如该图所示，在顺风方向上，90.9%的种子落于距离种源 75m 的范围内；在垂直方向上，90.7%的种子的传播距离不超过 30m；逆风方向上这种趋势更为明显，92.2%的种子落于距离种源 20m 的范围内，97.4%的种子的传播距离小于 25m，40m 以及更远的范围内没有发现种子降落。种子在顺风方向上的传播曲线的尾部很长，是明显的粗尾曲线，说明这一方向上的种子扩散潜力最大，虽然大部分种子落于种源附近，但进行长距离传播的种子仍占到所观测种子的 1.1%。而在垂直方向和逆风方向上，种子的传播曲线出现明显的“短尾现象”，几乎没有长距离传播现象的发生。

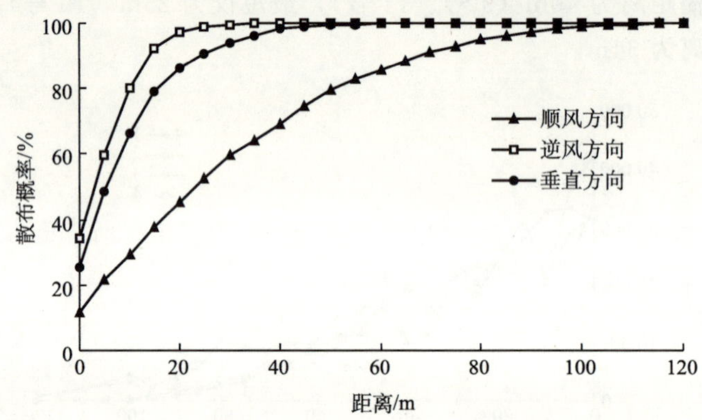

图 4.6　种子在不同方向和距离上的散布概率（张玉波等，2005）

1.3　讨论

额济纳绿洲地处内陆河的下游，每年的来水时间各不相同。如果胡杨种群中的所有母树都在同一时间内散播种子，而此时河道里“恰巧”没有水，种子不能萌发，这就必然造成胡杨的有性繁殖在种子阶段的失败。种子散播时间在种群内部的异质性可以形成“风险分摊”，保证一定的繁殖成功率，这种繁殖策略可能是胡杨对内陆河来水时间长期适应的结果。

胡杨种子在相对湿度较低的时候最易脱落，这与同样小而轻、靠风力传播的桦树种子的脱落类似，这一现象叫做“干裂”（xerochasy）。产生这种现象的原因是种子和果皮间的离层在湿度低的环境下发育更快，在晴朗而干燥的天气下，水平风速一般较大，向上的热气流也比较容易形成，这样的天气条件（低湿度、高风速）更有利于胡杨种子进行长距离传播。

很多研究表明，风播种子在种源边缘以外的传播曲线呈现出非常明显的尖峰态特点。在本项研究中，虽然不同方向上的种子的传播距离相差很大，但绝大多数种子都集中在母树的周围，种子的散布方式也属于尖峰态分布（张玉波等，2005）。

胡杨种子的传播介质除了风以外，可能还可以借助于水流进行传播，而且随水漂流的种子的传播距离有可能更远。黑河进入额济纳绿洲后分为 7 条支流，胡杨种子大量散播期间（6 月下旬至 8 月中旬）正值黑河的洪水期，这为胡杨种子借助于水流传播创造了很好的条件，但是近几年由于上下游的水量分配问题，下游来水时间主要集中在春季和冬季，而此时胡杨种子雨尚未开始或已经结束。因此，由于洪水期和种子雨不能吻合，水流对胡杨种子的传播作用不大。除此以外，洪水期与种子雨的不同期性还可能是导致胡杨有性繁殖失败最重要的因素。

逃逸定居假说认为：大多数种子会散落在母树的附近，这些种子的存活和萌发会受到强烈的竞争性抑制作用的影响，这种影响有可能来自于母树，也有可能来自于其他种子或幼苗。在本研究中，虽然发现只有很小的一部分种子能够进行长距离传播，但由于种子的总量很大，因此进行长距离传播的种子的数量还是很可观的。由于环境压力和人为干扰，额济纳绿洲胡杨种群分布呈现出强烈的斑块化趋势（刘仲龄，2002；何志斌和赵文智，2003）。景观破碎化会导致种源减少，植被斑块间距离增大，而种子传播距离的延长可以增加种子存活和在新生境成功定居的概率，因此种子长距离传播成为影响斑块化种群维持能力的重要因素（Nathan et al.，2000）。在额济纳绿洲，如果那些进行长距离传播的胡杨种子能够在新的生境成功定居，将会对胡杨联种群及其基因流的维持，对退化荒漠河岸林生态系统的恢复起到十分积极的作用。

2　种子散布后存在状况及土壤种子库

2.1　研究方法

2.1.1　胡杨种子飘在不同条件地表上留存状况

由于额济纳河断流多年，无法实地对胡杨种子飘落后在不同条件地表上的留存状况进行观测。为此根据土壤模拟试验的原理和要求设计本试验，以模拟胡杨种子在洪水泛淤形成的潮湿淤泥表面、往年形成的干燥淤泥表面、过水和未过水的土壤表面的留存状况。具体做法如下：在胡杨种子散布高峰期 8 月 13 日，于胡杨分布区域内的各类地表状况不同地段：河漫滩、林内空地、林内具死地被物地块、具活地被物地块和洼地，各选 1m×1m 样方 2 个；其中在河漫滩、林内空地和洼地各追加 2 个 1m×1m 样方施加淤泥层，共 16 个。淤泥层实施方法：在胡杨分布区域内的河漫滩和林内洼地收集龟裂黏土压碎、混匀，在较大的容器内用水溶成泥浆，倒入将进行淤泥处理的正方形样方内，用水淤平，淤泥厚度＞0.5cm。对各类地表状况不同地段和施加淤泥层的样方，同类分别做地表保持自然状态和洒水保持土表潮湿两种处理，观察记录胡杨种子飘落地表的过程及变化情况；停止洒水 3 天后，观察记录胡杨种子在施加淤泥表面的存在变化情况。每个样方中随机抽取 5 个 10cm×10cm 小样方，统计 10cm×10cm 面积内的种子平均留存数量。

观察当地分布的鸟类的取食行为和居巢，挖掘当地分布的啮齿类动物的洞系，结合实地访问，调查地表状况、动物与胡杨种子之间的关系。

2.1.2　胡杨土壤种子库的测定

2004 年 8 月中下旬于胡杨种子散布期间，在保护区内，自头道河河床中心向东，沿垂直于河道的方向，间隔 50m 设置 100 个 1m×1m 的小样方，进行土壤种子库调查。调查时使用面积为 1m×1m 用工地线分隔为 100 个 10cm×10cm 的正方形样方框（草本群落盖度调查样方框），随机统计其中 10 个 10cm×10cm 面积内的胡杨种子数量，求平均值后折算成 1m×1m 面积中的数量，同时记录样方的地表状况。

2.2 结果与分析

2.2.1 胡杨种子飘落后在不同条件地表上留存状况的观察和统计

根据观察，在分布区域内胡杨蒴果（图版Ⅲ B）开裂后，种子（图版Ⅲ D）在气流和风的作用下实现散播。当种子飘落在干燥的自然土壤表面（各类地表状况不同地段：河漫滩、林内空地、林内具死地被物地块、具活地被物地块和龟裂地）和干燥淤泥表面时，大多聚成絮状团可随风滚动；少数种子可在气流和风的作用下，再次飞离地表随风飘散。在设定样方内，虽然有大量种子飘落或滚至，但长时间停留的数量很少，极易被风吹走，随时都有数量不定的种子被吹进吹出。因而，干燥条件下种子在地表或地被物上留存状态极不稳定。

种子随风飘散或滚动过程中，当接触到湿润的地表，呈现情形如下：种子一旦接触湿润的淤泥表面，其种子上的冠毛立即贴附于淤泥表面，快速吸水，使其整体完全贴附于淤泥层表面，直至淤泥表面完全干燥仍不脱离，且其表面贴附胡杨种子数量相对较多 1h 内 87～126 个/(10cm×10cm)（表 4.4）。当种子接触到潮湿自然土壤表面，种子贴附地表过程与淤泥表面相似，但贴合程度相对较差，土表完全干燥后，多于 50%的种子被风吹走。

表 4.4　不同条件土壤表面胡杨种子存留状况统计

	淤泥层表面（潮湿）	淤泥层表面（干燥）	自然土壤表面（潮湿）	自然土壤表面（干燥）	备注
胡杨种子数量/(个/10cm×10cm)	87～136[a]	0～18[d]（暂留）	13～154[ab]	0～121[bc]（暂留）	13 日 2～3pm
	85～135[a]（贴附）	0[d]	5～63[c]（依附）	0[d]	停水干燥后

注：表中数据右上角字母相同者为差异不明显，不同者为差异（$P=0.01$）明显。

由于干燥自然土壤表面粗糙度大于干燥淤泥表面，因而种子停留量前者大于后者，但前者种子停留的数量很不稳定，同样易被风吹走。

另根据观察，当种子落入或滚入河水或泡子时，亦可随水流移动，在被涌到岸边，在岸区常与水位线平行，呈带状密集分布，部分地段多达数条种子密集带。泥沙表面因流水冲刷作用呈波浪状起伏，带内种子多聚于凹处呈团状分布。在被涌到岸上或泡中水分完全蒸发后，种子留存状态类似淤泥表面或湿润土壤表面的情况。

胡杨种子飘落后在不同状况地表上留存的不同状况中，在潮湿的淤泥和土壤表面及落入或滚入河水或泡子的特性，不仅表明种子散布期间土壤表面水分状况对胡杨种子的着床起至关重要的作用，同时也是胡杨林-荒漠河岸林对所依托的内流河深刻依赖的特征之一。上述特征对胡杨种子萌发的安全生境（safe site）的选择及种群分布区的拓展，具有重要意义。

2.2.2 胡杨种子散布后的命运

种子落到地面后的命运取决于环境筛的作用。在其作用下，只有少量的种子顺利萌发、成苗，并避免生物体的各种侵害，形成新个体。几乎所有生物及非生物因子都影响种子命运（Harper，1981）。

由于额济纳河断流多年，胡杨分布地段的河道和低洼地中常年无水，根据2003年和2004年胡杨果期的调查统计，当地胡杨种子在散布后，约（63.10±3.57）%的种子依附于死或活的地被物上及存在与地表龟裂的缝隙中，约（36.86±2.79）%种子处于呈絮状随风滚动或飘散的状态。

根据对当地分布的麻雀（*Passer montanus*）、喜鹊（*Pica pica*）、乌鸦（*Corvus* spp.）等鸟类行为和居巢的观察及对当地啮齿类优势种五趾跳鼠（*Allactaga sibirica*）和子午沙鼠（*Meriones meridianus*）、常见种草兔（*Lepus capensis*）、喜马拉雅旱獭（*Marmota himalayana*）和刺猬（*Hemiechinus ariyus*）等兽类洞穴（系）的挖掘调查，均未发现胡杨种子被直接采食或利用的现象。通过对当地居民的访问，家畜和家禽也没有直接采食或利用的现象。由于当地气候极端干旱，加之胡杨种子耐水渍的特性，所以种子不存在腐烂和霉变的现象。因而，胡杨种子的命运只取决于地表的干湿程度和粗糙状况，或留存于散布落种之处，或随风飘落而呈不稳定状态。胡杨种子实现萌发，都将依赖于种子最后落脚处是否是种子萌发的安全生境。

2.2.3 胡杨土壤种子库的特征

土壤种子库通常可分为瞬时土壤种子库和长久土壤种子库。瞬时土壤种子库是指种子在土壤中存活不超过一年，而长久土壤种子库是指种子在土壤中休眠期至少一年。种子休眠特性的差异是影响种子库种子命运的重要因素。休眠特性决定了土壤种子库中种子从休眠库到活动库的流动。胡杨种子没有休眠期，且在庇荫条件下（阴凉环境贮藏）寿命仅为40天。因而，可以将胡杨土壤种子库归为瞬时土壤种子库和活动库。

土壤种子库的动态受种子输入和种子丧失两个过程的影响。土壤种子库的输入受制于种子雨的大小，其丧失主要是萌发、被捕食、虫蛀和生理死亡等原因（Benoit et al.，1989）。胡杨种子没有休眠期，环境适宜就会萌发，发芽后的种子并非都形成新个体，其未来命运与动物活动、土壤地表状况及种子自身条件等密切相关。调查与研究表明，现阶段种子自然生理死亡是胡杨土壤种子库丧失的主要原因。在额济纳河正常泛淤的年代，种子萌发也是土壤种子库丧失的原因之一。

本节所指的土壤种子库储量是指在10cm×10cm面积上，活地被物、枯枝落叶上和表层土壤（龟裂地为土表及裂隙中）中所储藏的全部种子数量。通过野外调查直接统计单位面积上的种子获得。通过对不同地表状况共1000个10cm×10cm小样方数据计算，结果表明：不同地表状况的土壤种子库储量不同（表4.5），其中以林内活地被物地段土壤种子库储量最高（5730.2个/m^2），河床上最小（1546.7个/m^2），不同地表土壤种子库储量的大小排序为：林内活地被物地段＞林内死地被物地段（5330.4 个/m²）＞龟裂地（3118.3 个/m²）＞林内无地被物地段（3068.1 个/m²）＞林间裸地（1774.2 个/m²）＞河漫滩（1650.7 个/m²）＞河床。进一步对各类型土壤种子库储量进行方差分析，结果表明，7 种类型土壤种子库密度差异显著（$F=6.553$，$P<0.05$）。

表 4.5　不同地表状况胡杨种子库密度统计特征

	不同地表频度/%	平均储量/(个/m²)	平均储量(个/0.01m²)	标准差	极差	范围
河床	3	$1546.7^{B,c}$	15.5	15.48	43	0～43
河漫滩	7	$1650.7^{B,c}$	16.5	18.37	57	0～57
林内无地被物	27	$3068.1^{B,bc}$	30.7	32.1	121	0～121
林内死地被物	23	$5330.4^{AB,b}$	53.3	32.07	148	6～154
林内活地被物	15	$5730.2^{A,a}$	57.3	36.82	218	13～221
林间裸地	19	$1774.2^{B,c}$	17.7	23.55	63	0～63
龟裂地	6	$3118.3^{AB,bc}$	31.2	28.25	94	0～94
总体	—	3601.5	36.0	33.85	221	0～221

注：大写字母代表 $P=0.01$，表示极显著；小写字母代表 $P=0.05$，表示显著，字母有一个相同者为差异不显著。

3　胡杨种子寿命研究

种子寿命是从种子完全成熟到丧失生活力为止所经历的时间。种子寿命是通过遗传基因所表现的植物种性，在科、属、种间存在明显差异，但又受到储藏条件的影响。种子在适宜条件下，可保存寿命达数年，甚至数十年。实际上，一批种子中的每粒种子都有它的生命生存期限，并且由于植株的个体差异及种子所处环境条件的差异，种子个体间生活力长短差异也显著。因此，一批种子的寿命，是指一个种子群体的发芽率从种子成熟后降低到50％所经历的时间，又称种子的“半活期”，即种子群体的平均寿命。从根本上讲种子寿命是受遗传基因决定的，同时会受到环境因子等外界因素的影响。依照 Ewart 分类法，种子寿命大致可分为 3 类：短命种子（microbiotic，寿命不超过 3 年）、中命种子（mesobiotic，寿命在 3～15 年内）和长命种子（macrobiotic，寿命在 15 年以上）。

3.1　研究方法

在自然条件下，把一定量的胡杨种子分为两部分：一部分种子置于全光照的土壤表面；另一部分种子置于林内完全庇荫的自然状况的土壤表面（昼平均光照强度为全日照的 43.6％）。利用传感器对两个地方的温度、湿度、光照等微环境因子进行实时记录。每隔一段时间（全光条件 1 天，遮光条件 5 天）取 300 粒种子做发芽试验，以检验种子的生活保持状况。实验时将 300 粒种子分为 3 等份，每份 100 粒。将种子置于垫有 4 层分析滤纸的培养皿内（D＝9cm，H＝1cm），向每个培养皿内滴入 8ml 蒸馏水，置于室内进行发芽试验，温度为 27.9±3.5℃/19±1.7℃（昼/夜），相对湿度（30.5±1.7)%/(25.4±3.2)%（昼/夜），光照强度为 300μmol/(m^2·s)/0μmol/(m^2·s)（昼/夜）。3 天后观察种子的发芽率。

3.2　结果与分析

2003 年采用提前摘取果穗、日光下暴晒至开裂的方法收集到的种子千粒重为 0.0835g，发芽率为 100%，说明种子的质量很好。但经全光和庇护处理不同时间后，种子生活力和发芽率发生了不同的变化。在全光条件下，种子的生活力只能保持 6 天（图 4.7），种子的发芽率每天平均下降 16.7%。第一天至第四天种子的发芽率下降最快，平均速度为 24.0%。而处于遮阴条件下的种子寿命要远远高于全光条件下的种子（图 4.7），15 天后还有 2/3 的种子能够萌发，经过 40 天后全部的种子才失去生活力，这与在塔里木河流域所作的相关研究结果是相近的（王世绩，1995）。

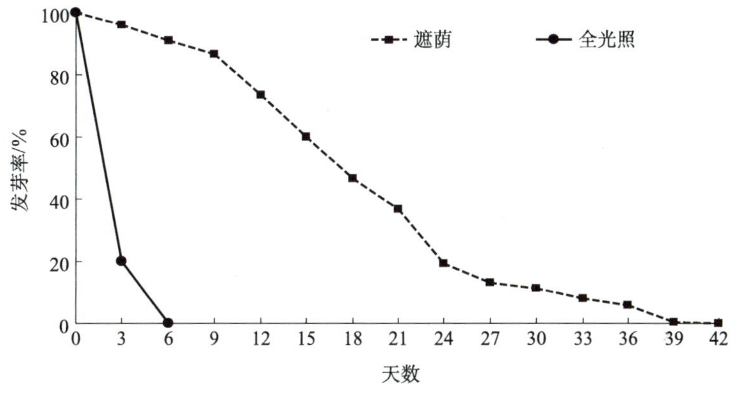

图 4.7　全光条庇荫条件下胡杨种子的寿命

全光和庇荫条件下种子生活力保持时间的不同，可能归因于两种条件下种子所处的微环境的差异，这可从两种条件下胡杨林内的微环境测定反映出来。图 4.8 所示 2004 年 8 月 5 日至 23 日 1 号样地内 3 种微环境（全光照、大气、庇荫）下的每日平均温度。当大气的最高温度达到 40℃时，处于全光下的地表温度可达 68℃，而庇荫条件下的地表温度最高只有 33℃。处于高温“烘烤”下的种子可能更容易失活，而处于其他植物的庇荫下或潮湿地段和水体中的种子则能够存活更长的时间。种子寿命的长短是物种对环境综合适应的基本特征之一，与其形态特征、发育的生理状态和种子的化学成分等有着密切关系（傅家瑞，1985），同时会受到散布后所处地段环境状况的明显影响。胡杨分布于荒漠地带，起源于内流河两岸并演化至今，可以肯定强烈光照不是其种子活力衰竭的主导因子。全光比庇荫条件下胡杨种子寿命的明显短促，很可能是由于强烈光照引起地表温度偏高，致使种子呼吸强度增大，造成贮藏物质大量消耗（王迎春等，2001）而缩短了种子寿命；或者地表的极端高温（此期间全光地表均温高达 46.7℃，表 3.1）导致种子中蛋白质和酶发生变性，而造成种子的活力衰竭。

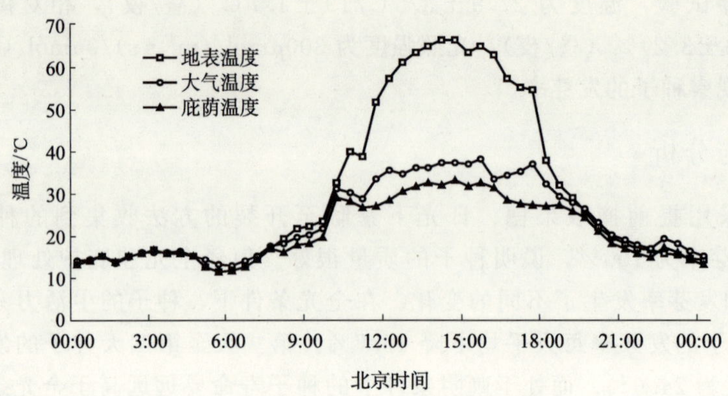

图 4.8 胡杨林内不同微环境下的温度

4 种子萌发

4.1 种子安全萌发生境的生态因子分析

安全萌发生境或称安全生境、安全立地，应包括适宜于特定种的种子萌发和幼苗形成初期两个阶段的生境。种子萌发安全生境的确定尚无可借鉴的成熟方法。根据种子萌发的基本原理，结合额济纳绿洲胡杨分布区域的生境条件，通过对自然条件下胡杨种子萌发（图版Ⅲ E）可能受到的影响因子进行实验分析，以确定胡杨种子萌发阶段的安全生境。

4.1.1 研究方法

4.1.1.1 水分条件对胡杨种子萌发的影响

沙培法：将 100 粒胡杨种子放入含水量分别为 27％［沙子的最大含水量（V/V）］、20％、13％的沙子上，在培养皿内进行培养，3 天后观察种子的发芽率。

4.1.1.2 温度对胡杨种子萌发的影响

将胡杨种子置于光照强度为 300μmol/(m² · s) /0（昼夜最高与最低之比），温度为 15℃、20℃、25℃、30℃、35℃、40℃的条件下进行培养，3 天后观察种子的发芽率。

4.1.1.3 土壤盐分对胡杨种子萌发的影响

在林地中取 0～5cm 表土层，土壤溶液按照土水质量比为 1∶1、1∶2、1∶4、1∶10 分别制取，置于烧杯中，25℃浸泡 24h，过滤后用以进行种子萌发实验，以上各重复 3 次，3 天后统计种子萌发率。

4.1.1.4　光照强度对胡杨种子萌发的影响

将胡杨种子置于温度为 25℃/35℃（昼/夜），光照强度为 0μmol/(m^2 · s)、300μmol/(m^2 · s)、600μmol/(m^2 · s)、900μmol/(m^2 · s)、1200μmol/(m^2 · s) 的条件下进行培养，3 天后观察种子的发芽率。

4.1.1.5　他感作用对胡杨种子萌发影响

用胡杨根（地下 0～30cm）、胡杨林下枯落物、苦豆子根（地下 0～30cm）各 50g，水 50ml、100ml 两种比例制取水浸液，置于烧杯中，25℃浸泡 48h，过滤后用以进行种子萌发实验，以上各重复 3 次，3 天后统计种子萌发率。

4.1.1.6　淤泥对胡杨种子萌发的影响

胡杨与所依托内流河之间存在密切关系是不容置疑的。河流泛淤为胡杨分布区域输入数量可观的黏粒、粉粒和有机质，同时在一定地段创造了不同于年内其他时期的特殊生境。鉴于胡杨种子在不同状况地表上留存的状况，进行本试验，以测定淤泥对胡杨种子萌发的影响。试验步骤为，在保护区内河漫滩上，收集淤泥结皮，去除结皮下黏附的砾石和沙砾，研散备用；用备用黏土按照土水质量比为 1∶1、1∶2、1∶4、1∶10 分别制取土壤溶液，置于烧杯中，25℃浸泡 24h，过滤后用以进行种子萌发实验，以上各重复 3 次，3 天后统计种子萌发率。

4.1.2　结果与分析

在自然条件下，生境中诸多生态因子对种子萌发的影响是种子安全萌发生境的生态因子分析的基础。种子萌发从物理性的吸水开始，进行一系列物质的转化和合成，经过一段时间，胚根突破种皮并继续伸长，此时表明种子已萌发。种子萌发能力不但取决于基因遗传和自身的生理状态，也在很大程度上受外界环境的影响（Oborny，1994）。除了极少数的种子需要特殊的萌发条件外，一般种子萌发最重要的生态因子是适宜的温度、足够的水分和空气。此外，光照、盐分等对种子的发芽也有影响（Barret and Eckert，1990）。

影响萌发的生态因子中，水分的多少对种子萌发来说可能是最重要的一个因子。环境中的水分过多或不足，都会造成种子发芽率的下降（王迎春等，2001）。

盐对种子的作用又称为盐效应，它可以分为两部分，即盐离子引起的离子效应和盐作为溶质产生的渗透效应，一般认为，盐效应是这两部分效应的叠加（Klinkhamer et al.，1987）。很多研究表明盐胁迫能够抑制种子的萌发，其机理在于含盐量的升高使土壤或基质的水势降低，从而造成种子不能从外界吸收萌发时所需要的足够的水分（马焕成和王沙生，1998）。

温度是一切生理代谢反应顺利进行的基础，温度过低抑制酶的活化，过高会破坏酶的结构，甚至使酶丧失活性；种子萌发也有最高、最低、最适温度；变温能够加快种子的发芽速率（文彬等，2002）。

光照条件也是影响种子萌发的一个主要生态因子，光照对种子萌发的影响主要是通过种子中的光敏色素实现的。一些种子对光较为敏感，种子萌发需要在一定的光强下才能够正常进行，这些植物通常是群落演替中的先锋物种。但还有一些植物的种子对光照并不是十分敏感（文彬等，2002），表现在光照的变化对种子萌发率的影响并不大。

灌木和草本植物会增加种子的萌发率（Bertness and Callaway，1994；Callaway，1995；Holzapfel and Mahall，1999）。但也有一些研究表明灌木或者草本植物释放的一些化学物质会抑制某些植物种子的萌发。有研究表明，由于林内枯落物层的抑制，乔木种子难以萌发。

4.1.2.1　水分条件对胡杨种子萌发的影响

胡杨种子的萌发对水分条件十分敏感（图 4.9）。当沙子含水量为最大（27%）时，种子的萌发率为 86.0%。随着沙子水分含量的降低，种子萌发率迅速降低。当沙子含水量降为 20%时，只有 31.6%的种子能够萌发。在含水量降为 13%后，种子已经不能从沙子中吸收水分，萌发率为 0。3 种处理间（含水量为 20%的沙土、含水量为 27%的沙土）具有极显著差异（$F=531.9$，$P<0.001$），多重比较后发现各处理间也具有极显著的差异。处于纯水中的种子的萌发率最高，达 99.7%。这就表明，自然环境中，在胡杨种子散布期间，如果没有洪水造就合适水分条件的土壤地段，其种子不能萌发，也就不可能有幼苗形成。因此，可以得出结论，水分因子是自然条件下影响胡杨种子安全萌发的主导因子和限制因子。

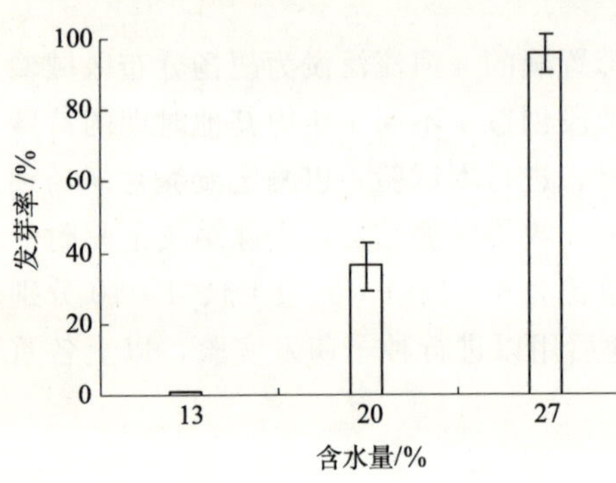

图 4.9　水分对胡杨种子萌发率的影响

有研究表明，胡杨种子萌发率随浸水时间的延长而有所提高，当浸水 72h 后有生命力的种子可全部萌发。直到浸水长达 360h 时，子叶始展，幼根生出，种子和幼苗没有霉变和腐烂现象发生。由此可见胡杨种子，不仅和杨属的其他植物一样，在萌动发芽过程中，种子需经过一定时间的浸水处理，而且耐长时间的水湿而不发生腐烂。这一特点使胡杨形成了天然散种后可依靠洪水浸润而萌发，甚至在较长时间的洪水泛滥中仍然存活的特性，也是胡杨作为河岸林优势建群植物与所依托的内陆河流存在密切关系的表现之一。

4.1.2.2　温度对胡杨种子萌发的影响

胡杨种子在所设置的 6 个温度梯度下的发芽率具有极显著差异（$F=15.54$，$P<0.001$）（图 4.10）。15℃（发芽率为 90.03%）与 25℃（96.53%）、30℃（96.56%）和 40℃（82.43%）处理间差异显著，当温度在 15～25℃之间变化时，萌发率随温度的升高而提高。当温度在 25～35℃时，胡杨种子的萌发率最高。胡杨种子对变温和低温条件也有一定的适应能力（王世绩，1995）。

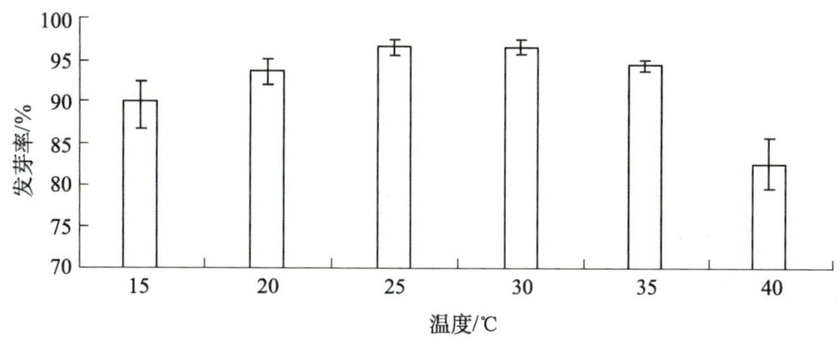

图 4.10　温度对胡杨种子萌发的影响

虽然温度是制约胡杨种子萌发的重要因素，但根据本实验及相关研究结果表明，在其种子散布期间，温度因子是自然条件下影响胡杨种子安全萌发的作用因子（这一时期的平均气温 24.3℃、干燥地表平均温度约 46.2℃；潮湿地表温度约 35.4℃）。显然，潮湿地表的地表温度与种子萌发的最适温度相近，种子萌发率最高，而干燥地表的地表温度超过了 40℃，萌发率下降。这从另一方面反映了水分条件不仅影响胡杨种子本身萌发的浸润状况，而且还可通过降低地表温度的方式为种子提供安全萌发生境。

4.1.2.3　盐分对胡杨种子萌发的影响

图 4.11 的结果表明，盐分（土水比）越高，种子萌发率越低。当土水比为 1∶1 时，种子萌发率为 0，随水分含量的升高，种子萌发率呈现出升高的趋势。4 种处理（1∶2，1∶4，1∶10，CK）间具有极显著差异（$F=528.7$，$P<0.001$），3 种土壤溶液间（1∶2，1∶4，1∶10）差异也极显著（$F=390.3$，$P<0.001$）。多重比较后发现各处理间也具有极显著的差异。因此，土壤盐分对胡杨种子萌发有明显的抑制作用，是其自然条件下萌发的主要限制因子之一；根据盐效应作用机理，在河流泛淤期间，土壤盐分是自然条件下影响胡杨种子安全萌发的次主导因子之一，只有当洪水达到一定的强度和持续时间，才能使水分因子达到胡杨种子安全萌发的有效范围。

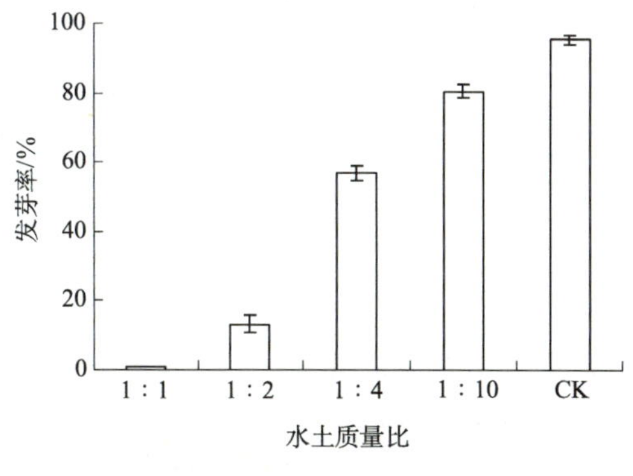

图 4.11　土壤盐分对胡杨种子萌发率的影响

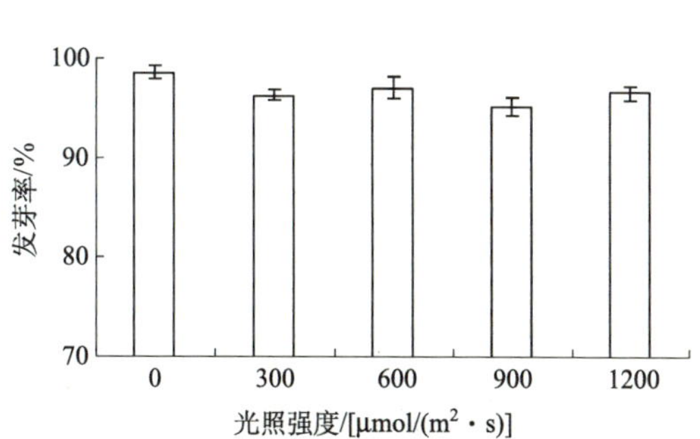

图 4.12　光照强度对胡杨种子萌发的影响

4.1.2.4 光照强度对胡杨种子萌发的影响

虽然光照条件也是影响种子萌发的一个主要生态因子，但不同光照条件下胡杨种子萌发率没有显著性差异（$F=0.35$，$P=0.84$）（图 4.12）。即使是在全黑条件下，种子也能顺利萌发，虽然幼苗出现黄化现象，但黄化苗接受 1 天室内散射光照射后，幼苗颜色即转为正常。由此可以看出，胡杨种子不属于光敏种子，光照不是胡杨种子萌发的限制性因子。只要水分和盐分条件允许，胡杨种子能够顺利萌发。因此，光因子是自然条件下影响胡杨种子安全萌发的辅助因子。

4.1.2.5 胡杨、苦豆子根系及枯落物的水浸液对胡杨种子萌发的影响

枯落物对胡杨种子的萌发具有强烈的抑制作用，种子在枯落物水浸液的作用下不能萌发（图 4.13）。胡杨根系和苦豆子根系的水浸液在低浓度（0.3gDW/ml）时对胡杨种子的萌发的抑制作用不明显（$F=0.23$，$P=0.8$），但是在高浓度（0.6gDW/ml）时具有明显的抑制作用（$F=4.33$，$P<0.001$）。苦豆子根系的水浸液对胡杨种子萌发的抑制作用要高于胡杨根系（$F=11.35$，$P<0.05$）。上述高浓度水浸液及枯落物水浸液对胡杨种子萌发的抑制作用，对于解释胡杨林中实生苗数量极少的现象，具有一定参考价值。因此，胡杨、苦豆子根系是自然条件下影响胡杨种子安全萌发的辅助因子，枯落物是自然条件下影响胡杨种子安全萌发的限制因子。

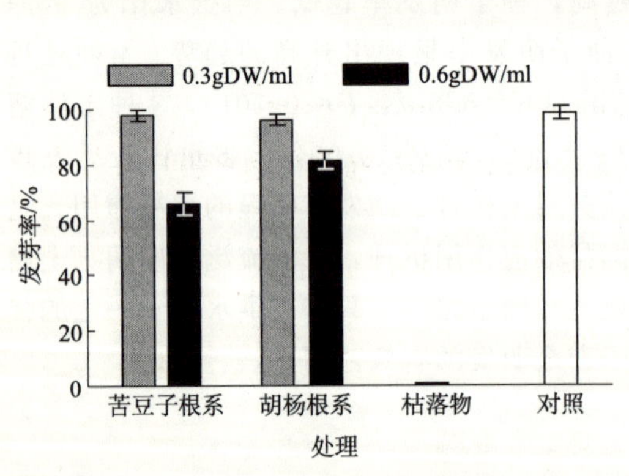

图 4.13 3 种水浸液对胡杨种子萌发率的影响

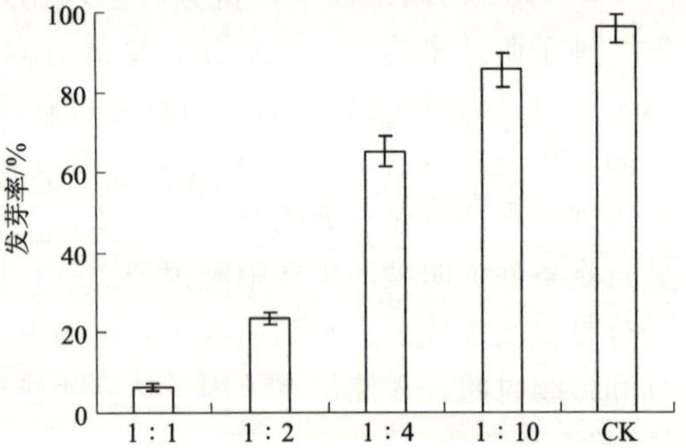

图 4.14 淤泥对胡杨种子萌发率的影响

4.1.2.6 淤泥对胡杨种子萌发的影响

图 4.14 的结果表明，泥水比越高，种子萌发率越低。当土水比为 1∶1 时，种子萌发率为 9.03%，随水分含量的升高，种子萌发率也呈现出升高的趋势。4 种处理（1∶2，1∶4，1∶10，CK）间具有极显著差异（$F=427.6$，$P<0.001$），3 种淤泥溶液间（1∶2，1∶4，1∶10）也具有显著差异（$F=340.1$，$P<0.001$）。多重比较表明，各处理间差异极显著。

结合盐分对胡杨种子萌发影响的结果进行分析，可以看出，由于自然条件下干燥状

态淤泥中所含盐分种类和量值与自然土壤相似（表 4.6），两实验结果呈相似变化趋势。但对应比例处理间（对照除外）的胡杨种子萌发率差异极其显著（$F=392.6$，$P<0.001$），相对应的处理之间，淤泥实验中胡杨种子萌发率较高，这是由于淤泥中拥有较高的黏粉比例和有机质，因而使其拥有比表土高的阳离子代换量，这一特性在与充足水分的共同作用下可显著提高种子的呼吸强度及其持续时间，因而可有效促进胡杨种子萌发，提高其萌发率。河流泛淤形成的淤泥层的存在是自然条件下影响胡杨种子安全萌发的次主导因子之一。

表 4.6　土样分析结果

	有机质 /(g/kg)	全氮 /(g/kg)	全磷 /(g/kg)	全钾 /(g/kg)	pH	碳酸钙 /(g/kg)	代换量/ [cmol(+)/kg]	颗粒组成/%			质地命名
								>0.02 mm	0.02～0.002mm	<0.002 mm	
淤泥	15.2	0.546	1.260	25.1	8.77	78.9	21.07	11.31	53.05	35.64	粉沙质黏土
0～5cm	10.0	0.455	1.222	23.22	9.60	88.2	11.39	45.46	40.57	14.07	沙土

4.2　实地模拟胡杨种子的萌发试验

根据所掌握的文献和 2003 年进行的胡杨种子安全萌发生境生态因子的初步分析结果，可以看出，额济纳河洪水泛淤及其形成的特殊地段的生境条件，与胡杨种子安全萌发有极其密切的关系。鉴于额济纳河断流多年（王根绪和程国栋，1998；张武文等，2000；季方等，2001；肖生春和肖洪浪，2004；李森等，2004），自然条件下已很难找到洪水淤泛形成的淤泥层。2004 年 8 月下旬进行实地不同淤泥厚度处理的种子萌发模拟试验，试图模拟自然条件下，相同或相似地形上，伴随不同强度洪水泛淤所形成的不同厚度淤泥表面，胡杨种子的萌发状况；或相同强度的洪水，在相同或相似地形的不同地段上，泛淤所形成的不同厚度淤泥表面，胡杨种子的萌发状况。

4.2.1　研究方法

4.2.1.1　实地模拟胡杨种子的萌发试验设计

模拟试验于 2004 年胡杨种子散布期结束（8 月 25 日左右）后的 8 月 28 日至 9 月 13 日，在胡杨林自然保护区缓冲区内河漫滩上，选择平坦、无庇荫、通风流畅及日照充足的地块，制取不同厚度的淤泥层进行实地模拟发芽试验，并以不加淤泥的空白试验为对照。试验采取随机区组设计，每处理小区面积 1m×1m。3 次重复，相邻小区间间隔 2m 作为保护行。

不同厚度淤泥层的制取与处理：在胡杨分布区域内的河漫滩上，收集淤泥结皮，去除结皮下黏附的砾石和沙砾，在较大的容器内用水溶成泥浆，倒入预先处理好的正方形试验小区内，用水淤平，形成三种处理厚度的淤泥层，加上对照共 4 个处理。即处理Ⅰ（T1），淤泥厚度 2±0.14cm；处理Ⅱ（T2），淤泥厚度 1±0.11cm；处理Ⅲ（T3），淤泥厚度 0.5±0.07cm；对照处理Ⅳ（T4），不加淤泥。

用电子天平等量称取重量为 2g 的胡杨种子，12 份备用，并对每份种子进行室内发芽率测定。在各处理试验小区内，连续灌水 2h，灌水结束时，立即将备用胡杨种子分别均匀撒在正方形不同处理小区内，进行模拟萌发试验。

4.2.1.2　萌发试验的指标测定

对试验地块的土壤，在中心及四角分别取样 5 个，进行基本性状测定。

灌水结束后前 3 天每天观察 1 次，第 3 天开始，每隔 1 天，使用面积 1m×1m、用工地线平均分割成 10cm×10cm 的正方形样方框，统计沿对角线方向向内且距各角第 2、第 4 个 10cm×10cm 正方形内的胡杨种子萌发率及幼苗发生状况，即每处理小区取 8 个 10cm×10cm 面积内的数据。幼苗高度、幼苗根长和侧根数量分别在对应处理小区内随机选取 10 株幼苗进行测定。所有特征指标均取同类处理 3 次重复的平均值。

4.2.2　结果与分析

为保证模拟试验条件的基本一致，对试验地的土壤和试验用种子进行了测试，结果表明：试验地土壤部分理化性状较为一致（表 4.7），且土样间各项指标的量值差异＜5%，可以确定土壤条件基本均一，试验的土壤前提条件成立。对实地模拟试验用的 12 份备用种子进行室内萌发实验结果表明，该批种子萌发率为（95.31±1.25）%，符合试验要求。

表 4.7　试验地 0～5cm 土壤部分性状分析

有机质/(g/kg)	pH	颗粒组成/%			质地命名
		＞0.02mm	0.02～0.002mm	＜0.002mm	
5.06±0.32	9.27～9.53	53.62±1.27	31.92±0.65	14.46±0.36	粉沙质黏土

4.2.2.1　淤泥表面胡杨种子萌发特征的观察和分析

根据观察，试验开始 2 天时，T1 和 T2 小区的胡杨种子出现吸水膨胀现象，并有部分种子破皮萌发。3 天时，T1 和 T2 小区胡杨种子均有一定数量幼苗产生。幼苗两片子叶张开，幼苗可以直立于地表之上。其胚轴底部由钝变尖，开始向下扎根。子叶黄绿色、圆形、直径＜2mm。子叶见光后逐渐长大并最终转变为褐绿色，叶色转变在 3～5 天内完成。但此时 CK 小区仍没有胡杨种子破皮萌发。6 天时，已形成的幼苗开始长出真叶，1～2 片真叶同时生出，以后各片真叶依次长出，同时，茎由黄绿色转为淡红色；此时，胚根发育成为根系，但出现较真叶晚 1 天以上。T1 小区的胡杨幼苗产生真叶出现较 T2 小区晚，互生、叶色较浅、生长和变色较慢、肉质化相对较弱、幼苗根系细长、侧根较少。T2 小区胡杨幼苗的真叶，叶色深绿、生长和变色较快、肉质化相对较强、真叶出现较 T1 小区早，幼苗根系相对粗壮、侧根相对较多。

在幼苗根系形成之初，T2 小区较 T1 小区快；第 8 天后，后者较快，侧根较少。

而前者表现为加粗生长，侧根相对较多。根发育的形态变化是植物适应干旱的重要特征。干旱胁迫下一般根系生长较快，以提高根系吸收土壤水分的能力（张喜英和裴东，2000）。这是植物对干旱环境的一种响应（汤章城，1983）。因此，植物根系发育对干旱胁迫较为典型的反应是增大根系吸水的空间范围，形态上表现为根系的加粗生长和侧根的较早出现和数量相对增多（陈世鐄等，2001）。

试验开始 9 天后，陆续出现死亡幼苗，观察发现，幼苗的死亡大多数是从根部开始的，因此其死亡的直接原因很可能是此间土壤相关性状的变化（特别是水分减少和盐分增加或极端温度）对幼苗根系影响所致。而且，死亡个体均为此间未能顺利完成叶色转变的幼苗。实现叶色的转变似乎是其幼苗度过最早的生存适应的标志。

4.2.2.2　淤泥表面胡杨种子萌发的统计分析

表 4.8 表明，在补充相同水分的条件下，不同淤泥厚度对胡杨种子萌发会产生显著影响。其中，除幼苗侧根数量外，其他特征指标均呈现为 T1＞T2＞T3≥CK。单位面积上种子萌发数量，T1 小区最高，可达 83 个/(10cm×10cm)（萌发率 56.06%），平均为 71 个/(10cm×10cm)（萌发率为 52.59%）；T2 小区次之，最高为 26 个/(10cm×10cm)（萌发率 14.61%），平均为 22 个/(10cm×10cm)（萌发率为 13.84%）；T3 小区又次，最高为 3 个/(10cm×10cm)（萌发率为 1.80%），平均为 1.7 个/(10cm×10cm)（萌发率为 1.18%）；CK 小区最低，为 0，即没有种子破皮萌发。试验第 8 天时，胡杨幼苗存活数量最多，之后幼苗死亡开始增加。其中，T1 小区最高，可达 54.6 个/(10cm×10cm)（存活率为 65.78%），平均为 44.9 个/(10cm×10cm)（存活率为 63.19%）；T2 小区次之，最高为 6.3 个/(10cm×10cm)（存活率 24.23%），平均为 4.4 个/(10cm×10cm)（存活率仅为 2.83%）；T3 小区没有幼苗存活；CK 小区没有幼苗形成。结束观察统计时（15 天），T1、T2 小区胡杨幼苗存活数量最高分别为 15.4 个/(10cm×10cm)（存活率为 24.25%）和 2.5 个/(10cm×10cm)（存活率为 7.45%），平均分别为 12.3 个/(10cm×10cm)（存活率为 9.13%）和 1.7 个/(10cm×10cm)（存活率为 0.74%）。12 天时，T1、T2 小区胡杨幼苗侧根数量最高分别为条 2/株和 3 条/株，平均分别为 1.6 条/株和 2.7 条/株。

表 4.8　不同淤泥厚度对胡杨种子萌发和幼苗形成的影响

特　征		T1	T2	T3	CK
种子数量/(个/10cm×10cm)		135^{A}	159^{A}	141^{A}	153^{A}
吸水膨胀数量/(个/10cm×10cm)		90.3^{A}	44.7^{B}	11.7^{C}	2^{C}
平均破皮萌发数量/(个/10cm×10cm)		71^{A}	22^{B}	1.7^{BC}	0^{C}
幼苗存活数量/(个/10cm×10cm)	8d *	44.9^{A}	4.4^{B}	0^{B}	0^{B}
	12d *	12.3^{A}	2.2^{B}	0^{B}	0^{B}
幼苗高度/mm	8d *	1.3^{A}	1.2^{A}	0^{B}	0^{B}
根系长度/mm	8d *	12.4^{A}	6.5^{B}	0^{C}	0^{B}
侧根数量/(条/株)	8d *	1.67^{a}	2.54^{b}	0^{c}	0^{C}

* 为试验开始天数；统计分析是相同特征不同处理间的分析结果，大写字母代表 $P=0.01$，小写字母代表 $P=0.05$；字母相同差异不显著，不同者间在相应水平上差异显著。

从4种不同处理来看，仅T1和T2小区有一定数量幼苗形成，而且两者胡杨幼苗形成过程中叶和根系的发育生长存在明显差异。这表明在自然条件下，伴随不同强度的洪水及其在河漫滩泛淤所形成的淤泥层，或相同强度的洪水在相同或相似地形的不同地段上泛淤所形成的淤泥层及淤积厚度，是胡杨种子安全萌发的充要条件。同时，胡杨种子萌发时，表现的类似水生植物的先叶后根，继而呈现幼根生长迅速等旱生植物生长特点的某些特征，从一个侧面反映了其中生起源和生长对干旱荒漠环境条件下河漫滩的适应和依赖。

5 胡杨种子萌发安全生境及其选择机制

植物生活史的完成是保证植物生存和进化的前提。在这个过程中，种子从脱离母体萌发、生长、发育、到再次结实，要遭遇与母株相异的生存条件，从而进化出更为适应的形态结构、生理功能及资源利用能力，只有这样才能实现遗传物质的延续。期间任何一个过程被中断，都将导致该物种的消亡。因此，从某种意义上讲，有性繁殖的顺利进行是完成其生活史的起点，也是该物种遗传多样性得以延续和发展的最基本保障。植物物种以不同散布机制实现的种子散布，其最终目的均是尽可能寻求种子生存的最适空间——安全萌发生境。在自然条件下，并非实现散布之后所形成土壤种子库的种子停留或存在的地段都能提供种子萌发所需条件。种子安全萌发生境存在，特别是在环境条件相对严酷的生境中，往往是伴随生境中某些特定的变化过程，在特定的时间或阶段而出现的。因此，种子散布期是植物种在长期进化、适应过程中，对其生存环境中种子安全萌发生境的存在或出现变化规律而在时间上的适应选择结果。

5.1 胡杨种子萌发安全生境选择机制

根据对胡杨结实状况和种子自然条件下寿命的研究结果可以看出，胡杨种群不仅结实量很大，而且其种子成熟时具有很强的萌发能力，但在自然条件下种子失活速度很快，而且处于不同条件下的胡杨种子的失活速率不同。在全光照射下的种子的失活速率要远高于处于庇荫条件下的种子。所以，胡杨种子属短命种子，且成熟种子即可萌发(无休眠和后熟现象)。因而，在自然条件下，种群可以为结实之后的种子萌发提供较数量充足的合格种子。但胡杨种群只能在当年拥有数量庞大的瞬时活动种子库，种子散播期约26±1.1天，庇荫条件下胡杨种子的活力只有40天，这就意味着其有性繁殖在种子传播和实现萌发的行为过程在时间上已特化为49～55天。这一特性，使胡杨在相对极端的生存条件下实现物种延续面临的形势十分严峻。一方面，胡杨每年都产生大量种子，虽然种子极小，可在一定程度上降低胡杨个体当年在该方面营养物质的消耗压力，但对其一生来说仍是一项可观的营养投资，因而在一定程度上对其物种生存有不利影响。另一方面，生存环境相对极端，而种子的寿命极短，无疑是更加严峻的冒险选择。

植物发育的早期阶段（即种子萌发期和幼苗期）是其一生中最脆弱的阶段，在这个阶段对环境的适应常常决定了植物的生存和分布（李利和张希明，2002）。胡杨也是如此，由典型中生植物随环境变迁进化成为具一定抗旱和抗盐能力的中生树种（秦仁昌，

1959；魏庆莒，1993；丁托娅，1995；赵能和龚固堂，1998），它对水分的需求高于典型的荒漠植物（黄子琛，1992），而且在种子萌发及形成实生苗阶段表现尤为突出（需水较多、抗盐能力相对较低）（王东健等，1998；马焕成等，1998；谷瑞升等，1999；刘建平等，2003）。胡杨种群之所以能够延续至今，决定其生存的相对极端的环境中必定存在其实现种子安全萌发时可以利用的特殊条件——种子安全萌发生境，这一特殊或这些特殊条件必定是周期至多不超过胡杨平均寿命的和相对有规律地出现的，而且与可造就环境特别是土壤水分条件相对充盈密切相关。胡杨林为荒漠河岸林的隐域性属性，决定了胡杨的生存、繁殖、分布和分布区域的变化对所依托河流的深刻依赖。胡杨从开花到种子成熟期间历时长达 150±2.1 天，拥有杨属植物中最长的花果物候期，并与其生长和分布所依托的内陆河流的洪水泛淤期相一致。这一特性决非偶然，正是胡杨长期适应极端生存条件在生活史进化中形成的，为实践有性繁殖，在种子散播时间上对生境的选择结果。同时也说明，在胡杨分布区域内每年的生长季中，只有在河流泛淤期间才能满足胡杨种子安全萌发（即种子萌发和幼苗形成两阶段）所需的生境条件。因此，所依托河流与胡杨种子散布期基本吻合规律出现一定强度的洪泛过程是胡杨实现有性繁殖可依托的唯一的特殊条件。

5.2　河流泛淤对胡杨分布地段生境条件的改变

5.2.1　内流河行洪及其在下游部分地段淤泥层的形成过程

由于额济纳旗境内的降水很少能产生地表径流，额济纳河的水量和洪水主要来源于其上游和中游。洪水泛滥时，河流上游、中游水流湍急，以冲刷作用为主。期间，粒径较大的部分（＞0.02mm）在沿途陆续沉积和增加。河流下游由于河道变宽、河曲发达，水流相对变缓，粒径较小的部分（＜0.02mm）沿途虽有少量沉降，绝大部分和腐殖质会随洪水直至尾闾。淤泥伴随水分的渗漏在河漫滩及胡杨林内局部地形的土壤表面大量沉积形成面积不等的淤泥层。

5.2.2　淤泥组成、性质及其对生境改变所起的作用

河流行洪至下游和尾闾时，洪水携带的主要成分是淤泥。淤泥中含有一定量的粉粒（0.02～0.002mm）和大量的黏粒（＜0.002mm）、胶粒（＜0.001mm）和腐殖质。

淤泥中黏粒、胶粒和腐殖质，极易形成水稳性极强的胶团和黏团。由胶团和黏团形成团聚体和微团聚体组成土壤胶体具有典型的胶体特性，并拥有双电层、表面能、极稳定的胶膜，在其表面有密集的负电荷，因而决定其具有极强的吸附能力、质子和电子交换能力及强大的保水保肥功能。

因此，淤泥层的存在会引起其分布地段土壤相关性状产生很大的变化。例如，改善土壤物理（质地和结构）和化学性质（提高土壤溶液的离子交换和缓冲作用）、增加养分含量（特别是有机质和活化磷元素的含量），进而提高保水保肥能力、土壤 pH 的变化速率。仅以一例为证，对淤泥和纯沙中饱和含水量水分移动速率的研究表明，每克干燥的淤泥处于水饱和状态，含水量为 0.588g；而每克干燥沙土处于含水饱和时，含水

量为 0.216g，两者相差 2.72 倍；沙土透水性大，而黏土透水性小，水分在纯沙中的移动速度以 cm/s 计算，而水分在紧实的黏土层中移动速度趋近于 0；淤泥的保水能力明显优于沙土，当沙土表面已经变干，而淤泥表面仍可保持湿润，淤泥层下的沙层也保持湿润（华鹏，2003）。

5.2.3 河流泛淤对胡杨分布地段生境条件的改变

在若干环境因子中，水分条件和盐分条件是制约胡杨种子萌发的最主要的两个因素。水分对胡杨种子的萌发具有极其重要的意义，胡杨种子能否萌发直接依赖于水分的充足程度。充足的水资源不仅给种子提供萌发所必需的水分，而且能够调节土壤中的盐分含量，降低土壤温度，从而给种子萌发提供适宜的条件。

胡杨种群生存所依托额济纳河的行洪和泛淤，会引起胡杨群落分布及其临近地域的环境条件、特别是土壤的相关性状产生很大的变化。

第一，额济纳旗境内降水很少（年均约 39mm），额济纳河的水流，是胡杨群落分布区域地下水的主要补给来源（陈仁升等，2003），进而实现胡杨林生存所必需的地下水位的补充及维持。额济纳河行洪期间，除增加地下水的大量补给外，洪水过后河漫滩一定时间内处于水分饱和状态，因而使土壤整体含水量极大提高，并可延长其持续时间。

第二，由于地表强烈的蒸发并且严重缺乏上游来水和大气降水对盐分的淋洗，造成额济纳绿洲土壤盐分表聚现象非常严重（闫琳等，2000），对胡杨群落中土样的分析也说明了这种情况。因此，额济纳河行洪至胡杨群落分布区域时，水流相对变缓，大量水分在河漫滩及胡杨林内局部地形上向土壤深处持续渗漏。伴随水分下渗，土壤表面及一定深度内所包含的盐分被淋洗至土体的深层，从而使土壤表面到一定深度土层内的含盐量和 pH 明显降低，趋于中性，并使之维持一定时期。

第三，额济纳河的行洪和泛淤，为胡杨林带来的不仅仅是生存所必需的地下水补充和地下水位的维持，更重要的是源于河流源头或上游、中游所发生的洪水，裹挟着沿途冲刷而来的大量淤泥和其中包含的腐殖质，可使土壤的理化性质产生系列明显改善。

第四，洪水退却后，被洪水浸渍过的地段，土壤含水量相对较高。一定时期内，可显著降低近地表、土壤表面和一定层次内的极端高温和温度变幅及其变化速率。

胡杨是古老的树种，保留了祖先的某些特性，在发育早期阶段对高湿环境的偏好便是其中之一（张万儒，1998）。土壤高湿、低盐以及各种生态因子与胡杨种子成熟在时间和空间上的配合是影响胡杨种子萌发和幼苗形成的关键因素。在胡杨分布区域，每年或若干年间只有极少数地段可以满足这些条件。因此，河流泛淤对胡杨分布地段生境条件改变的上述特征及胡杨种子安全萌发生境各生态因子的作用分析表明，自然条件下，只有与胡杨种子散布期基本吻合所发生的一定强度的洪水及其泛淤形成的淤泥层分布地段才可造就胡杨种子的安全萌发生境。

5.3 淤泥对胡杨种子安全萌发和幼苗形成的影响

河流泛淤不仅可为胡杨种子提供安全萌发生境，而且可延缓这一生境在荒漠气候影响下向不利于胡杨幼苗形成方向变化的速度。同时，淤泥及腐殖质具有显著的促进植物生长和增强植物抵抗病害能力的作用。

种子萌发和幼苗形成是一个以呼吸作用为先导和基础的复杂的生理生化反应过程。仅以呼吸作用为例，其直接结果是产生大量的 H^+。通常情况下，该过程很容易达到电子平衡，实际表现为种子萌发过程的受阻或中断（潘瑞炽，1984）。淤泥层分布地段的土壤表层腐殖质中包含的活化 P 元素、乙酸类物质和芳香族的多元酚功能团，均具有提高植物细胞膜透性的作用，加之淤泥层中土壤胶体含有大量负电荷即 H^+ 的受体，因而可显著增加胡杨种子萌发及幼苗形成过程的呼吸作用强度及其持续时间，形成一个连续、短期内甚至是不可逆的电子交换过程，并表现为对胡杨种子持续的催萌和促进幼苗生长的作用。

此外，特别值得一提的是淤泥层的存在可为胡杨散布过程中的种子提供“着床”的最佳处所。因为，胡杨种子及冠毛带有正电荷极易被带有大量负电荷的湿润淤泥表面吸附并紧密结合。所以，胡杨种子极易在淤泥表面着床并长久停留（见 4.2.6）。而这也是胡杨种子实现安全萌发的开始。

因此，河流泛淤对胡杨有性繁殖、种群分布和群落动态存在极其深刻的影响。同时，这也是胡杨实生幼苗多见于洪水泛滥形成的河漫滩，偶见于积水地边缘（李护群和龙步云，1990）；胡杨群落沿河廊道式分布、同龄林的普遍存在（黄培佑，1991）；远离河流的林龄大，靠近河岸林龄小（李利和张希明，2002）以及近年来胡杨林持续不断的衰退（王世绩，1996）等现象发生的关键原因。

参 考 文 献

陈仁升，康尔泗，杨建平．2003. 黑河流域山前绿洲水量转化模拟研究．冰川冻土，25（5）：566-573

陈世鐄，张昊，占布拉．2001. 中国北方草地植物根系．长春：吉林大学出版社

丁托娅．1995. 世界杨柳科植物的起源、分化和地理分布．云南植物研究，17（3）：277-290

傅家瑞．1985. 乙烯与水浮莲（*Pistia stratiotes*）种子需光性休眠的关系．植物生理与分子生物学学报，11（1）：58-65

谷瑞升，蒋湘宁，郭仲琛．1999. 胡杨离体器官发生及试管无性系的建立．植物学报．41（1）：29-33

谷瑞升，蒋湘宁，郭仲琛．1999. 胡杨细胞和组织结构与其耐盐性关系的研究．植物学报，41（6）：576-579

何志斌，赵文智．2003. 黑河下游荒漠河岸林典型样带植被空间异质性．冰川冻土，25：591-596

华鹏．2003. 胡杨实生苗在河漫滩自然发生和初期生长的研究．新疆环境保护，25（4）：14-17

黄培佑．1991. 荒漠河岸胡杨林的生活周期对生境水条件的动态适应的研究．新疆环境保护，13（2）：5-10

黄培佑．1991. 绿洲界外区与干旱区生态环境建设．干旱区资源与环境，5（2）：38-44

黄子琛．1992. 荒漠植物的水分关系与抗旱性．甘肃林业科技，2：1-7

季方，马英杰，樊自立．2001. 塔里木河冲积平原胡杨林的土壤水分状况研究．植物生态学报，25（1）：17-21

李护群，龙步云．1990. 塔里木河流域水文及水文地质特征与胡杨林发生演变关系的探讨．新疆林业科技，（2）：4-8

李利，张希明．2002. 光照对胡杨幼苗定居初期生长状况和生物量分配的影响．干旱区研究，19（2）：31-34

李森，李凡，孙武等．2004. 黑河下游额济纳绿洲现代荒漠化过程及其驱动机制．地理科学，24（1）：61-67

刘建平，李志军，何良荣．2003. 胡杨、灰叶胡杨种子萌发期抗盐性的研究．林业科学，40（2）：165-169

刘仲龄．2002. 黑河流域地域系统的下游绿洲带资源——环境安全．自然资源学报，17（3）：286-293

马焕成，陈绍良，王沙生．1998. 脱落酸与胡杨抗盐性的关系．西南林学院学报，18（1）：8-14

马焕成，王沙生，蒋湘宁．1998. 胡杨气体交换特性．西南林学院学报，18（1）：24-32

马焕成，王沙生，蒋湘宁．1998. 盐胁迫下胡杨的光合和生长响应．西南林学院学报，18（1）：33-41

马焕成，王沙生．1998. 胡杨对渗透胁迫和盐分胁迫的不同响应．西南林学院学报，18（1）：1-7

马焕成，王沙生．1998. 胡杨膜系统的盐稳定性及盐胁迫下的代谢调节．西南林学院学报，18（1）：15-23

马焕成，王沙生．1998. 盐胁迫下胡杨的离子响应．西南林学院学报，18（1）：42-47

潘瑞炽．1984. 植物生理学．第二版．北京：高等教育出版社

秦仁昌．1959. 关于胡杨和灰杨的一些问题．新疆维吾尔自治区自然条件论文集．北京：科学出版社，141-170

汤章城．1983. 植物对水分胁迫的反应和适应性Ⅱ植物对干旱的反应和适应性．植物生理学通讯，（4）：1-7

王东健，陈其凌，李铭．1998. 胡杨不同生长阶段的耐盐性，新疆林业，4：9-10

王根绪，程国栋．1998. 近 50 年来黑河流域水文及生态环境的变化．中国沙漠，18（3）：233-238

王世绩．1996. 全球胡杨林的现状及保护和恢复对策．世界林业研究，5：37-44

王世绩．1995. 胡杨林．北京：中国环境科学出版社

王迎春，侯艳伟，张颖娟．2001. 四合木种群生殖对策的研究．植物生态学报，25（6）：699-703

魏庆莒．1993. 胡杨．北京：中国林业出版社

文彬，兰芹英，何惠英．2002. 光、温度和土壤水分对坡垒种子萌发的影响．热带亚热带植物学报，10（3）：258-262

肖生春，肖洪浪．2004. 额济纳地区历史时期的农牧业变迁与人地关系演化．中国沙漠，24（4）：448-450

闫琳，胡春元，董智．2000. 额济纳绿洲土壤盐分特征的初步研究．干旱区资源与环境，14（5）：25-30

张万儒．1998. 中国主要造林树种土壤条件．北京：中国科学技术出版社，406-409

张武文，王林和，李德平．2000. 额济纳平原水资源特点与合理利用．干旱区资源与环境，14（5）：19-23

张武文．2000. 额济纳平原植被分布与地下水关系的研究．干旱区资源与环境，5：31-36

张喜英，裴冬．2000. 几种作物的生理指标对土壤水分变动的阈值反应．植物生态学报，24（1）：280-283

张玉波，李景文，张昊等．2005. 胡杨种子散布的时空分布格局．生态学报，25（8）：1994-2000

赵能，龚固堂．1998. 杨柳科植物的分类与分布．四川林业科技，19（4）：9-20

Bakker J P. 1996. Seed banks and seed dispersal：important topics in restoration ecology. Acta Botanica Neerlandica，45：461-490

Barret S C H，Eckert C G. 1990. Variation and evolution of mating systems in seed plants. *In*：Kawano S. Biological approaches and evolutionary trends in plants. London：Academic Press，229-254

Benoit D L，Kenkel N C，Cavers P B. 1989. Factors influencing the precision of soil seed bank estimates. Canadian of Botany，67：2833-2840

Bertness M D，Callaway R. 1994. Positive interactions in communities. Trends in Ecology and Evolution，9：191-193

Callaway R M. 1995. Positive interactions among plants. The Botanical Review. 61：306-349

Harper J L. 1981. Population biology of plants. London：Academic Press

Holzapfel C，Mahall B E. 1999. Bidirectional facilitation and interference between shrubs and annuals in the Mojave Desert. Ecology，80：1747-1760

Klinkhamer P G L，de Jong T J，Metz J A J，et al. 1987. Life history tactics of annual organisms：the joint effects of dispersal and delayed germination. Theoretical Population Biology，32：127-156

Nathan R，Helene C，Muller L. 2000. Spatial patterns of seed dispersal，their determinants and consequences for recruitment. Trends in Ecology and Evolution，15：278-285

Norbert H，Annette O. 2004. Ecological significance of seed germination characteristics in flood-meadow species. Flora，199：12-24

Oborny B. 1994. Geowth rules in clonal plants and predictability of environment：a simulation study. Journal of Ecology，82：341-351

Ouborg N J，Piquot Y，van Groenendael J M. 1999. Population genetics，molecular markers and the study of dispersal in plants. Journal of Ecology，87（4）：551-568

第5章　胡杨种群无性繁殖特性的研究

在自然界中，植物的繁殖方式有两种：有性繁殖（sexual reproduction）和无性繁殖（clone reproduction），无性繁殖也被称为营养繁殖（vegetative reproduction 或 vegetative propagation）（Harper，1977）。无性繁殖过程不需要配子的结合，不经过受精过程，是由植物体的某些营养繁殖器官直接产生新个体的过程，这些器官可以是植物体的根茎、匍匐茎、地上茎、块根、块茎、枝条和芽等（Abrahamson，1980）。

胡杨的无性繁殖特性，在关于胡杨的分类、生物生态学特性等相关论文（刘建平等，2003；乌日根夫等，2003；周正立等，2005）、植物志和专著等文献中（秦仁昌，1959；魏庆莒，1993；孙雪新等，1995；王世绩，1995）都有提及。朱京琳（1963）、李毅（1996）对胡杨无性系苗期年生长动态进行了分析，康向阳（1997）、于军和段黄金（2000）、孙洪祥和姚云峰（2002）、王立明等（2003）和张平冬等（2003）均在发表的文章中对胡杨无性繁殖特性有不同篇幅的陈述。而且孙洪祥和姚云峰（2002）就断根、引洪灌淤等方式促进胡杨复壮更新进行了详细的论述，张建国（1994）就胡杨树苗断根移植栽培和死后平茬成林进行了试验，张卫芳等（2001）进行了胡杨离体快繁技术的尝试性工作，但在诸多的研究中，专项研究论文仅见孙雪新（1993）的《胡杨无性繁殖研究》等1～2篇。

本章针对额济纳绿洲胡杨根系分布特征、根蘖和根蘖芽及其不定根的形态和分布特征进行了相对完整、系统的观察和研究，特别是对胡杨无性繁殖能力与相关环境因子的关系和萌蘖苗与胡杨群落特征的关系，进行了探索性研究。

1　研究方法

1.1　无性繁殖特征的调查

对已选定样方和样株进行胡杨无性繁殖特征的调查。群落特征及环境因子数据，引用调查中对应样方和定株的相关测定资料。

1.1.1　根系分布特征

壕沟法：分别在河漫滩胡杨林、阶地胡杨＋柽柳林、沙地荒漠化胡杨疏林的典型群落中，选取胡杨标准木，对其进行根系形态、分布特征的观察和测定，重点对产生萌蘖苗的部分进行水平、垂直分布特征数量的测定。环境因子数据引用对应样方的相关测定资料，下同。

1.1.2　萌蘖芽的特征及其与环境的关系

在生长季，在上述4种不同胡杨群落中，区分雌株、雄株和龄级个体各3～5株，观测胡杨根系上芽的形态、产生部位、季节状况和数量特征。萌蘖芽统计包括根蘖上明显膨大的部分和已经有一定程度分化尚未出土的萌蘖苗。

1.1.3 克隆特征及其与环境的关系

在已调查样方中，分别选择老龄、中龄和幼龄群落，统计胡杨的年龄、克隆分株高度及其数量。在对胡杨可产生萌蘖苗根系特征调查的基础上，确定进行克隆特征调查的土壤挖掘深度和宽度。在老龄、中龄和幼龄群落中分别选取定株个体 3～5 株，在秋季对其进行萌蘖芽特征调查的同时，对相应的调查对象，进行克隆特征的调查。具体方法为：从距离母株最近的根蘖株沿其根系挖掘，一侧以确定母株，另一侧直至距离最远的根蘖株，同时测定胡杨克隆分株的间隔物长度和分枝角度。同时调查测定定株根蘖所处土壤剖面中相应层次的淤泥累积厚度（0～100cm）、土壤容重（水平根产生根蘖处，40～100cm）取实测平均值。环境因子中除地下水位数据引用对应样方的资料外，其余均为对应样方测定值。

1.2 数据处理方法

利用 Matlab7.0 软件对所得数据进行单因素方差分析，对方差分析显著的数据进行 Duncan 多重比较。用方差和均值比进行无性系种群格局的计算（$C=S^2/\overline{X}$），并以均匀格局为 1、集群格局为 2、随机格局为 3 进行标记。

2 结果与分析

2.1 根系分布及其与环境的关系

根据实地观察统计（表 5.1），胡杨主根不发达，仅深 50～80cm；但侧根相对发达，最多可分 3 级，少数 4 级。个体树高与根深比值在 0.65～16.53。因此，胡杨是一种浅根性树种。胡杨林土壤含水量一般在 0～80cm 土层内的变化幅度比较平缓，随着土壤深度的增加土壤含水量明显提高（王立明等，2003）。随年龄增长，胡杨个体Ⅰ级侧根水平分布的幅度和垂直分布深度均有所增加，Ⅰ级侧根一般与主根＜90°呈爪状向下生长，垂直分布范围在 20～150cm 的土层中。侧根中的水平根系主要分布在 20～60cm 的浅土层，且以 40～60cm 范围最为集中。在地下水埋深较浅（地下水埋深＜3±0.56m）的地段，Ⅰ级侧根的数量相对较多为 11～16 条，随地下水位下降（地下水埋深＞4±0.84m），Ⅰ级侧根数量减少到 6～9 条。Ⅰ级侧根上通常产生的次级侧根 1～3 条/条，Ⅱ级、Ⅲ级侧根一般分布深度为 20～80cm。不具备萌蘖能力的侧根相对较短（3.81～16.45m），以与主根较大的夹角向下伸展，并可产生次级侧根；具有萌蘖能力的侧根（Ⅱ级侧根），呈水平辐射状向外伸展，根系近笔直、至端末直径变化趋于平缓，表皮棕褐色、长度相对较长（9.65～36.53m），于萌蘖节下产生不定根，一般不产生次级水平侧根。

植物根系的生长和分布与其自身的生物生态学特性及土壤理化性质密切相关。根据相关研究，胡杨林土壤质地类型以沙土为主，伴随有极少部分的其他质地的土壤，如黏

表 5.1　胡杨根系分布特征及其环境条件

				河漫滩胡杨林			胡杨＋柽柳林			荒漠化胡杨疏林		
植株密度/(株/hm^2)				4202	1063	120	280	135	111	223	127	292
标准木			年龄/年	23.7	30.8	76.2	17.4	82.5	70.5	27.3	70.5	57.9
标准木			胸径/cm	18.9	25	63.9	13.5	69.3	59	22	59	48.2
标准木			树高/m	7.65	8.45	11.5	7.16	9.8	10	8.06	14.15	8.5
根系特征			主根深度/cm	67	56	83	48	74	81	63	78	65
根系特征			分级及数量	3	3	4	2	4	3	2	4	3
根系特征	侧根特征	Ⅰ级	数量	11	14	16	7	9	7	6	9	8
根系特征	侧根特征	Ⅰ级	水平分布/cm	750	1832	2810	950	1330	2120	850	1620	1200
根系特征	侧根特征	Ⅰ级	垂直分布/cm	123	126	131	137	146	143	248	465	316
根系特征	侧根特征	Ⅱ级	平均数量/(条/Ⅰ级侧根)	2	2	3	1	3	3	2	3	3
根系特征	侧根特征	Ⅱ级	根系长度/cm	5.50	17.32	26.10	9.34	16.30	26.20	11.30	21.23	17.58
根系特征	侧根特征	Ⅱ级	平均垂直分布深度/cm	19	46	55	23	58	64	41	63	49
根系特征	侧根特征	Ⅲ级	平均数量/(条/Ⅱ级侧根)	1	2	2	1	3	2	2	2	2
根系特征	侧根特征	Ⅲ级	根系长度/cm	1.50	7.23	6.14	1.41	6.37	5.29	2.35	11.27	8.51
根系特征	侧根特征	Ⅲ级	平均垂直分布深度/cm	27	45	51	27	64	58	43	74	56
土壤特征	土壤类型			林灌草甸土			盐化林灌草甸土			风沙土		
土壤特征	质地（0～100cm）颗粒组成/%		>0.02mm	53.1			44.85			91.2		
土壤特征	质地（0～100cm）颗粒组成/%		0.02～0.002mm	24.5			37.35			4.5		
土壤特征	质地（0～100cm）颗粒组成/%		<0.002mm	22			17.83			4.3		
土壤特征	淤泥层累计（0～100cm）		层数	9			13			3		
土壤特征	淤泥层累计（0～100cm）		累计厚度/cm	6.21			4.51			0.72		
土壤特征	淤泥层累计（0～100cm）		分布深度/cm	45			67			83		
土壤特征	土壤容重（40～100cm）			1.314			1.335			1.512		
地下水埋深/m				3.1			4.2			6.7		

土、壤土等，其根系生长对土壤质地没有明显要求，在荒漠盐土、荒漠灌木林土、草甸土和风沙土上均能生长。这进一步说明，胡杨是极适合在沙漠地区生长的抗旱性树种（乌日根夫等，2003；王立明等，2003）。胡杨分布区土壤盐渍化过程、钙化过程十分强烈（闫琳等，2000）。胡杨主根相对不发达，而侧根水平方向发达，可能是由于能够保证其主根分生组织活性的土壤深度有限造成的。胡杨虽然是耐盐性强的树种，但其幼苗期的耐盐能力较弱，随年龄增加，其耐盐能力逐渐增强（王东健等，1998；马焕成等，1998；马焕成和王沙生，1998；刘建平等，2003）。由种子形成的实生苗根系在主根生长到一定长度，该深度范围土壤的水分和盐分条件可能对根尖的分生作用产生抑制作用，从而停止生长。实生苗主根停止生长后及由萌蘖并产生独立个体（某种因素造成）的根系，在土壤条件相对适宜的深度范围内陆续产生侧根，侧根在该土壤条件深度范围

沿水平方向呈辐射状扩展。遵循这一方式，胡杨个体一方面可以实现对当地适应的土壤条件必要营养面积的占据，另一方面也可实现胡杨个体的固着及抵御大风危害的适应。

由于根系的可塑性，在相对疏松湿润肥沃的沙质林灌土中，植株地下部分主根（或侧根）相对发达，通常有较多次级侧根，地上部分生长茂盛；但在土壤中具有明显的盐化特征、尤其是由于地下水位下降形成硬盘层的土壤中，主根发育受阻，侧根则横向发展且发育较好，地上部分生长势亦较弱；胡杨根可塑性较大，还表现在与地下水埋深的关系。根据实地观察，在河漫滩，水位较高，根系为浅根型，侧根发达。当地下水位变深、距河岸较远、土壤中（80～150cm）尚不存在因积盐形成的硬盘层时，根系随地下水位的下降而向下延伸，直至扎入深水层，或侧根向潜水层（河岸）附近延伸。当地下水位变深、距河岸较远、土壤中（80～150cm）已存在因积盐形成的硬盘层（厚度8～15cm）时，胡杨侧根数量在临近硬盘层之上一定范围的土层中明显增加，并与较浅土层中的根系构成不典型的双层的复合根系。

2.2 萌蘖芽的特征及其与环境的关系

2.2.1 萌蘖芽的特征及产生部位

植物主根垂直向下生长，主根上的水平根（即侧根）能产生根蘖芽，这些芽到达地面后形成地上枝条，并向下产生垂向根，这种无性繁殖的方式称作根蘖型。根系中具有产生不定芽并出土形成地上分枝能力的部分称作根蘖（图版Ⅲ F），其上产生的不定芽称作萌蘖芽或根蘖芽；产生萌蘖芽的部位称作萌蘖节或根蘖节。胡杨地下根系中Ⅱ级和Ⅲ级水平侧根具有萌蘖能力，萌蘖芽通常产生于水平分布的Ⅱ级侧根上。当Ⅱ级侧根生长发育长度相对有限时，其上的Ⅲ级侧根数量呈增加趋势，并可产生数量不多的萌蘖芽。萌蘖芽一般直径约2.5mm，半球状，肉质、白色或嫩黄色。根蘖的产芽部位通常产芽不止一个，在根表面常环状不均匀地分布着多个萌发点，且有芽上位现象，也包括根蘖苗上的腋芽萌生，这些芽体通常有生长到一定高度后才能分离的现象。根蘖上芽点密集分布或部分重叠现象普遍。

2.2.2 萌蘖芽的产生时间

胡杨在每年生长后期（雄株约7月下旬，雌株约9月上旬），根蘖上能够产生萌蘖芽的部位缓慢膨大，至其直径的1.2～1.5倍、极少数可分化成长度在2.0cm以内的嫩黄色未分支芽体，10月中下旬停止生长，随胡杨经叶黄期后一同进入休眠；进入休眠时，嫩黄色芽体外常包裹有黏液，且一般分布在35～55cm的土壤深度。次年3月中旬休眠芽开始恢复活动，但生长十分缓慢。花期之后的5月下旬至6月初，产生萌蘖芽的部位逐渐膨大，雄株比雌株较早开始膨大，这可能与雌株花果期较长，即与胡杨不同性别个体内的营养物质分配有关；之后约20d分化出的不定芽把根表皮撑裂，露出1～3枚白色肉质半球形芽体。芽体长到0.5～2.8cm，后分化为1～3个分枝，每分枝长出1～2片互生小叶，整个萌蘖节上共有2～6个叶片。芽体所形成的幼枝在尚未出土之前为嫩黄色；出土受光后，茎由黄转红色或紫色，叶片逐渐变为绿色，但叶缘常常呈红色或紫色。出土的萌蘖苗，生长相对迅速，在 9 月中旬以后增高生长停止，进入木质化时期，以应对即将来临的严冬。

胡杨根蘖上芽点密集分布或部分重叠是胡杨萌蘖苗多呈丛状分布的主要内在原因，也是胡杨根蘖能力强的根本所在。

2.2.3 胡杨萌蘖芽形成的有关数量特征

根据实地观察资料统计，胡杨雌雄株均具有萌蘖能力，且两者差异不明显（$F=2.2270$，$P=0.1739$）（图 5.1）。雄株形成雄性树群，雌树形成雌性树群。说明无性繁殖是胡杨种群整体的繁殖适应模式，是胡杨生物学特性、种间关系及环境条件综合作用的体现。这一适应，既可使胡杨个体将有限的土壤垂直空间利用范围，在水平上得以拓展，进而为分株间生理整合提供的可能，实现基株生存力的提高、排斥竞争者、提高分株定居的成活率及克服对异质分布资源在吸收利用方面的困难，缓冲环境胁迫，又可相对扩大和提高胡杨通过有性繁殖获得的遗传多样性的空间分布范围和时间延续能力。

胡杨是喜光树种，实地调查发现，在大树和灌丛庇荫下很少发现根蘖苗，只有在地下水位 4m 以上的群落中，30～100cm 土层中尚未形成积盐层，水平根在母树的树冠投影范围之外才能产生根蘖苗（图版Ⅳ A）。

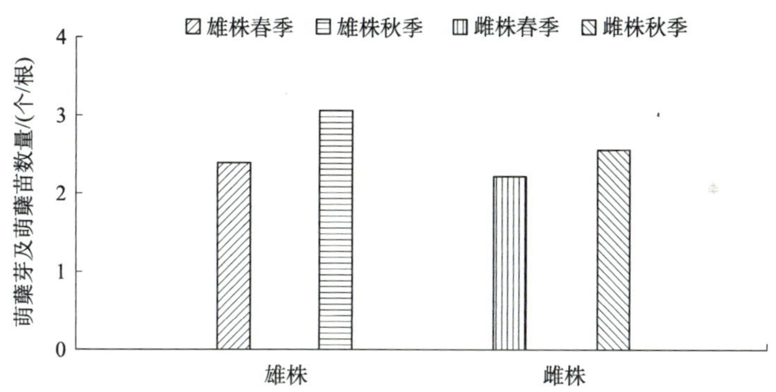

图 5.1　胡杨雌雄株春季和秋季萌蘖芽统计

图 5.2 表明，直径 0.1～4.0cm 的水平根均有萌蘖能力，说明当生境条件相对适宜时，该直径范围的胡杨根比较容易产生根蘖芽。其中，直径 0.1～1.6cm 根蘖的出现频率为 83.95%，直径 1.6～4.0cm 根蘖的出现频率为 16.05%。根蘖直径与其上根蘖芽数量呈抛物线型关系，两者的相关关系显著（$r^2=0.7435$）。根蘖直径为 1.5±0.2cm 时，其上根蘖芽数量最多。当根蘖直径＜1.5cm，随根蘖直径增加，根蘖上根蘖芽平均数量增加；当根蘖直径＞1.5cm 时，随根蘖直径增加，根蘖上根蘖芽平均数量减少。因此，直径 0.1～1.6cm 根蘖的萌蘖能力逐渐增加、0.5～2.5cm 的根蘖相萌蘖能力对较强、直径 1.6～4.0cm 根蘖的萌蘖能力逐渐减弱、大于 4.0cm 的横走根系基本丧失萌蘖能力。这表明，一方面根蘖的萌蘖能力可能随个体年龄增长、根系直径增加，其木质化程度加大、分生组织的活力出现降低；另一方面，可能与胡杨的水平根系分布的小环境不同相关，即由于根系分布在土壤中的深度和所能探及土壤的广度（吸收面积）不同，

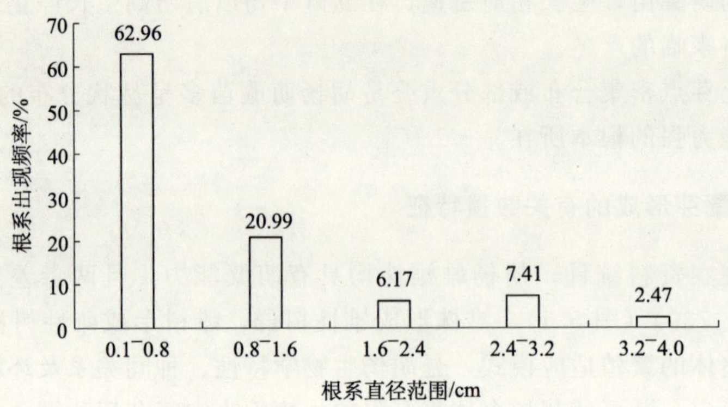

图 5.2 胡杨不同直径根蘖出现频率

其土壤质地、养分、水分和土壤温度等条件不同，从而影响根蘖的萌蘖能力。

胡杨根蘖分布深度一般在5～80cm，其中出现在20～50cm深度范围的根蘖占全部根蘖的82.15%（图5.3）。从表5.2中所列不同样地的土壤质地类型看，七道桥胡杨+柽柳林、七道桥荒漠化胡杨疏林和二道桥河漫滩胡杨林土壤质地以沙土为主。20～50cm深度范围的土壤质地相对较细，在地下水位4m以上的30～100cm土层中尚未形成积盐层，而土壤0～20cm中的干沙层可以阻碍深层土壤水分的散失，有利于入渗水分的保存，因而其保水、保肥能力相对较强，根蘖易于产生不定芽，形成根蘖苗。而埋藏于较深土壤内的水平根系，尽管有萌蘖能力，由于土层厚，透气性差，难于形成不定芽而萌生新植株。另外，深层土壤（>50cm）中存在由多年洪泛期形成的不等距间隔分布、不同厚度的淤泥层，其中含有较多黏粒，在含水率较低时，结构比较紧密，不利于根蘖的分生活动。这表明20～50cm深度范围的土壤条件在适宜的时候相对适合根蘖产生萌蘖芽。

表 5.2 不同样地的土壤质地类型

样地	深度/cm									
	10	20	30	40	50	60	80	100	120	150
七道桥胡杨+柽柳林Ⅰ	粉沙	细沙	细沙	细沙	细沙	细沙	细沙	沙土	沙土	沙土
七道桥胡杨+柽柳林Ⅱ	壤土	黏土	黏土	黏土	黏土	沙土				
七道桥胡杨+柽柳林Ⅲ	沙土	沙土	沙土	壤沙	沙壤	沙土	沙壤	沙壤	黏土	
七道桥荒漠化胡杨疏林	粗沙	粗沙	粗沙	粗沙	粗沙	粗沙	粗沙	沙土	沙壤	沙土
七道桥河漫滩胡杨林	沙土	轻壤	沙壤	沙壤	粗沙	沙壤				
二道桥荒漠化胡杨疏林	沙土	沙土	沙土	沙土	沙土	沙土	粉沙	沙壤	壤沙	壤沙
七道桥荒漠化胡杨疏林	沙土	沙土	沙土	沙土	沙土	沙土	沙土	沙土	沙土	沙土
二道桥河漫滩胡杨林Ⅰ	粉沙	粉沙	轻壤	壤土	沙壤	轻壤	沙壤	壤土	沙土	沙土
二道桥河漫滩胡杨林Ⅱ	沙土	沙土	沙土	沙土	沙土	沙土	粗沙	沙土	粗沙	粗沙
二道桥河漫滩胡杨林Ⅲ	沙土	沙土	沙土	沙土	沙土	沙土	粗沙	沙土	粗沙	

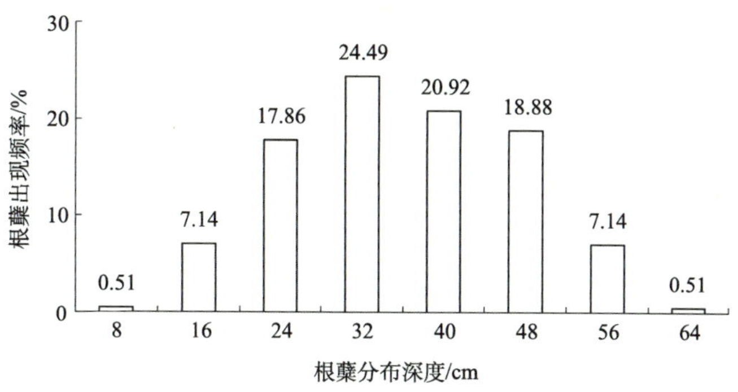

图 5.3 根蘖出现土壤深度的频率

相邻两个根蘖节点间的长度，称根蘖节长度。胡杨根蘖节长度在 1.0～6.0m，占调查总数的 93.67%，其中，长度为 3.0～6.0m 的根蘖节相对集中，占调查总数的 70.89%（图 5.4）。该长度范围，是胡杨水平根的生长发育特性和其分布土壤特性共同作用的结果。大于该长度范围者，可能是由于某种原因造成根蘖上原本拥有多个萌蘖节点中的部分萌蘖芽进一步分化失败而形成的。另外，随根蘖节长度的增加，一方面意味着单位长度根蘖上产生的萌蘖芽数量在减少，在长度有限的根蘖上萌蘖芽和萌蘖苗的数量也随之减少；另一方面，可以使其萌蘖苗的分布范围更大，从而扩大其利用环境范围。

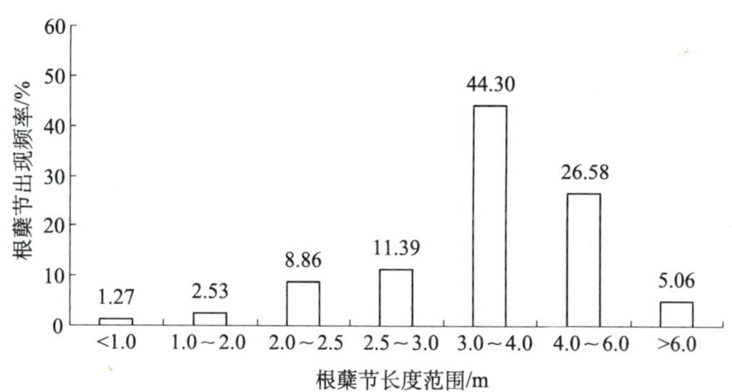

图 5.4 根蘖节长度的出现频率

2.3 胡杨种群克隆特征与环境的关系

2.3.1 胡杨克隆特征与胡杨年龄的相关性分析

胡杨克隆种群格局（计算方法见 5.1.2）与胡杨年龄（5～10 个面积为 20m×20m 样地内母株的平均年龄，下同）相关性比较显著（$r^2=0.7498$）（图 5.5A），在不同龄级的胡杨林中，所形成无性系克隆种群的分布格局分别为：老龄林中形成的克隆种群格局为均匀分布格局，在中龄林中为集群分布格局，而在幼龄林中为随机分布格局。这一现象是伴随胡杨林生长过程，在自疏现象和与相对极端的生境的相互作用中逐渐形成的。

胡杨克隆分株数量（5～10 个面积为 20m×20m 样地内的克隆株的平均数量，下同）与胡杨年龄相关性显著（r^2＝0.6321）（图 5.5B），即当平均树龄为 47±5.7 年时，林内拥有的克隆分株数最多，约 0.19 株/m^2。当树龄小于 47±5.7 年时，林内单位面积上克隆分株数量增长率呈增加趋势。当树龄大于 47±5.7 年时，林内单位面积上克隆分株数量增长率呈下降趋势。幼龄林中平均 0.03 株/m^2，中龄林中平均 0.17 株/m^2，老龄林中平均 0.11 株/m^2。这表明尚未达到中龄的胡杨林中，胡杨的克隆分株能力相对较强，竞争引发的自疏现象尚不显著。超过中龄的胡杨林中，个体间竞争加剧，引发的自疏现象突出。实生苗发育和萌蘖苗独立所形成幼龄个体可产生克隆分株的相应年龄及不同龄级胡杨个体萌蘖能力的差异尚不清楚，但有资料表明，在水土条件较好的群落中，100±7.4 年的胡杨个体仍有萌蘖能力，如在额济纳绿洲一道桥胡杨林区调查，距离年

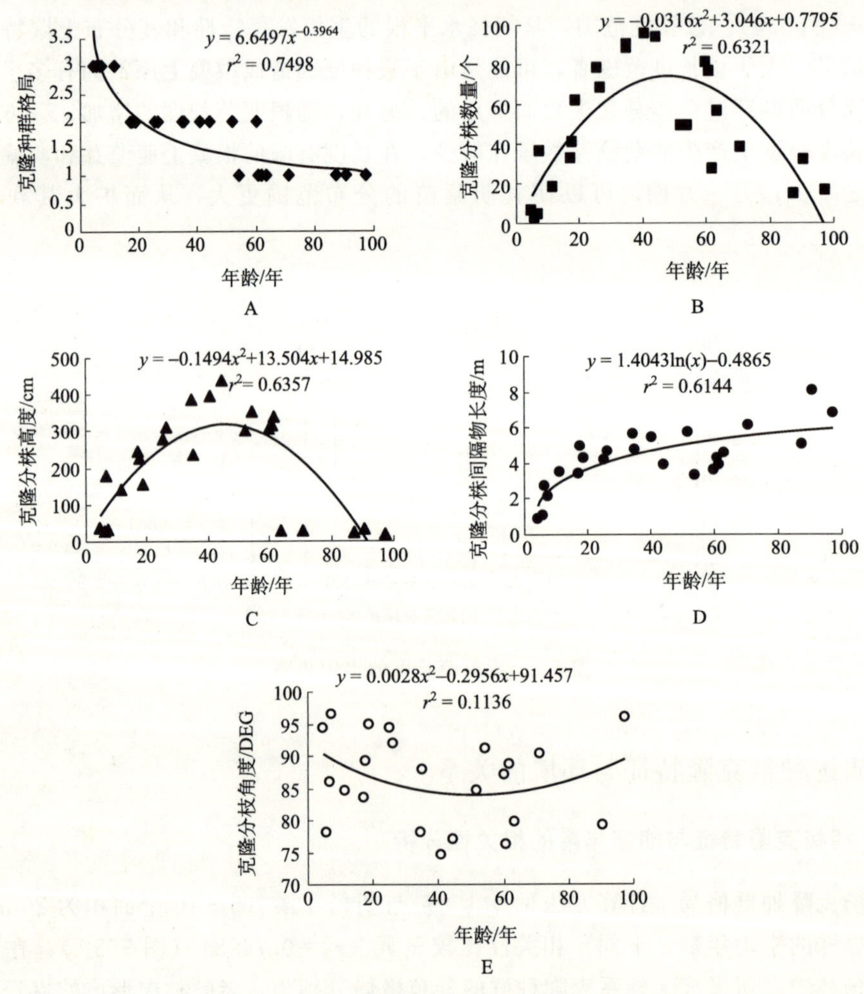

图 5.5 胡杨克隆特征与胡杨年龄关系

龄 113 年母树 60m 处尚有根蘖苗产生，且幼苗长势良好。

图 5.5C 表明胡杨克隆分株高度与胡杨年龄相关性显著（r^2=0.6375）。当平均树龄为 45±4.1 年时，林内克隆分株平均高度最大，约 320.13cm。当树龄小于 45±4.1 年时，林内克隆分株高度增长速率呈增加趋势。当树龄大于 45±4.1 年时，林内克隆分株高度增长速率呈下降趋势。在不同的龄级的胡杨林中，其形成的无性系克隆分株高度以中龄林最高平均 263.75cm，而在幼龄林和老龄林克隆分株高度相对较低，分别平均为 51.60cm 和 121.38cm。这可能与幼龄林个体营养物质分配及个体间竞争相对缓和，克隆分株产生相对集中，且尚处在高度增长阶段；而老龄林个体营养物质分配和个体间竞争加剧，致使已有克隆分株的增高速率相对下降，加之期间陆续产生一定数量新克隆分株，导致克隆分株总体平均高度下降。

图 5.5D 表明胡杨克隆分株间隔物长度与胡杨年龄相关性显著（r^2=0.6144），胡杨形成的无性系克隆分株间隔物长度随胡杨年龄增加而增加。平均树龄小于 13±1.8 年时，克隆分株间隔物长度增长速率较大，平均树龄大于 13±1.8 年时，克隆分株间隔物长度增长速率相对变缓。幼龄林平均 2.04m、中龄林平均 3.45m、老龄林平均 4.26m。这一趋势，一方面可能是胡杨根蘖自身生长特性及其与环境间相互作用的结果；另一方面，可能是随着胡杨个体年龄增长，某种原因造成根蘖上原本拥有多个萌蘖节点中的部分萌蘖芽进一步分化失败及自疏作用加剧。

图 5.5E 表明胡杨克隆分株分枝角度与胡杨年龄相关性不显著（r^2=0.1136）。

2.3.2　胡杨克隆特征与生境地下水相关性分析

图 5.6A 表明，胡杨克隆格局与地下水埋深相关性比较显著（r^2=0.8398），随地下水埋深增加，克隆种群格局由随机分布格局向集群和均匀分布格局转变。

图 5.6B 表明胡杨克隆分株数与地下水相关性比较显著（r^2=0.7219）；当地下水埋深在 3.2±0.63m 时，林内拥有的克隆分株数最多，约 0.19 株/ m^2。地下水埋深小于 3.2±0.63m 时，林内单位面积上克隆分株数量增长率呈增加趋势。地下水埋深在大于 3.2±0.63m 时，林内单位面积上克隆分株数量增长率呈下降趋势。地下水埋深在 1.5～4m 范围时，其克隆分株数量相对较高，平均 0.19 株/m^2，地下水埋深较浅（<1.5m）或较深（>4.0m），其克隆分株数量较少，分别平均为 0.03 株/ m^2 和 0.09 株/m^2。

胡杨克隆分株高度和地下水的相关性如图 5.6C 所示，由图可知二者的关系呈抛物线形，相关关系较显著（r^2=0.7705）。当地下水埋深在 3.2±0.63m 时，林内克隆分株平均高度最大，约 340.13cm。地下水埋深小于 3.2±0.63m 时，林内克隆分株高度随地下水埋深的增加而呈增加趋势。地下水埋深大于 3.2±0.63m 时，林内克隆分株高度随地下水埋深的增加而呈下降趋势。地下水埋深在 1.5～4m 范围时，其克隆分株数相对较高，平均 303.21cm，地下水埋深较浅（<1.5m）或较深（>4.0m），其克隆分株数较少，分别平均为 111.03cm 和 143.57cm。

图 5.6D 表明胡杨克隆分株间隔物长度与胡杨生境地下水埋深相关性显著（r^2=0.5818），随地下水埋深加大，其克隆分株间隔物长度增加。地下水埋深在 1.5～4m 范围时，其克隆分株间隔物长度平均 4.25m，地下水埋深较浅（<1.5m）或较深

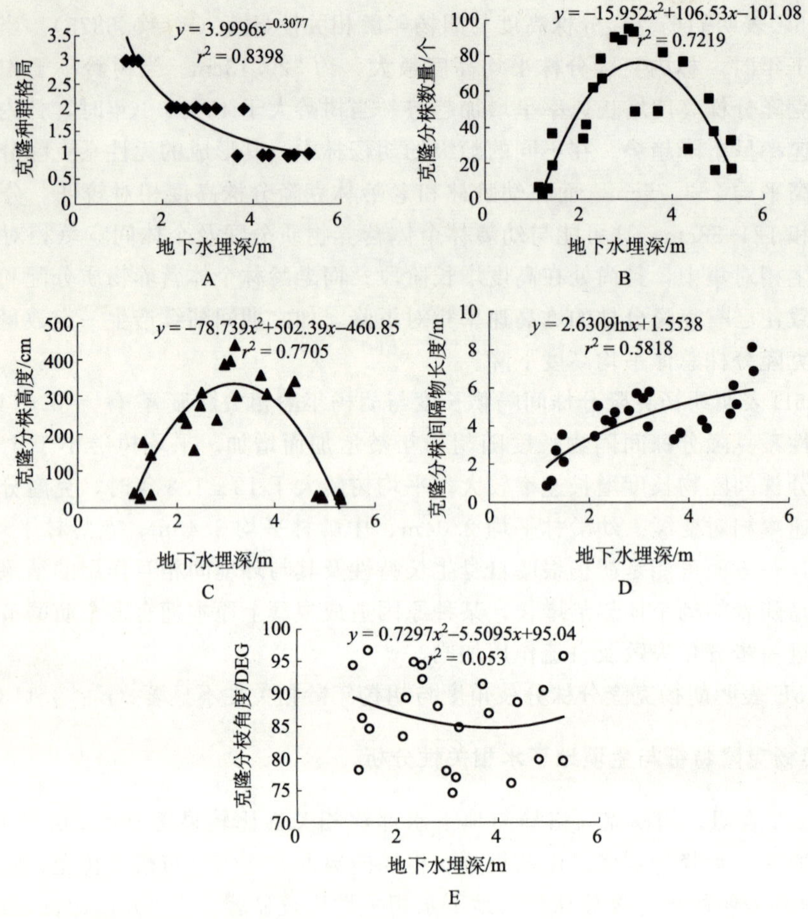

图 5.6 胡杨克隆特征与地下水深度关系

(>4.0m)，其克隆分株间隔物长度，分别平均为 2.19m 和 5.03m。

对克隆分株角度与地下水埋深进行相关性分析，结果表明二者相关性不显著(r^2＝0.0053)(图 5.6E)。

2.3.3 胡杨克隆特征与生境中淤泥累计厚度相关性分析

胡杨克隆种群格局与生境中淤泥累计厚度相关性比较显著（r^2＝0.7137）(图 5.7A)，表明胡杨林的生活期越长，所经历的洪泛期次数越多，因而土壤剖面中累积的淤泥层厚度越大。由于当地洪泛期发生的周期、强度和持续时间不尽相同，加之不同地段地表形态各异，因此在不同地段剖面中淤泥层数量、单层厚度、垂直的分布范围也不同，但胡杨克隆种群格局由随机分布格局向集群和均匀分布格局转变过程中，其生境中淤泥累计厚度总体上是随时间增加的。

胡杨克隆分株数与生境中淤泥累计厚度相关性比较显著（r^2＝0.7028）(图 5.7B)。当生境中淤泥累计厚度在 53.9±0.7mm 时，林内拥有的克隆分株数最多，约 0.19 株/m^2。

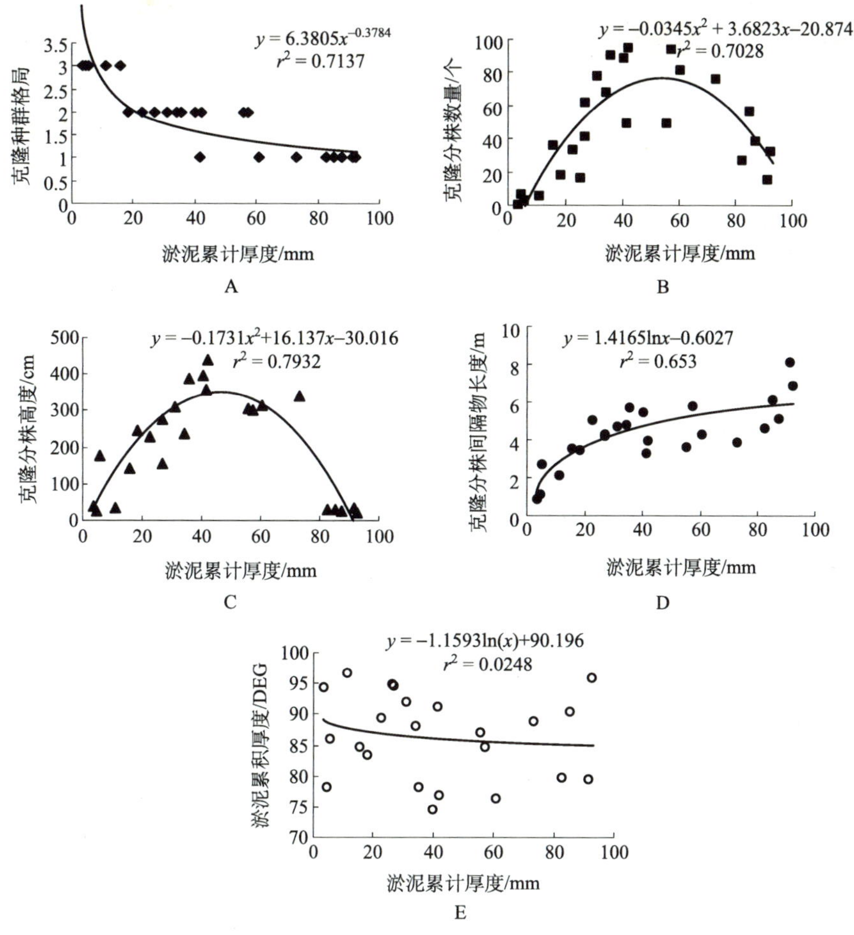

图 5.7　胡杨克隆特征与淤泥累计厚度关系

淤泥累计厚度小于 53.9±0.7mm 时，林内单位面积上克隆分株数量随淤泥层的增厚而呈增加趋势。淤泥累计厚度大于 53.9±0.7mm 时，林内单位面积上克隆分株数量随淤泥层的增厚而呈下降趋势。淤泥累计厚度在 25～65mm 范围时，其克隆分株数量相对较高，平均 0.19 株/m^2，淤泥累计厚度在小于 25mm 和大于 65mm 范围时，其克隆分株数量较少，分别平均为 0.08 株/m^2 和 0.07 株/m^2。

胡杨克隆分株高度与生境中淤泥累计厚度相关性比较显著（$r^2=0.7932$）（图 5.7C）。淤泥累计厚度在 46.7±1.9mm 时，林内克隆分株平均高度最大，约 346.07cm。淤泥累计厚度小于 46.7±1.9mm 时，林内克隆分株高度随淤泥层厚度的增加呈增加趋势。淤泥累计厚度大于 46.7±1.9mm 时，林内克隆分株高度随淤泥层厚度的增加而呈下降趋势。淤泥累计厚度在 25～65mm 范围时，其克隆分株高度相对较高，平均 338.67cm，淤泥累计厚度在小于 25mm 和大于 65mm 范围时，其克隆分株高度较低，分别平均为 147.56cm 和 79. 83cm。

胡杨克隆分株间隔物长度与生境中淤泥累计厚度相关性显著（$r^2=0.653$）（图

5.7D)，随淤泥累计厚度加大，其克隆分株间隔物长度增加。淤泥累计厚度在 25～65mm 范围时，其克隆分株间隔物长度平均 4.25m，淤泥累计厚度在小于 25mm 和大于 65mm 范围时，其克隆分株间隔物长度分别平均为 1.68m、5.76m。

胡杨克隆分株角度与生境中淤泥累计厚度相关性不显著（$r^2=0.0248$）（图 5.7E）。

2.3.4　胡杨克隆特征与生境中土壤容重相关性分析

胡杨克隆种群格局与生境中土壤容重呈正相关（$r^2=0.6793$）（图 5.8A），根据实地调查，胡杨群落沿垂直于河道方向的分布，个体龄级逐渐增加。地形相对一致时，沿上述方向依次顺序分布幼龄林、中龄林和老龄林。随远离河道的距离增加，地下水位下降。胡杨根蘖分布土壤层次的容重加大，幼龄林、中龄林和老龄林的克隆格局亦分别呈现随机、集群和均匀的特征。

胡杨克隆分株数与生境中土壤容重呈正相关（$r^2=0.5329$）（图 5.8B）。土壤容重在 1.41±0.05g/cm³ 时，林内克隆分株数量最多，平均 0.18 株/m²，土壤容重小于 1.41±0.05g/cm³ 时，林内单位面积上克隆分株数量增长率呈增加趋势。土壤容重大于

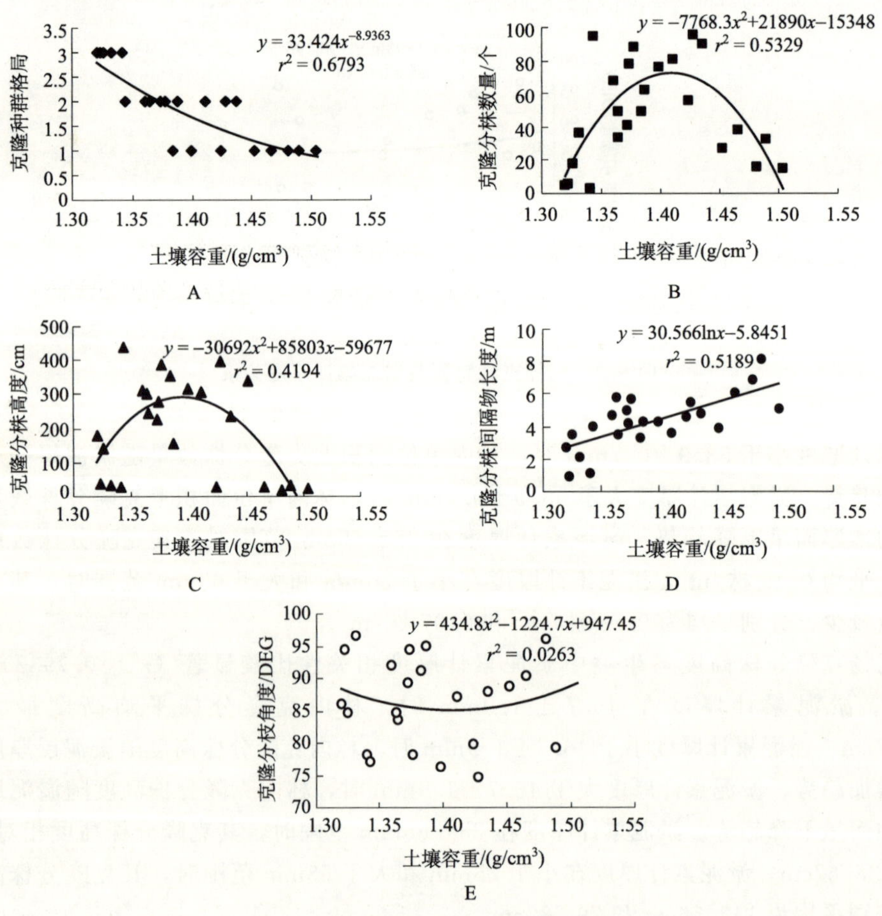

图 5.8　胡杨克隆特征与生境土壤容重关系

1.41±0.05g/cm^3 时，林内单位面积上克隆分株数量增长率呈下降趋势。土壤容重在 1.35～1.45g/cm^3 范围时，其克隆分株数量相对较高，平均 0.17 株/m^2，土壤容重在小于 1.35g/cm^3 和大于 1.45g/cm^3 范围时，其克隆分株数量较少，分别平均为 0.07 株/m^2、0.06 株/m^2。

胡杨克隆分株间隔物长度与生境中土壤容重呈正相关（r^2＝0.5189）（图 5.8D），随土壤容重加大，其克隆分株间隔物长度增加。土壤容重在 1.35～1.45g/cm^3 范围时，其克隆分株间隔物长度平均 4.51m，土壤容重在小于 1.35g/cm^3 和大于 1.45g/cm^3 范围时，其克隆分株间隔物长度分别平均为 2.36m 和 5.96m。

胡杨克隆分株高度与生境中土壤容重相关性不显著（r^2＝0.4194）（图 5.8C）。从图中样本分布情况看，明显分为克隆分株高度小于 100cm 和大于 100cm 的两个样本群。其中，克隆分株高度大于 100cm 的样本群，个体年龄在 5.70～61.78 年（平均年龄为 35.48 年），克隆分株高度与生境中土壤容重存在相对显著的相关性（$y=-1.6049x^2+40.172x+96.902$，$r^2$＝0.6304）；克隆分株高度小于 100cm 的样本，又分为平均年龄为 5.9 年和 81.9 年两组，克隆分株高度与生境中土壤容重的相关性不显著（r^2＝0.2014）。造成这一特征的原因，可能是幼龄和老龄个体供给萌蘖苗生长能力不足造成的。

克隆分株角度与生境中土壤容重相关性不显著（r^2＝0.0263）（图 5.8E）。

2.3.5　胡杨克隆特征与生态因子的典型相关分析

应用 Matlab7.0 软件以生态因子为 x 变量，x_1～x_4 分别为胡杨平均年龄、地下水埋深、土壤剖面淤泥累计厚度（0～100cm）和土壤容重（40～100cm）；以克隆分株特征为 y 变量，y_1～y_5 分别为胡杨克隆格局、克隆分株数量（个）、克隆分株高度（cm）、克隆分株间隔物长度（m）和克隆分枝角度（DEG），进行典型相关分析。根据分析结果，前三个特征根之和等于 1.6554，占全部特征根的 99.4%，因此取前三个特征根。

克隆分株特征典型变量（w）的特征根（λ^2）、典型相关系数（λ）以及特征向量（v）如表 5.3 所示。

表 5.3　克隆分株特征典型变量 $w=v'y$

		第一特征	第二特征	第三特征
特征根 λ^2		0.9605	0.5691	0.1258
典型相关系数 λ		0.9801	0.7544	0.3547
特征向量 v	y_1	0.9494	0.4170	−0.0089
	y_2	−0.2163	−0.4040	0.6820
	y_3	0.2094	−0.3003	−0.6849
	y_4	0.0233	0.7568	−0.2319
	y_5	0.0864	−0.0005	0.1095

生态因子典型变量（z）的特征根（λ^2）、典型相关系数（λ）以及特征向量（u）如表 5.4 所示。

表 5.4 生态因子典型变量 $z=u'x$

		第一特征	第二特征	第三特征
特征根 λ^2		0.9605	0.5691	0.1258
典型相关系数 λ		0.9801	0.7544	0.3547
特征向量 u	x_1	0.9875	1.0245	−2.2916
	x_2	−2.6046	−4.6803	0.9601
	x_3	0.7984	3.3700	0.6035
	x_4	−0.1145	0.5903	0.6799

根据表 5.3 和表 5.4，可以得出：

生态因子与克隆分株特征的第一对典型变量是：

克隆分株特征：$w_1=0.9494y_1-0.2163y_2+0.2094y_3+0.0233y_4+0.0864y_5$

生态因子：$z_1=0.9875x_1-2.6046x_2+0.7984x_3-0.1145x_4$

w_1 与 z_1 的相关系数是 0.9605，即生态因子的第一典型变量（z_1）对第一克隆分株特征典型变量（w_1）影响最大，而第一生态因子综合变量各因子中起主要作用的是 x_2，即地下水埋深。第一综合克隆分株特征变量中起主要作用的是 y_1——克隆分布格局。由此得到第一个结论：地下水埋深对克隆分布格局有较大的影响。

生态因子与克隆分株特征的第二对典型变量是：

克隆分株特征：$w_2=0.417y_1-0.404y_2-0.3003y_3+0.7568y_4-0.0005y_5$

生态因子：$z_2=1.0245x_1-4.6803x_2+3.37x_3+0.5903x_4$

w_2 与 z_2 的相关系数是 0.7544，即第二综合生态因子对第二克隆分株特征综合变量的相关性较大，第二生态因子的典型变量中起主要作用的 x_2 和 x_3，即地下水埋深和淤泥累计厚度。而第二综合克隆分株特征变量中起主要作用的是 y_4——克隆分株间隔物长度。由此得到第二个结论：地下水埋深和淤泥累计厚度对克隆分株间隔物长度有中等程度的影响。

生态因子与克隆分株特征的第三对典型变量是：

克隆分株特征：$w_3=-0.0089y_1+0.682y_2-0.6849y_3-0.2319y_4+0.1095y_5$

生态因子：$z_3=-2.2916x_1+0.9601x_2+0.6035x_3+0.6799x_4$

w_3 与 z_3 的相关系数是 0.3547，即第三综合生态因子对第三克隆分株特征综合变量的相关性相对较小，第三生态因子的典型变量中起主要作用的 x_1——胡杨平均年龄。而第三综合克隆分株特征变量中起主要作用的是 y_2 和 y_3，即克隆分株数量和克隆分株高度。由此得到第三个结论：年龄对克隆分株数量和分株高度有中等程度的影响。

3 胡杨无性繁殖特性

3.1 胡杨根系特征与无性繁殖器官相关特征

胡杨是一种浅根性树种。胡杨主根不发达，仅深 50～80cm；但侧根相对发达，最多可分 3 级，少数 4 级，根系水平分布在 20～40cm 范围内。随年龄增长，胡杨个体 I

级侧根水平分布的幅度和垂直分布深度均有所增加，Ⅰ级侧根一般垂直分布范围在20～150cm 的土层中，Ⅱ级、Ⅲ级侧根一般分布深度为 20～80cm。侧根中的水平根系主要分布在 20～60cm 的浅土层，且以 40～60cm 范围最为集中。浅层侧根数量随地下水埋深加大而减少。Ⅰ级侧根通常不具备萌蘖能力。Ⅱ级侧根具有萌蘖能力。萌蘖节下可产生不定根，具有萌蘖能力的侧根一般不产生次级水平侧根。

胡杨根系的可塑性较大，随土壤质地、盐分和地下水位的不同，植株地下部分主根（或侧根）相对发达程度、垂直和水平的分布格局也不同。特殊情况下甚至可形成不典型的双层复合根系。

胡杨雌雄株均具有萌蘖能力，且两者差异不明显。本章的相关研究表明，当生境条件相对适宜时，直径 0.1～4.0cm 范围的胡杨水平侧根比较容易产生根蘖芽。直径 0.1～1.6cm 水平侧根根蘖能力相对较强；随根蘖直径增加，根蘖萌蘖能力相对降低；大于 4.0cm 的横走根系基本丧失萌蘖能力。

胡杨根蘖分布深度一般在 5～80cm，以深度在 20～50cm 范围的根蘖相对集中。土壤质地类型，积盐层、淤泥层数量和分布及地下水位的特点，与根蘖产生不定芽，形成根蘖苗的结果关系密切。

胡杨根蘖节长度大多数在 1.0～6.0m，其中长度为 3.0～6.0m 的根蘖节相对集中。根蘖节长度的特性，影响着单位长度根蘖上产生的萌蘖芽数量和萌蘖苗的分布范围及无性系整体利用环境的规模和范围。

萌蘖芽一般直径约 2.5mm 半球状，肉质、白色或嫩黄色。根蘖的产芽部位通常产芽不止一个，在根表面常环状不均匀地分布着多个萌发点，且有芽上位现象，也包括根蘖苗上的腋芽萌生，这些芽体通常有生长到一定高度后才能分离的现象。根蘖上芽点密集分布或部分重叠现象普遍。

胡杨在每年生长后期（雄株约 7 月下旬，雌株约 9 月上旬），10 月中下旬停止生长，随胡杨经叶黄期后一同进入休眠；进入休眠时，嫩黄色芽体外常包裹有黏液，且一般分布在 35～55cm 的土壤深度。次年 3 月中旬休眠芽开始恢复活动，但生长十分缓慢。花期之后的 5 月下旬至 6 月初，产生萌蘖芽的部位逐渐膨大（雄株比雌株开始较早），露出 1～3 枚白色肉质半球形芽体。之后逐步分化成为 1～3 个分枝（每枝 1～2 片小叶、整个萌蘖节上 2～6 个叶片）。芽体所形成的幼枝在尚未出土之前为嫩黄色；出土受光后，茎由黄转红色或紫色，叶片逐渐变为绿色，但叶缘常常呈红色或紫色。出土的萌蘖苗，生长相对迅速，在 9 月中旬以后增高生长停止，进入木质化时期，以应对即将来临的严冬。

胡杨根蘖上芽点密集分布或部分重叠是胡杨萌蘖苗多呈丛状分布的主要内在原因，也是胡杨根蘖能力强的根本所在。

3.2　胡杨克隆特征与生境条件的关系

胡杨克隆种群格局分别为，在老龄林中为均匀分布格局；在中龄林中为集群分布格局；而在幼龄林中为随机分布格局。

针对胡杨克隆特征与生境条件的关系相关分析研究表明：胡杨克隆种群格局、克隆分株数、克隆分株间隔物长度、克隆分株高度的特性均分别与胡杨年龄、地下水埋深、土壤中累计淤泥厚度和土壤容重等生境条件显著相关，其中胡杨克隆种群格局与各因子呈幂函数相关，克隆分株数与分株间隔物长度与各生境因子则表现为抛物线相关，克隆分株高度则与各因子呈现对数相关关系。而克隆分枝角度则与年龄、地下水埋深、土壤淤泥累计厚度、容重等均不相关。

对胡杨克隆特征与生态因子的典型相关分析表明，胡杨种群分布区域的地下水埋深特征对其克隆分布格局有较大的影响；地下水埋深和淤泥累计厚度对克隆分株间隔物长度有中等程度的影响；胡杨平均年龄对克隆分株数量和克隆分株高度有中等程度的影响。

因此，对胡杨林克隆特性中，随胡杨年龄、地下水埋深和土壤淤泥累计厚度的不同，在克隆特性表现不同，从而影响着胡杨克隆种群格局和克隆生长构型及其分布规模和范围。

3.3 胡杨无性繁殖特性与生境条件关系

克隆生长（有无性繁殖相伴的营养生长过程）赋予克隆植物一定的水平扩展能力(Cook，1985；Fahrig et al.，1994)，克隆植物由克隆生长形成的克隆分株保持机体相连，从而为分株间的生理整合提供了可能，而生理整合对提高基株的生存力、排斥竞争者、提高分株定居的成活率、克服对异质分布资源在吸收利用的困难、缓冲环境胁迫等都有重要作用（董鸣，1999）。克隆可塑性被认为是克隆植物的“觅食行为”（董鸣，1996）和“风险分摊”（董鸣，1996）的基础之一。种群分布格局是种群个体在水平位置的分布形式或状态，不同种群格局是生物学特性、种间关系及环境条件综合作用的体现（Schmid，1992；周纪伦等，1992；Hutchings and de Kroon，1994；Oborny，1994；de Kroon and Hutchings，1995；Erikson，1997）。

胡杨雌雄株均具有萌蘖能力，且两者差异不明显的事实说明：无性繁殖是胡杨种群整体的繁殖适应模式之一，是胡杨生物学特性、种间关系及环境条件综合作用的体现。

导致群落中缺乏萌生苗现象的原因可能有以下几点：①胡杨生长状况不良，出现枯梢、心腐、生长停滞现象，在这样的群落中，胡杨已经没有能力将一部分能量用于无性繁殖。②草本植物的竞争性抑制作用。在一些样地中有许多死亡萌生苗，而苦豆子却长势良好，因此笔者推测萌生苗的死亡是苦豆子强大的竞争压力所致。

胡杨是喜光树种，在地下水位4m以上的群落中，30～100cm土层中尚未形成积盐层，水平根在母树的树冠投影范围之外均能产生根蘖苗。在野外调查中发现胡杨萌生苗多发生在林窗内或林分边缘，在林窗内或距林分不远的裸地上有时也有大量萌生苗的存在，虽然这些部位的水分条件较差，而这些部位的光照条件好于林分内部。这说明胡杨在选择萌生苗发生的位置时，光照条件优先于水分条件。胡杨之所以选择这样的地块作为萌生苗发生的地方，除了胡杨在幼苗时期需要充足的光照之外，避免与其他植物进行竞争可能也是一个重要的原因。

胡杨林是典型的荒漠绿洲河岸林，属隐域性植被。绿洲依托河流所形成的隐域性生境中，水是塑造绿洲环境的主导因子，无论是地下水还是地表水都制约着其他生物和环境要素，其中水分和土壤因子对胡杨的生存、发育、繁殖和分布存在着极其深刻的影响（张宏和樊自立，1999）。由于胡杨林内林隙较大，林下光照充足，所以胡杨林内光对克隆生长特性不是主导生态因子，而水分对胡杨母株生长、发育是主导生态因子。同时，在不同地下水埋深的条件下，土壤淤泥累计厚度的不同对克隆分株分布地段土壤的理化性质影响很大。通过地下水埋深和土壤淤泥累计厚度对胡杨克隆生长特性的分析可知，胡杨生境中水分和土壤淤泥累计厚度对胡杨克隆生长特性的影响是显著的。由于水分和土壤淤泥累计厚度在土壤中分布的不均匀性，使胡杨母株、分株的生境产生异质性资源，分株对这种异质性资源的利用方式表现为不同的克隆生长构型，即在水分较丰富、土壤淤泥累计厚度较厚的母株和分株间其克隆间隔物较长，表现为游击型的克隆生长构型；而母株与分株生境中的水分较缺乏，土壤淤泥累计厚度较薄，则母株与分株间间隔物较短，表现为密集型克隆生长构型。间隔物长不仅与胡杨年龄相关，且决定于胡杨生长的土壤环境中的水分和土壤淤泥累计厚度，反映了胡杨克隆生长构型在环境影响下的可塑性，这种克隆生长构型的可塑性影响着胡杨克隆种群格局，从而决定着胡杨种群的年龄组成和种群的稳定性。

胡杨年龄决定着克隆种群格局、克隆分株数、克隆分株间隔物长度、克隆分株高度的特性，对克隆种群格局和克隆生长构型有显著的影响。同时，环境中地下水和淤泥层是诱导胡杨不同克隆生长构型的环境因素，从而改变胡杨克隆格局或种群落格局。在不同龄级的胡杨林中胡杨克隆种群格局不同，老龄林中胡杨克隆种群以均匀分布格局出现，反映了老龄林胡杨克隆分株生境的均质性（分布距河道远，相当的时期内地下水埋深相对稳定），也反映了胡杨克隆分株在利用均质性资源而表现的克隆生长构型间隔物长度相近。这种均匀分布的克隆种群格局对胡杨种群更新具有重要意义，分株间由于间隔物长相近，从而对远离母株异质性资源的利用能力也相近，在种群年龄结构上相近，表现为稳定的克隆种群格局。中龄林克隆分株种群呈集群分布，揭示其克隆分株生境的异质性，而且克隆间隔物长度差异性显著，也反映了其利用异质性资源的差异，存在较强的竞争。幼龄林克隆分株种群呈随机分布，反映了其利用异质性资源的随机性，表明其对资源利用能力的不足。

由此，对胡杨林克隆特性中，随胡杨年龄、地下水埋深和土壤淤泥累计厚度的不同，在克隆特性表现不同，从而影响着胡杨克隆种群格局和克隆生长构型。克隆种群格局和克隆生长构型又对胡杨种群更新和种群稳定起决定作用，所以在胡杨中龄林和地下水埋深在2～3m，土壤淤泥累计厚度在60～100cm的生境条件下进行胡杨种群的更新，其幼苗年龄组成对胡杨种群的稳定性作用最强。胡杨种子繁殖形成的幼苗对环境要求较高，繁殖前期持续期较长。而胡杨种群整体的无性繁殖适应模式，是胡杨生物学特性、种间关系，及环境条件综合作用的体现。这一适应，既可使胡杨个体将有限的土壤垂直空间利用范围，在水平上得以拓展，进而为分株间生理整合提供可能，实现基株生存力的提高、排斥竞争者、提高分株定居的成活率及克服对异质分布资源在吸收利用方面的困难，缓冲环境胁迫，又可相对扩大和提高胡杨通过有性繁殖获得的遗传多样性的空间分布范围和时间延续能力。克隆繁殖对胡杨种群扩大和更新具有重要意义，加强这方面的研究对胡杨林保护及其退化生态系统的恢复中无疑具有重要的科研和生产应用价值。

参考文献

董鸣．1996．异质性生境中的植物克隆生长：风险分摊．植物生态学报，20（6）：543-548

董鸣．1996．资源异质性环境中的植物克隆生长：觅食行为．植物学报，38（10）：828-835

董鸣．1999．根茎禾草沙鞭的克隆基株及分株种群特征．植物生态学，23（4）：302-310

康向阳．1997．甘肃胡杨恢复发展的限制因子及对策．中国沙漠，17（1）：53-57

李毅．1996．胡杨无性系苗斯年生长动态分析．甘肃农业大学学报，31（3）：252-256

刘建平，李志军，何良荣．2003．胡杨、灰叶胡杨种子萌发期抗盐性的研究．林业科学，40（2）：165-169

马焕成，陈绍良，王沙生．1998．脱落酸与胡杨抗盐性的关系．西南林学院学报，18（1）：8-14

马焕成，王沙生，蒋湘宁．1998．胡杨气体交换特性．西南林学院学报，18（1）：24-32

马焕成，王沙生，蒋湘宁．1998．盐胁迫下胡杨的光合和生长响应．西南林学院学报，18（1）：33-41

马焕成，王沙生．1998．胡杨对渗透胁迫和盐分胁迫的不同响应．西南林学院学报，18（1）：1-7

马焕成，王沙生．1998．胡杨膜系统的盐稳定性及盐胁迫下的代谢调节．西南林学院学报，18（1）：15-23

马焕成，王沙生．1998．盐胁迫下胡杨的离子响应．西南林学院学报，18（1）：42-47

秦仁昌．1959．关于胡杨和灰杨的一些问题．新疆维吾尔自治区自然条件论文集．北京：科学出版社：41-170

孙洪祥，姚云峰．2002．额济纳绿洲胡杨林更新复壮技术研究．干旱区资源与环境，14（5）：69-73

孙雪新，康向阳．1993．胡杨无性繁殖研究．甘肃林业科技，1：27-30

孙雪新，刘榕，康向阳．1995．胡杨花粉辐射杂交可配性与杂种选育．遗传，17（5）：24-26

王东健，陈其凌，李铭．1998．胡杨不同生长阶段的耐盐性．新疆林业，4：9-10

王立明，张秋良，殷继艳．2003．额济纳胡杨林生长规律及生物生产力的研究．干旱区资源与环境，17（2）：94-99

王世绩．1995．胡杨林．北京：中国环境科学出版社

魏庆莒．1993．胡杨．北京：中国林业出版社

乌日根夫，战士宏，程继全．2003．额济纳旗天然胡杨林生物学、生态学抗旱机理与繁殖机理研究．内蒙古林业调查设计，26（4）：1-5

闫琳，胡春元，董智．2000．额济纳绿洲土壤盐分特征的初步研究．干旱区资源与环境，14（5）：25-30

于军，段黄金．2000．胡杨和灰叶胡杨繁殖技术研究现状．塔里木农垦大学学报，12（3）：35-37

张宏，樊自立．1999．全球变化下的绿洲生态学研究．干旱区资源与环境，13（1）：43-48

张建国．1994．胡杨树苗断根移植栽培．石河子科枝，6：46-47

张平冬，康向阳，高鹏．2003．胡杨离体培养分化增殖途径的比较研究．北京林业大学学报，25（6）：50-54

张卫芳，高疆生，段黄金．2001．胡杨离体快繁技术．新疆农业科学，38（6）：320-322

周纪伦，郑师章，杨持．1992．植物种群生态学．北京：高等教育出版社

周正立，李志军，龚卫江．2005．胡杨、灰叶胡杨开花生物学特性研究．武汉植物学研究，23（2）：163-168

朱京琳．1963．胡杨与密叶杨播种育苗初步研究．新疆农业科学，3：116-117

Abrahamson W G. 1980. Demography and vegetative reproduction. *In*: Solbrig O T. Semography and evolution in plant population's. Oxford: Blackwell. 89-106

Cook R E. 1985. Growth and development in clonal plant pupulation. *In*: Jackson J B C, Buss L W, Cook R E. Population biology and evolution of clonal organisms. New Haven: Yale University Press. 259-296

de Kroon J, Hutchings M J. 1995. Morphological plasticity in clonal plant: the foraging concept reconsidered. Journal of Ecology, 83: 143-152

Erikson O. 1997. Clonal life histories and the evolution of seed recruitment. *In*: de Kroon H, van Groenendael J. The ecology and evolution of clonal plant. Leiden, the Netherlands: Backhuys Publishers, 211-226

Fahrig L, Coffin D P, Lauenroth W K, et al. 1994. The advantage of long-distance clonal spreading in highly disturbed habitats. Evolutionary Ecology, 8: 172-187

Harper J L. 1981. Population biology of plants. London: Academic Press

Hutchings M J, de Kroon J. 1994. Foraging in plants, the role of morphological plasticity in resource acquisition. Advances in Ecological Research, 25: 159-238

Oborny B. 1994. Growth rules in clonal plants and predictability of environment: a simulation study. Journal of Ecology, 82: 341-351

Schmid B. 1992. Phenotypic variation in plants. Evolutionary Trend of Plant. 6: 45-60

第6章　胡杨群落繁殖更新与演替

额济纳胡杨（*Populus euphratica* Oliv.）林是我国典型荒漠区天然胡杨林的主要分布区之一，也是内蒙古西部荒漠区唯一的乔木区。胡杨林是额济纳绿洲存在的生态屏障，在科学研究方面具有重要的价值。但在20世纪50年代后，额济纳绿洲胡杨林在人为破坏、水资源缺乏和土质变坏等不利情况下，这一宝贵的森林资源正在不断减少，其后果是最终导致了整个额济纳绿洲环境状况的恶化，这一严重的生态问题已引起了人们越来越多的关注（王根绪和程国栋，2000；杨松德和李加水，2000；陶黎和张树礼，1999；孙雪新和康向阳，1993）。胡杨林的存在和发展与其生存的土壤水分状况和土质状况有着直接的关系（李笑春，1998；汤奇成，1995；季方等，2001）。因此，关于以保护胡杨为主的额济纳绿洲植被恢复就围绕上述两方面进行了大量研究（龚家栋，1998；康向阳，1997；孙洪祥和姚云峰，2000；刘洪贵等，1999；王根绪和程国栋，1999）。额济纳绿洲胡杨林恢复不仅是胡杨林生存物理环境的改善，同时也应该是种群和群落的恢复过程，这两个恢复过程是额济纳绿洲植被恢复的关键方面，而目前国内对胡杨种群更新和群落演替方面的研究工作较少，加强这方面的研究工作将对胡杨林的恢复和稳定无疑具有重要的意义。

1　胡杨林种群更新状况的调查

1.1　不同繁殖方式对植物种群的影响

植物种群的更新、个体生活史的完成依赖于植物的繁殖过程。繁殖是生命得以延续的唯一手段，它不仅是种群形成、发展和进化的核心问题之一，也是生物群落和生态系统演替的基础。

植物的繁殖类型包括有性繁殖和无性繁殖两大类型。有些植物类群仅以其中一种方式进行繁殖，而有的植物类群兼以两种方式繁殖。

1.1.1　无性繁殖（克隆生长）的概念及其对植物种群的影响

能够进行无性繁殖的植物也称为克隆植物（clonal plant），克隆生长是指在自然条件下具有潜在独立个体的营养生长过程（Mogie and Hutchings，1990；de Kroon and van Groenendael，1997）。植物实现克隆性的主要方式之一［另一种是低等藻类、菌类、地衣等具有的无配子生殖（agamospermy），不在本文讨论之列］，使克隆植物能有效地寻找空间，利用异质性生境，增加种群适合度（van Groenendael et al.，1997），这是因为克隆植物具有活动性、持久性、跨越时间和空间的扩展及繁殖能力等特性，能够实现同一基因型内资源共享与风险的分摊（Svenning，2000），通过顶端优势减小克隆内竞争，相对精确的分株放置和空间入侵，迅速吸收有限资源并储备供将来使用

(Huffman and Tappeiner，1997；Tappeiner and Alaback，1989)。

虽然每个后代的资源投资较高，每次产生的无性系分株后代数量也少，但其存活率比由种子形成的幼苗高得多（Weiner and Thomas，1986），在无干扰或干扰强度弱的环境中的植物处于激烈的竞争状态，在这种竞争中，克隆分株比种子形成的幼苗更容易成活；长期而稳定的环境压力（如北极、高山等区域）对克隆繁殖和种子繁殖形成的植物种群的影响也是显著的。严酷生存条件下，种子繁殖的幼苗极难成活，因此许多植物种群主要通过克隆生长繁殖（Weiner and Whigham，1988；Gardner and Mangel，1999）。

克隆植物的生长型分为游击型和密集型，各自对应着在进化中形成的生态对策，具有不同的利用资源能力。游击型克隆植物表现出"觅食"对策（利用间隔子可塑性选择生境，把分株建立在高质量的生境中）或"巩固"对策（提高克隆局部的耐受能力，迅速吸收短期内可获取的资源以备将来利用），能有效利用异质生境中的资源。

无性系分株可以增加整个无性系种子的产量，并且减小母株死亡危险（Cook，1983）。但是，克隆繁殖产生的后代，其遗传组成总是与母体植株相同，只有极少数营养体可能发生变异，即种群的遗传多样性并不随着克隆分株的增多而提高。而且有研究表明，由无性繁殖所产生的林分存在着林木衰退早、材质差、易感染病虫害、缺乏应变能力等方面的缺陷和不足。

1.1.2　有性繁殖及其对植物种群更新的影响

大多数情况下，进行有性繁殖的植物所产生的种子的遗传组成是不同的，这种遗传多样性使得种群具有遗传可变性，从而保证种群有一定数量的个体能适应自然的选择而得到延续。因此，与无性繁殖相比，有性繁殖在对不同环境的适应方面具有优越性。有性繁殖所产生的种子能够在新的生境定居，新生境的资源可能更丰富，物种间的竞争程度可能低，因而在某些情况下，如母株的死亡率很高，有性繁殖对种群的繁衍具有更为重要的意义（Hartnett，1987）。

由于很多植物的种子具有休眠特性，当环境条件不利时，种子可以保持生活力在对退化生态系统进行恢复时，充分利用原始生境（original habitat）中的种子库可以最大限度地将植被恢复到退化前的水平。一个森林如果没有土壤种子库的话，那么被干扰后的恢复将是非常缓慢的。对于一个种来说，如果存在一个由长命种子构成的土壤种子库，它作为种群的基因库是十分重要的，就相当于保存了一个"进化的记忆"（evolutionary memory）（Johnson，1975）。如果环境受到干扰而种子混合体带到土壤表层，所萌发长成的植物，将是存在时限很不相同的母株的后代，在这些植物之间，通过开花授粉结籽过程所进行的基因交换，将会对种群的遗传变异、对环境的适应和种群的进化产生重要的影响。因此，有性繁殖与植物种群的持久性（persistence of plant populations）、遗传变异和遗传变化（genetic variability and genetic change）等各种生态学现象相联系（Grime and Hillier，1992）。

但是，有性繁殖对植物来说属于高风险的投资。在植物的生活史中，种子与幼苗阶段是最为脆弱、对环境条件要求最高、对外界干扰最为敏感的时期，因此植物在种子阶段的死亡率在其整个的生活史中是最高的。

1.2 胡杨苗库调查

沿河道每隔 100～200m 设置 20m×20m 标准地，对标准地内的乔木进行每木检尺，通过数点法记录标准地的郁闭度，在样地中沿对角线设置 4 个 5m×5m 灌木样方和 4 个 1m×1m 草本样方，调查灌木和草本的高度、盖度，在样地中设置 10 个 2m×2m 胡杨幼苗样方，记录幼苗的起源（实生苗或萌生苗）数量和平均高度，然后将幼苗数量换算为每公顷的数量，即幼苗密度。

在调查过程中每个标准地分别得到幼苗密度、幼苗高度、乔木株数、乔木平均胸径、林分郁闭度、灌木层盖度、灌木层盖度、草本层丰富度、草本层多样性指数等 10 个指标。首先对这些指标进行 Pearson 相关分析，然后利用主成分分析法对这 10 个指标进行分类。为了区分不同样地中胡杨的更新状况，将 47 个样地按照幼苗密度进行分类，分类方法是等级聚合法（hierarchical cluster analysis）。

1.3 结果与分析

在所有 47 块样地中均未发现实生苗的存在，萌生苗只是在一部分样地中没有发生（表 6.1）。

表 6.1 块样地植被指标

样地号	萌生苗数量/个	实生苗数量/个	幼苗密度/(个/hm²)	幼苗高度/cm	乔木株数/株	乔木平均胸径/cm	乔木层盖度	灌木层盖度	草本层盖度	草本层丰富度	草本层多样性指数
1	15	0	37.5	60	45	12	0.86	0.05	0.3	7	1.07
2	4	0	10	70	32	11.6	0.65	0.02	0.34	7	1.12
3	0	0	0	0	44	14.1	0.8	0	0.14	4	1.43
4	35	0	87.5	200	101	6.5	0.9	0.02	0.2	2	0.90
5	0	0	0	0	8	52.7	0.1	0.05	0.02	1	0.09
6	10	0	25	100	78	10.1	0.5	0.01	0.6	5	1.34
7	31	0	77.5	150	17	28.9	0.7	0	0.36	6	1.89
8	55	0	137.5	150	48	12	0.5	0	0.74	5	2.35
9	32	0	80	50	50	3	0.6	0.13	0	0	0
10	24	0	60	160	15	13.9	0.5	0.42	0	0	0
11	47	0	117.5	60	19	15.6	0.6	0.2	0.6	1	0
12	21	0	52.50	70	50	17.8	0.8	0.2	0.24	1	0
13	7	0	17.50	50	32	14.1	0.6	0.05	0.19	3	0.54
14	1	0	2.50	70	9	47.9	0.5	0	0.07	1	0
15	20	0	50.00	70	23	17.2	0.5	0.09	0.52	1	0
16	0	0	0.00	0	46	14.5	0.4	0.06	0.4	1	0
17	0	0	0.00	0	28	28.4	0.9	0.02	0.3	1	0
18	0	0	0.00	0	49	14.7	0.2	0.02	0.05	1	0

续表

样地号	萌生苗数量/个	实生苗数量/个	幼苗密度/(个/hm²)	幼苗高度/cm	乔木株数/株	乔木平均胸径/cm	乔木层盖度	灌木层盖度	草本层盖度	草本层丰富度	草本层多样性指数
19	8	0	20.00	50	7	52.8	0.4	0	0.5	7	1.04
20	5	0	12.50	50	11	46	0.6	0	0.45	1	0
21	0	0	0.00	0	6	43	0.4	0.2	0.2	1	0
22	0	0	0.00	0	34	14.2	0.5	0	0.35	2	0.06
23	30	0	75.00	70	47	13.7	0.9	0.05	0.1	1	0
24	0	0	0.00	0	11	15.5	0.2	0.02	0.7	2	0.4
25	0	0	0.00	0	26	16.3	0.4	0.2	0.7	1	0
26	0	0	0.00	0	16	18.1	0.4	0.1	0.7	1	0
27	37	0	92.50	90	23	13.5	0.1	0	0.6	1	0
28	5	0	12.50	70	18	9.7	0.9	0.2	0.8	6	0.73
29	0	0	0.00	0	37	11.9	0.6	0.1	0.6	7	1.57
30	20	0	50.00	70	53	10.9	0.5	0.1	0.5	3	0.45
31	27	0	67.50	70	25	11.6	0.3	0.14	0.2	2	0.21
32	10	0	25.00	130	5	45.1	0.3	0	0.45	2	0.12
33	10	0	25.00	100	6	32	0.3	0.01	0.45	3	1.1
34	4	0	10.00	130	25	13.4	0.4	0	0.5	2	0.42
35	0	0	0.00	0	10	18.2	0.4	0.15	0.6	4	0.84
36	2	0	5.00	70	35	20.5	0.9	0.01	0.4	1	0
37	0	0	0.00	0	35	13.5	0.8	0.15	0.5	1	0
38	0	0	0.00	0	24	17.9	0.4	0.2	0.6	1	0
39	42	0	105.00	120	74	8.1	0.2	0	0.6	4	0.47
40	21	0	52.50	120	15	21.6	0.3	0.02	0.01	1	0
41	0	0	0.00	0	53	15.8	0.9	0.02	0.12	7	2.12
42	37	0	92.50	180	1	31.8	0.1	0.3	0.52	4	1.33
43	25	0	62.50	150	10	27	0.2	0.05	0.34	3	1.08
44	0	0	0.00	0	2	29.4	0.1	0.02	0.27	8	1.25
45	58	0	145.00	100	47	20.9	0.9	0	0.55	5	1.48
46	52	0	130.00	120	14	16.4	0.3	0	0.14	4	0.74
47	45	0	112.50	130	5	46.7	0.5	0	0.14	5	1.47

幼苗密度和幼苗高度之间具有极显著的正相关性；幼苗高度和草本层的多样性指数之间具有显著的正相关性；乔木株数和乔木平均胸径具有极显著的负相关性，而乔木株数和乔木层的盖度之间则有极显著的正相关性；草本层丰富度和草本层多样性指数之间具有极显著的正相关性；其他因子间的关系则不明显（表 6.2)。

幼苗的密度和其他几个因子之间没有显著的关系，这可能是由于幼苗数量的多少收到许多因素的共同制约，单独某一个因子不能控制胡杨的无性更新状况。

将 47 块样地按照幼苗密度分为三大类：第一大类包含 17 个样地，占总数的 36.1%。这些样地中的胡杨林下没有更新苗的存在，胡杨种群的更新处于完全停滞的状态。第二大类包含 19 个样地，占总数的 40%。样地的幼苗密度为 11～27 个/hm²，更新状况一般。第三大类样地仅包含 11 个样地，仅占总数的 23.4%，这些样地中的幼苗密度为 32～117.5 个/hm²，是 47 块样地中更新状况最好的。

表 6.2　样地各个指标间的 Pearson 相关系数检验

	幼苗密度/(个/hm^2)	幼苗高度/cm	乔木株数/株	乔木平均胸径/cm	郁闭度	灌木层盖度	草本层盖度	草本层丰富度	草本层多样性指数
幼苗密度/(个/hm^2)	1.00	0.703**	0.18	−0.15	0.00	−0.01	−0.01	0.07	1.00
		0.02	0.00	0.23	0.30	0.38	0.97	0.97	0.63
幼苗高度/cm		1.00	0.10	0.00	−0.04	−0.02	−0.05	0.09	0.290*
			0.52	0.99	0.79	0.92	0.75	0.57	0.05
乔木株数/株			1.00	−0.644**	0.457**	−0.18	−0.02	0.04	0.14
				0.00	0.00	0.22	0.88	0.79	0.37
乔木平均胸径/cm				1.00	−0.28	−0.16	−0.18	0.01	−0.02
					0.06	0.28	0.22	0.97	0.90
郁闭度					1.00	−0.02	−0.07	0.12	0.15
						0.90	0.63	0.41	0.31
灌木层盖度						1.00	0.06	−0.28	−0.28
							0.68	0.06	0.06
草本层盖度							1.00	0.19	0.14
								0.20	0.36
草本层丰富度								1.00	0.847**
									0.00
草本层多样性指数									1.00

*　相关系数在 $P=0.05$ 水平上显著（双尾检验）。

**　相关系数在 $P=0.01$ 水平上显著（双尾检验）。

1.4　结论与讨论

利用主成分分析法将表征样地植被信息的 10 个因子简化为 4 个主成分，草本层盖度单独是一个主成分说明草本层是一个独立的因子，受其他因子的制约很小。事实上，在额济纳绿洲，无论是在全光照条件下还是在胡杨密林下，苦豆子在草本层中都占据着绝对优势地位，而且由于苦豆子同时具有无性繁殖和有性繁殖的特性，加之苦豆子种子的寿命很长，所以其他物种很难取而代之。

幼苗高度和草本层的多样性指数之间具有显著的正相关性说明幼苗的长势在草本层多样性指数高的林分内较好。另一方面，在其他草本层多样性指数低的林分中，虽然草本层的盖度较高，但是丰富度很低，往往只有苦豆子一种，在这些样地中胡杨萌生苗则受到抑制。

在第一类样地中没有萌生苗，导致这一现象的原因可能有以下几点：①胡杨生长状况不良，出现枯梢、心腐、生长停滞现象，在这样的林分中，胡杨已经没有能力将一部分能量用于无性繁殖。②草本植物的竞争性抑制作用。在一些样地中有许多死亡的萌生苗，而苦豆子却长势良好，因此笔者推测萌生苗的死亡是苦豆子强大的竞争压力所导致的。

在野外调查中发现胡杨萌生苗多发生在林分边缘，在距林分不远的裸地上有时也有大量萌生苗的存在，虽然这些部位的水分条件较差，而这些部位的光照条件好于林分内部。这说明胡杨在选择萌生苗发生的位置时，光照条件优先于水分条件。胡杨之所以选择这样的地块来作为萌生苗发生的地方，除了胡杨在幼苗时期需要充足的光照之外，避免与其他植物进行竞争可能也是一个重要的原因。

因此可以得出以下结论：在当前条件下，额济纳胡杨的更新主要依赖于无性繁殖，种子繁殖对胡杨种群延续的贡献微乎其微。在调查过程中发现胡杨群落中个体性别的高度一致性，在老树的周围有大量和老树性别一致的幼树，种群个体性别的单一性非常明显。

与种子繁殖相比，无性更新在利用异质性生境、增加种群适合度方面具有优势，虽然每个后代的资源投资较高，产生的无性系分株后代数量也较少，但其存活率比由种子形成的幼苗高得多，无性系还可以减小母株死亡危险。胡杨具有强大的水平根系，萌生苗由水平根的不定芽发育而来，能够在水平方向上迅速扩展，形成近直线形的子代分株链，属于“游击型”生长格局。具有这种生长格局的植物多表现出“觅食”对策，利用间隔子的可塑性选择生境，把分株建立在高质量的生境中，能够有效地利用异质生境中的资源。

但是，与大量的萌生苗相比，胡杨实生苗的数量却极其稀少。这一现象可能意味着胡杨种群的遗传多样性受到威胁，大片无性系胡杨林变异的可能，即在适应环境、选择竞争能力、抵抗疾病和病虫害方面较弱，容易出现一病皆病、一腐皆腐的群体衰退现象。

2　胡杨林更新与生物多样性

一个群落或生态系统的多样性是其组织结构水平的一种反映，并且常常与系统的复杂性和稳定性相联系，通过群落物种多样性指数的测度分析，可以描述群落的编号、观察群落对环境的反应或群落的特性，认识群落的结果和功能，发现控制群落组成和结构的一般规律，了解群落动态的内在机制。

物种多样性指数是生境中物种丰富度及分布均匀性的一个指标，它受生境中生物和非生物的多种因素的综合影响，因而可通过对多样性的研究，揭示物种和环境的、物种间的相互关系，揭示种群和群落的发展变化。在不同地区，不同演替阶段的群落，常具有一定范围的多样性数值。据此，多样性研究结果还可以用于森林经营、森林资源的合理开发利用、资源的评价等方面。

生物多样性在生态系统中具有极其重要的地位，它既是生态系统的关键组成成分和结构表现形式，又是功能正常发挥的保障，也是生态系统存在和演化的动力。生物多样性的丧失和退化必将导致环境的退化，引起生态系统结构和功能的退化，形成退化生态系统。

物种多样性也是植被恢复的重要指标之一，对植被生态功能的恢复具有重要作用。植被恢复过程中受多种因素的影响，土壤条件、水分状况、纬度梯度、海拔梯度以及不同演替阶段等综合环境条件的变化对群落物种多样性都会产生影响。

2.1 研究方法

2.1.1 胡杨群落调查

在额济纳胡杨林自然保护区内选取 50 m×50m 的标准地，记录标准地内乔木的郁闭度、株数、胸径、胡杨根蘖幼株株数、实生幼株株数。根蘖株和实生株分别指在标准地内胸径小于 5cm 的根部萌蘖幼树和由种子发育形成的幼树，这两者不作为胡杨年龄和密度的统计对象。在每块标准地内沿两条对角线作 9 个 10 m×10m 样方，记录样方中每种灌木的数量，作为胡杨林标准地灌木抽样调查结果。在每个灌木样方内沿对角线作 2 个 1 m×1m 样方，记录样方中每种草本的数量，一块标准地共作 18 个草本样方，作为胡杨标准地草本抽样调查数据，所统计的沙枣数量、灌木物种数量和草本物种数量用于每块胡杨标准地的生物多样性指数计算。

根据胡杨胸径与年龄的线性关系，用胸径来确定胡杨年龄，用遮荫度来表示胡杨树冠对林下植物的庇荫程度，即植株冠幅总和与标准地面积比，该比值大于 1 则林冠下植物被遮荫，小于 1 则不遮荫（孙洪祥和姚云峰，2000）。

2.1.2 标准地土壤水分调查

在每块标准地中心挖一个 1m 宽的土壤剖面，深度到挖出地下水为止，记录地下水埋深；在土壤剖面找出一 年生草本、多年生草本和灌木根系的分布范围，并分别在一年生草本、多年生草本、灌木主根层横向用铝盒取 3 个平行土样作为根系土壤含水量分析对象，在没有一年生草本或多年生草本、灌木的标准地内则分别在距地表 5cm、20cm 和 100cm 处取土样（根据胡杨林植物调查经验，一年生草本主根层主要在距地表 5cm 处，多年生草本主根层在距地表 20cm 处，灌木主根层在距地表 100cm 处），铝盒土样用便携式电子天平快速称重，记录后带回住地用烘箱在 105℃烘干 12h，然后称重烘干土样至恒重，土壤含水量 $M_m = (M_W - M_S) / M_S \times 100\%$，式中 M_m 为土壤含水量；M_W 为土样湿重；M_S 为土样干重。

2.1.3 数据处理方法

用 Shannon-Weiner 指数和皮洛均匀度指数（Pielou evenness index）计算不同标准地内胡杨群落的生物多样性指数和均匀度指数。

生物多样性指数：

$$H' = -\sum_{i=1}^{s} P_i \log P_i$$

式中，H'为生物多样性指数，P_i 为属于种 i 的个体 n_i 在全部个体 N 中的比例。

均匀度指数：

$$J = H' / \log_2 S$$

式中，J 为均匀度指数，H'为生物多样性指数，S 为物种种类数。

在计算生物多样性指数和均匀度指数时，样本含量均不包括胡杨个体数量，用 Excel 软件计算生物多样性指数与胡杨年龄、密度、地下水埋深和土壤表层含水量间的相关关系及根蘖株数、实生株数与胡杨年龄、密度间的相关关系。

2.2　结果与分析

2.2.1　胡杨种群更新特征

胡杨林中根蘖株数随胡杨年龄增大而增强，10 年以下的幼龄林中无根蘖现象；根蘖性不仅受年龄限制，同样也受密度限制，随密度的增大而根蘖性减弱，在出现根蘖的幼龄林中和中龄林中，随密度增大，根蘖株数在减少。由于极端环境的胁迫，胡杨在繁殖对策选择上以无性繁殖为主。

胡杨种群随年龄增长其密度呈对数级下降，同龄个体间有强烈的自疏作用，胡杨林发育过程中，不同林分密度与年龄相关，随年龄增大而减小。

林分的密度随年龄的增大而变小（即森林的自然稀疏的过程），这是所有树种和森林的普遍的现象。胡杨林分密度从幼龄的 16 000 株/hm²降到近成熟林的 44 株/hm²，密度随年龄的增长而呈指数级下降，说明胡杨林在发育过程中同龄个体间有明显的自疏现象（图 6.1）。

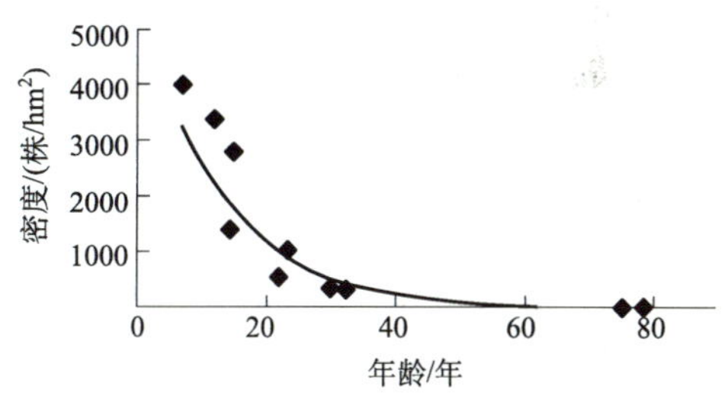

图 6.1　年龄-密度相关性（高润宏等，2005）

胡杨林根蘖株数与胡杨年龄、密度相关，随年龄增大而增加，随密度增大而减少。根蘖株数与年龄呈线性相关，与密度呈对数相关。在根蘖株数与年龄、密度关系图中（图 6.2，图 6.3），根蘖性随胡杨年龄增大而增强，在近熟林中根蘖株数可达 2400 株/hm²，而在 10 年以下的幼龄林中无根蘖现象；根蘖性不仅受年龄限制，同样也受密度限制，随密度的增大而根蘖性减弱，在出现根蘖的幼龄林中和中龄林中，随密度增大，根蘖株数在减少。

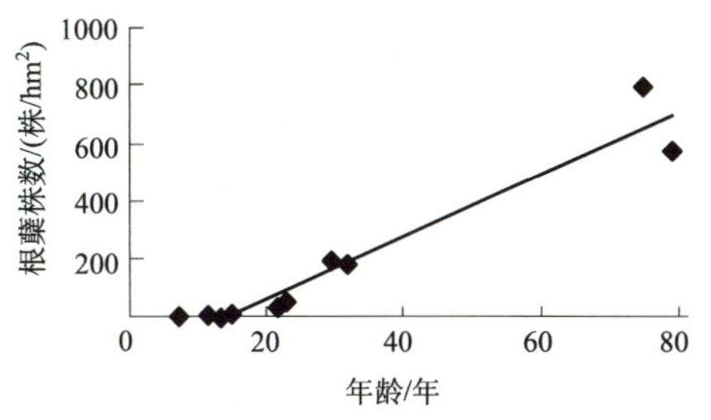

图 6.2　根蘖株数-年龄相关性（高润宏等，2005）

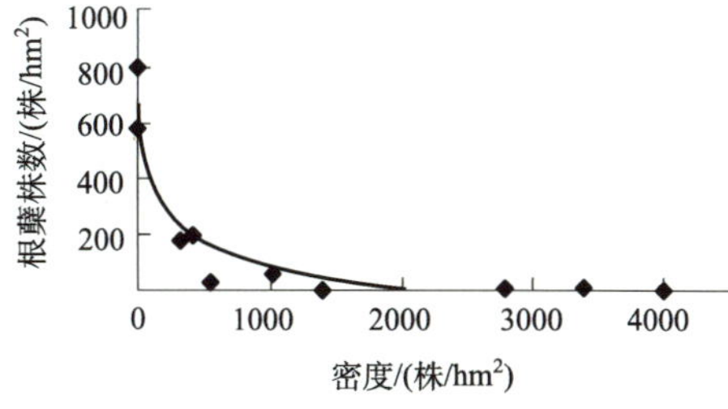

图 6.3　根蘖株数-密度相关性（高润宏等，2005）

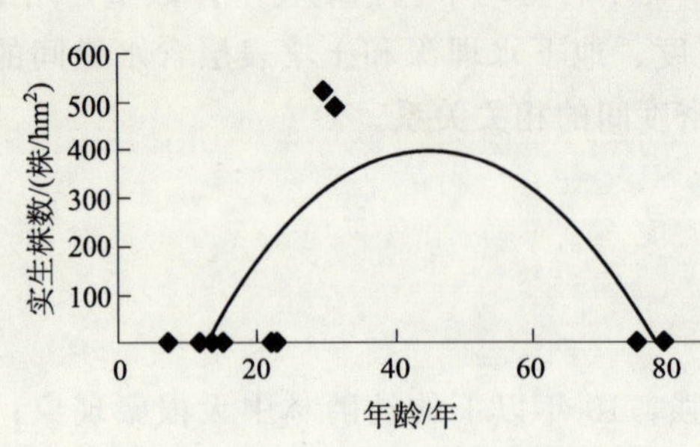

图 6.4 实生株数-年龄相关性（高润宏等，2005）

在实生株数与年龄关系图中（图 6.4），实生株在近成熟林和幼龄林中均没有，只有在中龄林中才有实生株。在幼龄林中胡杨不能产生种子生成实生株，在近成熟林中胡杨能产生种子，但无实生株出现，反映了胡杨在老龄林中不能进行种子更新。实生株数与庇荫度不相关（$r^2=0.036$），表明在胡杨种子更新过程中，庇荫不是胡杨种子更新的限制因子，这说明胡杨种子更新在庇荫程度低的老龄林中受抑制还有其他因素制约着。

2.2.2 胡杨群落演替过程中生物多样性特征

随胡杨林龄增大，均匀度也增大，但物种数量减少，在调查的近成熟林中物种数最少（图 6.5）。不同林分的标准地内，生物多样性指数和均匀度最高的是近成熟林，造成高的原因是林下植物种类虽稀少，但每一物种的数量相当；生物多样性指数和均匀度最低的是幼龄林，造成低的原因是林下植物种虽丰富，达 20 余种，但每一物种的数量相差较大。

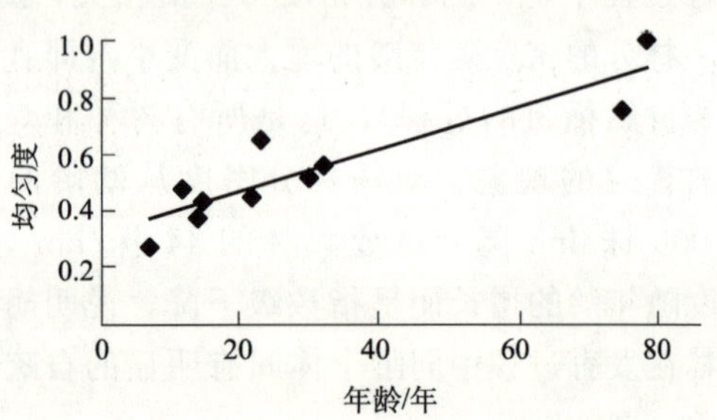

图 6.5 年龄-均匀度相关性（高润宏等，2005）

胡杨林生物多样性指数与胡杨年龄、胡杨密度相关，而与庇荫度不相关。生物多样性指数与年龄呈多项式关系，与密度呈对数关系。在生物多样性指数与年龄和密度关系图中（图 6.6，图 6.7），生物多样性指数随年龄增大而升高，随密度增大而降低，这反映了胡杨在幼龄期与之相伴生的植物种类的不确定性，因而表现在种类较多，数量较大，且个体的数量差异悬殊，但在胡杨近成熟林中物种的数量减少，物种种类下降，表现在生物多样性指数、均匀度增高。因此，胡杨在生长过程中不仅种群密度有自疏作用，对林下植物还有抑制作用。

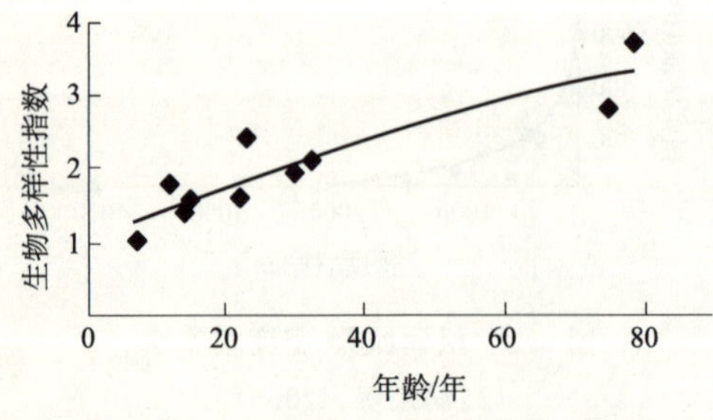

图 6.6 生物多样性指数-年龄相关性（高润宏等，2005）

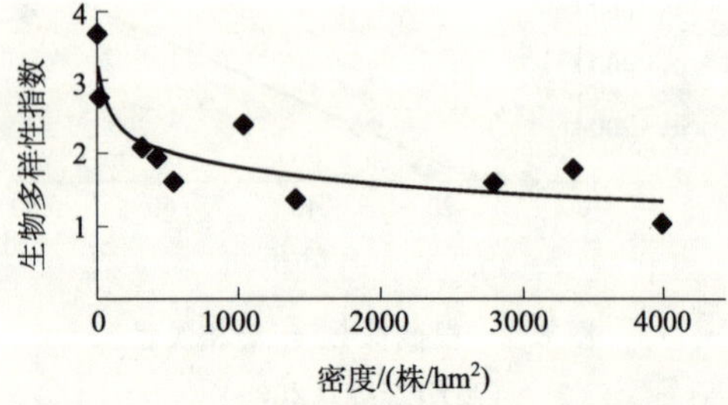

图 6.7 生物多样性指数-胡杨密度相关性（高润宏等，2005）

2.2.3　胡杨林群落演替过程中生物多样性与土壤水分相关性特征

胡杨群落中生物多样性指数和均匀度与地下水埋深和土壤地表含水量不相关，决定胡杨群落生物多样性特征的因素是胡杨种群年龄和密度。对标准地中生物多样性指数与土壤水分的关系作相关分析，结果表明生物多样性指数、均匀度与不同龄级、不同密度下的胡杨土壤水分不相关。

在额济纳绿洲生态环境中水分应是该生境下生长和分布的植物生存的一个关键制约因子，水分状况决定着群落的组成成分和物种数量，但额济纳胡杨林中生物多样性只与胡杨种群特征相关，这说明在发育过程中胡杨群落在生物多样性变化方面有内在的调节机制。

2.3　讨论

繁殖是生物延续种族最基本的行为和过程，它不仅是种群形成、发展和进化的核心问题，也是生物群落和生态系统演替的基础（王洪义等，2005）。同时具有无性繁殖与有性繁殖能力的植物被称为克隆植物。在自然界中，克隆植物在有性繁殖与无性繁殖之间的选择受到生物因素与非生物因素的综合影响，克隆植物的无性繁殖特性使得个体在空间与资源利用，逃避环境风险等方面有着明显的优势。植物繁殖过程是营养积累和内源激素的再分配过程，有性繁殖在营养生长到一定阶段才能进行开花、结实，同样无性繁殖也需要一定的营养生长才能进行（高润宏等，2005）。幼龄的胡杨（10 年以下）植株无根蘖，说明在 10 年的幼龄胡杨中营养积累和内激素分配主要促进根的伸长生长，10 年后随营养积累，内激素调节表现为根的分裂生长，出现根蘖性，随年龄增长，这种分裂性增强，根蘖性也随之加强。

据调查结果分析后发现，胡杨的中龄林具有最大的潜在根蘖繁殖能力，因此中龄胡杨种群在胡杨更新中起到了关键的作用，需要加强对中龄胡杨的保护来为维持胡杨的更新，提高种群的生存力。

随胡杨年龄增长，种群间自疏作用加强，对其他物种、同种的不同个体的抑制作用也同样加强，而水分和庇荫两个关键因子并不是胡杨群落中生物多样性和实生株的制约因子，那么导致老龄胡杨林中其他物种种类、个体数量减少的原因应是胡杨强烈的他感作用。植物的他感作用（allelopathy）对种子发芽及幼苗建成有不同程度的影响（Chou，1987）。胡杨对实生株和其他物种的抑制作用可认为胡杨随年龄增长，存在有自毒和他毒作用，对胡杨种子更新有自毒作用、对其他植物的种子更新有他毒作用。所以胡杨实生株和其他植物的实生株随胡杨年龄增长而减少，而与母株形体相连的根蘖却与母株一样具有抗性，表现很强的生活力，随母株年龄增长而增强。是否存在着他感作用，有待进一步实验证明。

一个假说：荒漠中建群植物个体繁殖的最大收益结果将导致群落演替出现间断现象。胡杨个体在同龄林中由于竞争而自疏，并通过自毒和他毒作用抑制同种个体和异种个体的定居，但胡杨具有根蘖的无性繁殖方式，这种方式随年龄增长而加强，这就是说胡杨通过他感作用抑制和排斥同种或异种的同时，却以无性繁殖方式迅速占据母株周围的新生境，与母株形体相连的根蘖克隆分株有助于母株增强空间扩展能力（董鸣，1996），母株和分株间通过资源共享（Prach and Pysek，1994）最大限度地利用异质性资源，降低母株的死亡风险（Prach and Pysek，1994），提高整个无性系的存活力，母株和分株形成强大的构件生物体更进一步通过他感作用排斥其他种子更新，导致胡杨群落的纯化，这种纯化可认为是胡杨他感作用达到极点，随这些个体的衰退和死亡，这种抑制作用并未被解除，那么其他物种很难侵入和定居，出现植被不连续的更替，即演替间断（高润宏等，2005）。

胡杨有两种繁殖方式：种子繁殖和根蘖的无性繁殖。在老龄林中，胡杨抑制有性繁殖，采取无性繁殖方式是因为有性繁殖一方面耗费母株的营养积累，实生株死亡风险高，且种子来源不一定是该母株的后代；另一方面，种子可通过传播、扩散等方式侵入新的领地，并在新的环境中定居。所以，胡杨严酷的逆境下充分利用生境资源（母株生境中根蘖无性系更新）和异质资源（种子新定居环境）去实现繁殖的最大收益，正是这种最大收益性导致了胡杨对群落生物多样性的纯化行为，这一现象正反映了植物在适应环境胁迫时所具有的自私性。

无性繁殖在极端环境胁迫下所表现出与亲本生存和保存方面相对于种子更具有优势，表现为：

（1）由形体相连的无性系克隆体所形成母株与分株间基因的相同性远大于种子开成的实生苗，从遗传角度讲，在极端环境胁迫下，无性系分株由于基因的相同性而易被母体所识别，从而促进母株对分株的保护性，而种子繁殖形成的分株，由于存在着50％异体基因，同时又在繁殖过程中存在着种子脱离母体而进行独立更新的过程，母体对之的识别能力相对于其克隆分株将减少50％。

（2）由于无性繁殖中母株与克隆分株间具有间隔物相连，对整个无性系在母株与分株间、分株与分株间具有资源共享格局的存在，其死亡风险被大为降低，而对实生苗其被母体识别的程度远低于克隆株，在资源利用方面与母株相比处于劣势，则在极端环境胁迫下在胡杨种群内不可能有种子更新。所以，要实现胡杨的种子更新，只有在新的生境中才能实现。这样根据上述观点得出如下结论：在胡杨林内要实现其种群更新，则要进行以无性繁殖为主的更新方式；在胡杨林外，适宜胡杨种子萌发的生境中进行有性繁殖为主的胡杨林重建工作。

参考文献

董鸣．1996．植物对异质性资源的响应：觅食行为．植物学报，38（10）：828-835

董鸣．1996．植物在异质性生境的克隆生长习性：风险分摊．植物生态学报，20（6）：543-548

高润宏，董智，张昊等．2005．额济纳绿洲胡杨林更新及群落生物多样性动态．生态学报，25（5）：1019-1025

龚家栋．1998．黑河下游额济纳绿洲环境退化及综合治理．中国沙漠，18（1）：44-50

季方，马英杰，樊自立．2001．塔里木河冲积平原胡杨林的水分状况研究．植物生态学报，25（1）：17-21

康向阳．1997．甘肃胡杨恢复发展的限制因子及对策．中国沙漠，17（1）：53-57

李笑春．1998．额济纳绿洲环境变迁与生态危机及其可持续发展对策．中国草地，4：73-76

刘洪贵，李德平，吕金虎等．1999．额济纳旗人工绿洲生态建设试验研究．中国沙漠，19（2）：160-164

马越强．1998．酚酸对杉木种子库生长的影响．应用生态学报，9（2）：128-132

孙洪祥，姚云峰 . 2000. 额济纳胡杨林更新复壮技术研究 . 干旱区资源与环境，14（5）：70-73

孙雪新，康向阳 . 1993. 胡杨研究现状及发展建设 . 世界林业研究，4：10-13

汤奇成 . 1995. 绿洲的发展与水资源的合理利用 . 干旱区资源与环境，9（3）：107-111

陶黎，张树礼 . 1999. 额济纳生态环境演变的研究 . 农村生态环境，15（3）：17-19

王根绪，程国栋 . 1999. 黑河流域土地荒漠化及其变化趋势 . 中国沙漠，19（4）：268-273

王根绪，程国栋 . 2000. 干旱荒漠绿洲景观空间格局及其受水资源条件的影响分析 . 生态学报，30（3）：363-368

王洪义，王正文，李凌浩等 . 2005. 不同生境中克隆植物的繁殖倾向 . 生态学杂志，24（6）：670-676

杨松德，李加水 . 2000. 额济纳绿洲今何在？——兴建正义峡水库抢救额济纳绿洲，北方经济，4：17-18

Chou C H. 1987. The selective allelopathic interaction of a pasture forest intercropping in Taiwan. Plant and Soil，98：31-41

Cook R E. 1983. Clonal plant population. American Scientist，71：244-253

de Kroon H，van Groenendael J. 1997. The ecology and evolution of clonal plants. Leiden：Backhuys Publishers

Gardner S N，Mangel M. 1999. Modeling investments in seeds，clonal offspring，and translocation in a clonal plant. Ecology，80：1202-1220

Grime J P，Hillier S H. 1992. The contribution of seedling regeneration to the structure and dynamics of plant communities and large runits of landscape. *In*：Fenner，M. Seeds-the ecology of regeneration in plant communities. Wallingford：C A BInternational. 349-364

Hartnett D C. 1987. Effects of fire on clonal growth and dynamics of *Pityopsis graminifolia*（Asteraceae）. American Journal of Botany，74：1737-1743

Huffman D W，Tappeiner J C. 1997. Clonal expansion and seedling recruitment of Oregon grape（*Berberis nervosa*）in Douglas-fir（*Pseudotsuga menziesii*）forests：comparisons with salal（*Gaultheria shallon*）. Canadian Journal For Research，27：1788-1793

Johnson E A. 1975. Burried seed populations in the subarctic forest east of Great Slave Lake，Northwest Territories. Canadian Journal of Botany，53：2933-2941

Mogie M，Hutchings M J. 1990. Phylogeny，ontogeny and clonal growth in vascular palnts. *In*：van Groenendael J，de Kroon H. Clonal growth in plants：regulation and function. Hague，the Netherlands：SPB Academic Publishing，3-22

Prach K，Pysek P. 1994. Clonal plant-what is their role in succession. Folia Geopet Phytotax，Praha，29：307-320

Svenning J-C. 2000. Growth strategies of clonal palms（Arecaceae）in a neotropical rainforest，Yasuni，Ecuador. Australian Journal of Botany，48：167-178

Tappeiner J C，Alaback P B. 1989. Early establishment and vegetative growth of understory species in the western hemlock - sitka spruce forests of southeast Alaska. Canadian Journal of Botany，67：318-326

van Groenendael J M，Klimes L，Klimesova J，et al. 1997. Comparative ecology of clonal plants. *In*：Silvertown J，Franco M，Harper J L. Plant life histories：ecology，phylogeny and evolution. Cambridge：Cambridge University Press，191-209

Weiner J，Thomas S C. 1986. Size variability and compensation in plant monocultures. Oikos，47：211-222

Weiner J，Whigham D F. 1988. Size variability and self-thinning in wild-rice（Zizaniaaquatica）. American Journal of Botany，75：445-448

第7章 酚类次生代谢物研究

酚类物质在植物中广泛存在，是一类结构复杂、多组分的次生代谢物质。多酚和黄酮是其中最重要的两类物质。植物体内的多酚（polyphenol）也称单宁（tannin）是一类复杂的酚类次生代谢物，具有多元酚结构。在植物次生代谢物质中，植物多酚的生态防御作用最重要，它是植物体内最普遍存在的次生代谢物质和唯一的分子防御物质(Appel，1993)。多酚化合物普遍存在于植物界（Hattenschwiler et al.，2003；Iaconelli and Simen，2002；Strauss and Gibson，2004)，含多酚较多的常见植物超过800种，已知的多酚也有5000多种，在某些针叶树皮中多酚含量达20%～40%，低等植物苔藓、藻类、地衣不含或含极少的单宁等植物次生物质，在蕨类植物中少数种含有单宁，种子植物含有丰富的单宁。表明进化程度较高的植物才含有了大量的酚类物质，Swain认为植物的进化程度越高，其体内含有酚类物质越多、结构越复杂，所发挥的功能也越多。尽管酚类物质在植物体内普遍存在并且关系到植物的进化过程，但对于植物的初级生产却没有直接作用，而是作为一类重要的生态防御物质存在，在各种极端环境下发挥特殊的生态作用。

1 植物酚类物质的研究状况

酚类物质（phenolic compounds）在植物中广泛存在（Harborne，1994；Waterman and Moles，1994)。酚类物质包括一个芳香环、一个或多个羟基和其他部分。其重要类别有植物多酚（包括简单酚、水解单宁和缩合单宁)、黄酮类化合物（flavonoids)、苯醌（benzoquinones)、萘醌（naththoquinones）和木质素（lignin)。多酚和黄酮是两类研究最多的酚类次生代谢物质。由于其特殊的化学结构导致其具有独特的生理活性和生态学意义，两类物质在植物药用、食品、石油化工等领域也有广泛的应用。因此，本研究选择测定胡杨中的多酚和黄酮来探讨酚类次生代谢物质在其适应环境的作用。

1.1 植物多酚的化学结构和分类

最初人们将植物中所含多酚类化合物称为植物单宁（vegetable tannins)，主要应用于鞣制皮革。White和Bate-Smith定义植物单宁是指分子质量在500～3000范围内的具有鞣性的多元酚。随着研究的深入，对这类化合物的认识也越来越深刻。1981年，Haslam提出了植物多酚（plant polyphenols）这一术语，它包括单宁及相关化合物(如单宁的前体化合物和单宁的聚合物)。这一名称能更全面地概括这类天然产物的特点。由于单宁一词已经为许多学科领域的学者所惯用，常常成为植物中多酚类物质的代名词。

Frendenberg按照单宁的化学结构特征将其分为水解单宁（hydrolysable tannins)

和缩合单宁（condensed tannins）两大类。Haslam 相对应地将植物多酚分为聚焙酸酯类（含水解单宁及其相关化合物）和聚黄烷醇类（含缩合单宁及其相关化合物）两大基本类型。水解单宁主要是焙酸及其衍生物与多元醇以酯键或甙键形成，可细分为焙单宁和鞣花单宁两类。缩合单宁主要是羟基黄烷醇类单体的缩合物，单体间以 C—C 键相连。水解单宁和缩合单宁在构成单元骨架上完全不同，由此造成它们在化学性质、应用范围上的显著差异，但是它们在分子结构上仍具有某些共性：①酚羟基数目众多，以邻位酚羟基（连苯三酚、邻苯二酚）最为典型；②分子质量较大，且分布较宽。

1.2　植物多酚的化学性质和生物活性

植物单宁分子的每个结构单元都是由多环芳烃核和活性官能团组成，其活性官能团包括酚羟基、羟基、羧基等。其构成单元骨架的类型不同，性质和应用范围也有显著的差异。由于它们的分子结构中酚羟基数目众多，分子质量大、分布较宽，赋予了单宁独特的生理活性和化学特性。多酚类物质能与蛋白质、生物碱、多糖结合，使其物理化学行为发生变化；能与多种金属离子发生络合作用和静电吸附作用；具有还原性和清除自由基能力；具有两亲性结构和诸多衍生化反应活性等（石碧和狄莹，2000）。植物多酚的化学性质决定了其生物学活性。综合起来，植物多酚的生物学活性主要有以下几点：

（1）植物多酚对酶和微生物的作用。植物多酚能与蛋白质发生反应，多酚是植物体内含量最多分布最广泛的次生代谢物质，而蛋白质是生命最重要的大分子物质，所以两者之间的反应是植物多酚最具特征性的生物学活性。植物多酚是多种酶促反应有效的抑制剂，影响草食动物对含多酚的植物器官的取食和消化，因为作为生物催化剂的酶其化学本质是蛋白质，酶的底物也是蛋白质，所以蛋白质和单宁的结合是单宁对酶促反应抑制的主要原因。此外，多酚跟多种起激活酶作用的金属离子如 Mg^{2+}、Zn^{2+}、Mn^{2+} 发生络合作用，也是抑制酶促反应的原因。多酚能与蛋白结合的性质又称为涩性或收敛性，植物多酚的涩性使植物免于受到动物的噬食和微生物的侵蚀。植物多酚对微生物具有广谱抗性，对动物体内和其他环境中多种微生物的生长都能产生明显的抑制作用。

（2）植物多酚的抗氧化和清除自由基能力。酚羟基的还原性是酚类化合物的共性之一，多酚分子中的多个酚羟基可以作为 H 供体，具有很强的自由基清除能力，可以消除生物生命过程产生的各种氧自由基和活性氧（ROS）和其他自由基如 *N*,*N*-二苯基三硝基苯肼（DPPH）。此外，多酚还可以抑制氧化酶，络合对氧化反应起催化作用的金属离子。多酚清除自由基的机理在于多酚作为 H 供体夺取过氧化过程产生的自由基，产生的多酚自由基相对更加稳定，这些多酚自由基可以发生偶合，形成聚合的多酚分子，从而中断自由基链式反应。由于自由基的存在是导致生命活动异常，引发疾病导致生命死亡的重要原因，多酚作为一种天然的抗氧化物质受到人们的广泛关注。实际上，从茶叶提取的茶多酚已经得到广泛的应用。

（3）植物多酚的紫外吸收特征。植物多酚分子中所含的苯环结构在紫外光区有很强的吸收能力。植物体内的多酚可以将强紫外辐射转化为危害较少的辐射，起到“紫外光过滤器”的作用，保护植物免受紫外辐射的伤害，这对长期生长在紫外辐射强烈的地区的植物具有重要的意义。生长在热带、干旱地区的植物表皮中往往含有较高的多酚物质，这跟多酚对紫外线的吸收是密切相关的。

总的说来，正是由于植物多酚的化学结构，决定了其生物活性，而多酚独特的生物活性是我们研究植物多酚的生态意义的理论基础和基本出发点。

1.3 植物多酚的生态意义

由于植物多酚特殊的生物学活性，植物多酚的生态意义很早就受到人们的重视。20世纪60年代，一些学者发现植物多酚具有降低消化酶活性及沉降蛋白质的作用（Bernays et al.，1989)，从此有关植物多酚与草食动物之间关系的研究大量兴起。近年来生态学家把目光更多的投向了植物多酚在植物养分循环中的作用，植物多酚作为一种生态防御物质在抵御植物体内和体外不利环境条件所起的重要作用也得到了充分的重视。

1.3.1 植物多酚是重要的次生化学防御物质

在植物次生代谢物质中，植物多酚的生态防御作用最重要，它是植物体内最普遍存在的次生代谢物质和唯一的分子水平上的防御物质（Appel，1993)。植物多酚的研究对于揭示植物的化学防御和微生物、植食动物的协同进化机制具有重要的意义。

植物多酚是植物合成的用以抵御植食者的一大类化学防御物质，有阻食及毒害两方面的作用。多酚被认为是一种阻碍植食动物取食的基本物质，多酚的收敛性即涩性可以减少植食者的取食；多酚具有抗营养性，与食物中的蛋白质结合降低其营养价值，与植食者消化道内消化酶结合降低其消化能力，可以导致植食者的营养不良（Butler，1982；Muir et al.，1999)；多酚影响植食者的繁殖，植物中含有的阿魏酸具有抑制草甸田鼠繁殖的作用（李俊年和刘季科，2000)。植物多酚在抗病虫害方面的作用是很明显的。研究发现植物在受到有害攻击和遭受病虫害袭击时能够在体内迅速累积多酚类次生代谢物质（Chappell and Hahlbrock，1984)。周嘉熹等通过对87种常见绿化树的研究发现，单宁含量高的树种对天牛抗性较高（周嘉熹等，1996)。Claudia等用两种多酚含量不同的水生植物饲养同种取食它们的动物，发现多酚含量高的植物对动物的生长具有明显的抑制作用（Claudia et al.，2002)。棉花单宁-黄酮类化合物对棉花多种病虫害具有抑制作用（武予清和郭予元，2001)。植物体内多酚类次生代谢物质含量跟植物受到的病虫害侵害程度和植食动物取食水平有显著的正相关性（Myster，2002)。

Walenciak认为虽然植物多酚的存在抑制了取食它们的动物的生长，但是其对微生物的抗性也可以保护植食动物免受有害细菌和真菌的侵染，显示了其对动物的双重生物学效应（Walenciak et al.，2002)。

1.3.2 植物多酚的抗逆境作用

根据自由基生物学理论，高温干旱和强烈辐射等逆境条件下，植物产生大量活性氧物质和自由基，导致植物伤害甚至死亡（方允中和郑荣梁，2002)。这意味着处于逆境中的植物体必须有很强的清除活性氧和自由基的能力，植物多酚一方面通过还原反应降低植物内环境中的氧含量，另一方面则是通过作为氢供体释放出氢与植物体内的自由基结合，中止自由基引发的连锁反应，从而阻止氧化过程的继续进行（Chuang et al.，

1995；Salah et al.，1995）。Labiennie等、Sakihama等研究表明，大多数植物基本能合成多酚类物质。然而，植物体内多酚物质是受生物和非生物胁迫如紫外线辐照、高光、低温、创伤、营养不良、病原体侵袭等诱导产生的，用以适应外界环境（Labiennie et al.，2003）。Rozema等的研究表明，随着环境光照强度的升高，除了叶片厚度的增加外，植物体内多酚等能吸收紫外光线次生代谢物质的含量也逐渐增加（Rozema et al.，1997）。可以认为植物体内多酚物质的增加是对环境光照增强的一种生物学适应性响应（Dudt and Shure，1994；Iason and Hester，1993；Saleem et al.，2001）。

多酚有防暑御寒的作用，热带比温带多酚植物种类多，多酚含量也高，多酚能够吸收紫外线，降低了紫外辐射对植物的伤害，保护植物不受光热的损害。在温带，植物皮、叶等组织中多酚含量也较高，其在帮助枝叶免受冻害发挥了重要作用。生长在高寒荒漠地带的锦鸡儿（caragana）比森林和草原中的锦鸡儿的单宁含量要高得多，这与其生长环境的干旱寒冷有关（常朝阳和张明理，1997）。而在强酸、贫瘠的土壤条件下，植物体内及其枯枝落叶也常含有很高的多酚类物质（Bruijnzeel et al.，1993；Kapos and Tanner，1985）。Hattenschwiler等测定了夏威夷热带森林中树木叶和根的凋落物的植物多酚浓度变化，发现植物体内多酚浓度随土壤肥力下降而增加（Hattenschwiler and Vitousek，2000）。Yu等发现生长在酸性而又贫瘠土壤上的植物群落矮小且体内含有大量的植物多酚（Yu et al.，1999）。这些研究结果表明植物多酚为这些植物适应酸性贫瘠的土壤环境起到了有益的作用，如减少养分流失、除去铝毒害、提高磷的有效性、调节氮循环等。可以认为植物多酚在植物与环境的协同演化中扮演了重要角色，即植物多酚减少了养分流失使植物周围环境中的养分保持在较高水平。

1.3.3　植物多酚在森林生态系统养分循环中的重要作用

植物多酚对森林生态系统的影响，首先体现在其对养分循环的作用上（Tamara et al.，2003），凋落物分解和养分释放决定于凋落物的质量，通过土壤环境和土壤微生物的共同作用来进行（Swift et al.，1979）。多酚影响养分循环途径可能有如下几条：

（1）影响凋落物的分解。凋落物中的单宁就是一种难以分解的聚合物，凋落物中高单宁含量通常会降低凋落物分解速度，通常认为植物凋落物中的C/N比是用于判断凋落物分解和N矿质化速度最好的指标（Frankenberger and Abdelmagid，1985）。然而，最近的一些研究结果表明凋落物中多酚含量是更好的预测凋落物分解速度的指标，多酚含量越高，凋落物分解越慢（Campbell and Fuchshuber，1995；Constantinides and Fownes，1994；Driebe and Whitham，2000）。N和多酚含量较高的植物叶片，在其分解的最初阶段，其N矿质化速度与“总酚∶N”的比率成负相关性（Oglesby and Fownes，1992；Plam and Sanchez，1991），但是从整个分解过程来看，用“(总酚＋木质素）∶N”来表征更加确切（Constantinides and Fownes，1994；Tian et al.，1992）。Handayanto等发现N的矿质化速率和凋落物的蛋白质沉积能力有很大的关系，而凋落物的蛋白质沉积能力是由凋落物中的单宁含量决定的，可以作为表征单宁生物活性的重要指标（Handayanto et al.，1997）。植物凋落物中难以分解的部分通常含有较高的多酚和木质素，但是也发现有些凋落物即使含较高的多酚物质，如果其多酚沉积蛋白质能力较低，凋落物分解也快，因此利用多酚含量结合其多蛋白质沉积的能力来预测凋落物的分解速率更加合理和准确（Mafongoya et al.，1998）。

（2）影响植物对 N 的利用和 N 循环。单宁与蛋白质结合形成的单宁-蛋白质聚合物难以分解，除了一些能合成多酚氧化酶的微生物和能直接利用大分子中的 N 的蠕虫外，它对大多数土壤微生物都具有抗性。研究发现一些叶片中单宁-蛋白质聚合物含量可以达到干重的20%以上（Stevenson，1994），游离的单宁进入土壤后还能和微生物分泌的酶类结合，形成更多的单宁-蛋白质聚合物，因此单宁固定的 N 是很多的，起降低土壤中 N 的循环速率的作用，可能会导致生态系统养分动态平衡受到 N 的限制。然而 Plam（1995）认为低质量的有机物（N 含量低，单宁和木质素含量高）输入生态系统中，降低了营养元素释放甚至固定它们的能力，使得养分释放和植物的需求可能达到一种动态平衡，有利于植物的生长。Northup 等也发现松树凋落物中较高水平的多酚含量不仅阻碍 N 的矿质化而且增加了凋落物可溶性有机氮素（DON）的含量，受到 N 强烈限制的生态系统中，可溶性有机氮的增加会提高生态系统 N 的利用水平（Northup et al.，1995，1998）。因此，多酚虽然会降低土壤 N 循环速率，但是其对于不同生态系统的利弊不一，这方面还值得进一步的研究。

（3）对其他养分和土壤微生物的作用。植物多酚对养分循环的影响不仅显著地体现在 N 循环上，其也能影响其他养分在土壤中的分布和存在形式。多酚可以和 P、K、Fe 等营养元素形成络合物，这些络合物的形成降低了土壤中可溶性阳离子浓度和生物活性，影响根系与养分的接触和吸收（Tiarks et al.，1989）。另外，多酚跟 Al 的结合可以降低 Al 毒作用（Northup et al.，1998）。植物多酚可以影响土壤微生物的种类和其在土壤中的活动强度。多酚覆被一些化合物如纤维素等使其不易受到微生物的侵袭，直接毒害土壤微生物和降低它们的酶的活性，限制其在土壤养分循环中的作用。

1.4 黄酮的化学结构和生物活性

黄酮是色原烷或色原酮的衍生物，以 C6-C3-C6 为基本骨架。根据中间吡喃环的不同氧化水平和两侧 A、B 环上的各种取代基，将黄酮分为以下几种强类型：黄酮类、黄酮醇类、异黄酮类、黄烷酮类、查耳酮、异黄烷酮和双黄酮类等（陈俊杰和李裕林，1994；李勇等，2001；张鞍灵等，2000）。在天然植物中，绝大多数黄酮类化合物以苷的形式存在，少数以游离形式存在（叶文峰，2000）。

黄酮的生理功能多种多样。不同的黄酮类化合物具有不同的生物活性，主要的生理活性有：维生素 P 样作用、抗菌、抑制癌细胞的生长、解痉挛、降低血压或女性激素样、抑制胆碱酯酶、扩张冠状动脉等作用（叶文峰等，2000）。此外，还有大量研究表明，黄酮类化合物有降血脂、止血镇咳祛痰、降低血管脆性、抑制血小板聚集等多种药理作用。正是黄酮类化合物的上述生物活性引起了人们的广泛重视。

黄酮作为一类酚类次生代谢物质，具有与植物多酚相类似的性质和作用。研究表明，黄酮具有抗紫外辐射（汪海峰等，2002；孙视等，1998）、清除自由基和活性氧物质（张英和吴晓琴，1998）等作用。

1.5　植物多酚和黄酮的定性定量方法

酚类物质在植物体生长和生态系统中的重要意义已经得到生态领域研究人员的充分重视，但是在现阶段的生态学研究中酚类物质的定性定量遇到了两大困难：①酚类物质是一些复杂的聚合物，构成酚类的基本功能基团的多样性、酚羟基的位置和数目的不同、取代基团的结构和取代位置的多样性、C－C 链的长度不一等，使得多酚的结构异常复杂，难以用简单的一种或几种方法来定量，鉴定酚类物质的结构也十分困难；②植物体内酚类物质含量和种类变化多端，不同植物、同种植物的不同生长阶段和部位酚类的含量和种类各不相同，同时植物周围环境因素也有强烈影响。一些研究人员在分析植物样品中选择了不合适的酚类物质定性定量分析方法，导致了对其生态和生理意义的错误的结论。因此，充分了解植物多酚和黄酮的定性定量方法是本研究的基本前提。以下总结了样品的前期准备方法及众多测定多酚和黄酮含量的方法的原理和优缺点。

1.5.1　样品处理方法

现阶段普遍采用的样品干燥方法包括空气干燥法、微波干燥法、液氮冷冻法。样品从植物采集下来以后，由于脱离母体，其细胞的生理状况变化会影响多酚的含量和组成（Waterman and Mole，1994）。因此，提取新鲜的植物样品或者采集后迅速用液氮冷冻干燥是比较科学的。但是在生态学研究中需要采集的样品数多，野外条件下仪器的限制使得这样的方法的可操作性低，很难达到理想的条件（Salminen，2003）。所以具体到生态学研究上来说，选择一种可操作性强，样品处理过程严格一致，保证测定结果的可比较性是选择样品处理方法的基本准则。此外，样品需要在提取前进行粉碎，合理的粒径大小也是一个必须注意的问题。通常较细的粉末有利于提取，但是过细时提取量反而减少，这是因为粉碎时间过长，酚类物质已经氧化变质，所以需要根据植物种类的不同来确定合适的粒径大小。

1.5.2　提取方法的选择

提取方法是否科学是影响测定植物样品中多酚和黄酮含量的重要原因。常用的方法是用丙酮或甲醇的水溶液在恒温水浴下提取，根据不同的植物种类，需要摸索合适的提取条件，根据多酚的得率、回收率来评价确定合适的提取溶剂、提取溶剂浓度、提取温度、提取时间。同时应该考虑所采用的方法不能对样品中多酚和黄酮的分子结构有影响。例如，提取时间不能过长，提取温度应该控制在 50℃以下，否则有可能导致其化学成分被氧化导致测定结果误差较大。虽然如此，仍然有相当一部分的酚类物质不能被提取出来，根据植物种类的不同，不能提取的部分大概在 5%～50%之间变动（Makkar and Singh，1991；Matthews et al.，1997；Preston，1999）。

1.5.3　标准物的选择

在多酚和黄酮的定性定量中，选择合适的标准物是件不容忽视的事情，测定结果的可信性以及测定结果的准确解释也往往决定于所选取的标准物。用于植物酚类物质定量的标准物主要有两大类：①绝对的标准品，即从所研究的植物中分离提纯的标准品。许多研究者认为用所研究样品的提纯物为标准物质比较科学，但是分离提纯样品费时费力，技术要求较高，当需要测定大批量的样品中的酚类物质含量时，这种方法的可行性不强。②相对标准品，研究者经常选择单宁酸、市售的水解单宁和缩合单宁作为标准物，选择这些标准品做标准曲线简单易行，所需费用也低，但是这些标准物的制备，即使是含量相同的同种单宁，提取它们的源植物也不一样（Harinder and Akkar，2003），因此利用相对标准品测定的方法，解释结果的时候要特别小心，必须考虑到这种方法的局限性。

1.5.4 植物多酚的测定方法

一般来说，根据不同的研究目的，有以下几类方法可以选择，不同的方法有各自的优缺点：

(1) 化学还原法：总酚测定一般采用福林酚法［包括 Folin-Denis 法 F-D、Folin-Ciocalteus 法 F-C（F-C 法是 F-D 法的改进方法，在反应体系加入 Li 盐，克服了 F-D 法不稳定的缺点）和普鲁士蓝法（P-B 法）（Price et al.，1978)］，其原理是应用酚羟基的还原性，酚羟基数目与氧化试剂所形成的有色化学物质的量在一定范围内成线性，因此必须注意到这种方法并不能区分样品中多酚和其他易氧化物质，同时也不能区分单宁和非单宁类多酚（Pederson，1979)。比较福林酚法和 P-B 法，蛋白质和游离氨基酸的存在会明显地干扰前者，因此在分析含蛋白含量比较高的样品时，选择 P-B 法比较理想，但是福林酚法比 P-B 法稳定，P-B 法比福林酚法对反应时间更为敏感，反应时间如果控制不恰当，结果误差较大。

(2) 离子沉降法：利用多酚取代基能与一些金属离子（Fe、Cu 等）络合成有色螯合物的性质，可以用离子沉降的方法来对多酚定量。这种方法可以克服植物样品中蛋白质和还原性物质的干扰，但是这种方法线性范围难以控制，不同的样品中的多酚线性范围有很大不同。

(3) 特定功能基团分析法：这种方法用来对一些特殊分子结构定性和定量，缩合单宁（大部分等同于原花色素，proanthocyanidins）的定量通用的是正丁醇盐酸法和香草醛盐酸法。正丁醇盐酸法的原理是利用原花色素在热酸的作用下能水解产生红色物质花色素。这种方法生成的有色物质比较稳定，在暗处保存几天都不会变色。Porter 等给出了正丁醇盐酸法最合适的反应条件（Porter et al.，1986)。香草醛盐酸法的原理在于原花色素（5,7-OH A 环型）与香草醛-盐酸产生红色物质。必须注意到，当用丙酮和水混合液提取时，丙酮可以跟香草醛反应生成色素，对香草醛盐酸法有干扰，因此用甲醇提取更为合适。两类方法均采用分光光度法测定，可以在水解多酚和其他酚类共存的情况下选择性测定缩合单宁。正丁醇盐酸法比香草醛盐酸法简单可靠，专一性更强，可重复性也更高（Harinder and Akkar，2003)，但是正丁醇盐酸法受多酚分子结构影响太大，因此在缩合单宁含量低的样品测定中最好用香草醛盐酸法（石碧和狄莹，2000)。香草醛盐酸法（仅终端单元跟缩合单宁反应生成有色物质）和正丁醇盐酸法（仅扩展单元跟缩合单宁反应生成有色物质）两者的产率结合起来分析可以确定缩合单宁的聚合度，这种方法适合于化学结构相似的单宁之间的比较，因此已经用于研究植物在不同生长阶段缩合单宁量的变化（Butler，1982；Harinder and Akkar，2003）。

（4）蛋白质沉降法：蛋白质沉降法不仅能测定多酚含量还能测定单宁的生物学活性，但是在解释结果时候必须小心，因为不同的多酚种类对同种蛋白质的沉降能力是不同的。这种方法实际上测定的是分子质量为 500～3000kDa 之间的植物多酚即植物单宁，由于单宁是植物多酚得到应用的根本原因，也是其多种生理、生态活性的主要原因（如涩性、酶抑制、微生物抗性等），因此这种方法在制革、药材、营养和食品领域应用广泛。

以上提到的所有多酚的测定方法都不能测定出植物中多酚的结构。因此一些最新的方法应用到多酚的测定上来，包括核磁共振（NMR）、薄层色谱、气相色谱、高效液相色谱，这些方法的应用可以让我们对植物体内的多酚的结构和成分有了一些了解。NMR 法最大的优点是可以不破坏植物内部成分的情况下通过波谱测定样品中的多酚含量，可以避免传统方法在样品干燥、提取和化学测定中的误差，是一种精确的缩合单宁的测定方法（Yu and Dahlgren，2000）。

1.5.5　黄酮的测定方法

黄酮类化合物测定的方法归纳起来主要有表 7.1 所列几种，其中最常用的是对照品测定法和金属离子络合法。颜仁梁和刘志刚（2005）、赵晓莉和岳红（2005）已经综述了黄酮类物质的化学分析方法。

表 7.1　黄酮类化合物测定方法分类

方法	说明
对照品测定法	在对照品的最大吸收波长测定
金属离子络合法	多以 Al $(NO_3)_3$、$AlCl_3$ 显色
高效液相法	多为测定银杏叶及其制剂黄酮类化合物
荧光分光光度法	须利用桑色素和铝产生荧光
其他方法	极谱法，近红外反射光谱法等

对照品测定法是以自身所含的黄酮类化合物作为对照品，在紫外区测定或经显色后在可见光区测定，选择对照品的最大吸收波长处进行测定，其优点在于对照品与被测物质具有相同的结构，直接测定或经金属离子络合后，对照品以及供试品的紫外光谱相似度高，两者的最大吸收波长可基本重叠。

金属离子络合法是利用黄酮类化合物分子中有邻二酚羟基或 3-羟基、5-羟基，易于与金属盐类如铝盐、锆盐、镁盐等反应，生成有色的金属络合物，这些络合物在特定波长有最大吸收波长，可由此进行比色定量。

1.6　影响酚类物质分布的因素

影响植物体内酚类物质分布的因素可分为生物因素和非生物因素，生物因素包括植物的种类、基因型、植物不同部位、同一部位的发育阶段等（Covelo and Gallardo，2001；Riipi et al.，2002）。植物多酚的结构和组成随着植物器官的逐渐成熟而发生变化，这可能是由于多酚生化合成途径发生改变而导致的（Gallet and Lebreton，1995；Saleem et al.，2001）。非生物因素即环境因素有很多如营养状况、光照、温度、CO_2和 O_3 浓度、水分条件、土壤酸碱度等（Chaves and Escuder，1999）。在大量研究基础上，国外学者提出了许多假说来解释植物多酚的含量变化跟植物周围环境的关系，其中影响比较大，争议激烈的有可溶性有机 N 假说（DON hypothesis）（Northup et al.，1995，1998），Northup 等发现凋落物中较高的多酚含量限制了 N 矿质化，但是促进了更多的可溶性有机 N（DON）的释放，导致“DON：矿质 N”比例增加。他们认为较高的“DON：矿质 N”比例可能对生长在 N 强烈限制的生态系统中的植物有益，因为较高的“DON：矿质 N”比例会减少整个生态系统中 N 的损失，缩短微生物参与的矿质化周期，从而有利于植物利用有机 N。进而推测处于贫瘠环境条件下的植物合成较多的酚类物质可能是为了控制 N 循环，导致植物以有机态的形式吸收利用环境中有限的 N。可溶性有机氮假说认为植物合成酚类物质在于适应贫瘠的土壤条件。基于资源可利用的假说（resource-based hypotheses），包括 C-N 平衡假说（CNBH）（Bryant et al.，1983）和生长分化假说（growth-differentiation hypotheses）（Herms and Mattson，1992）。这些假说认为资源丰富环境下的植物倾向于合成以 N 为中心的化合物如蛋白质等，体内次生代谢物含量较低，而资源匮乏环境下的植物则倾向于合成以 C 为中心的化合物如酚类次生代谢物，以抵御恶劣的环境。资源可利用假说解释了不同环境条件下植物合成初级代谢物和次生代谢物的策略。

1.7 酚类物质对胡杨适应极端干旱环境的作用

额济纳地区常年的高温干旱、强烈辐射、过量的蒸发、久旱无雨气候特征和高度盐碱贫瘠的土壤状况构成对胡杨正常生长的严重胁迫。例如，干旱和高度盐碱会降低光合作用强度（Lawlor，2002），影响养分循环速率（Hawkins and Lewis，1993），紫外(UV-B)辐射能导致植物组织伤害，减少初级代谢物的生产（Caldwell，1977；SCOPE，1993）。这样极端的环境也会导致胡杨体内自由基大量产生，形成对其正常生命活动的潜在威胁。这种环境条件下的植物必须形成具备防御高温干旱、保持水分、贮存能量、避免竞争、防止动物取食、清除自由基的功能，而酚类物质恰恰在这些方面具有重要的作用，因此植物多酚对胡杨适应如此恶劣的环境的意义十分重要。

2 胡杨酚类物质含量和分布及其与土壤水分关系

2.1 研究方法

2.1.1 样品采集

采样地点位于额济纳旗达赉呼布镇以东 20km 七道桥附近的胡杨林中，该林分 1974 年被封育，是额济纳胡杨林国家级自然保护区的核心地区。

此次采样于 2006 年 7 月进行，在样地选取 5 棵（编号 No. 1～No. 5）胸径 16cm 左右（BHD=16±2cm）的胡杨作为采集对象。分别采集胡杨的叶、枝、皮和根。在高度

1.3m 左右剥取主干树皮，去掉干枯树皮。叶片采集向阳叶，根据胡杨叶形的不同，将胡杨的叶分为披针形叶（成年胡杨树下部的萌条叶）和卵圆形叶（成年胡杨的主要树叶叶形）。分别采集嫩枝（即绿色的枝，green branch）和木质化枝。根据木质化枝和根直径的不同，采集 D<5mm 和 5mm<D<10mm 的枝及 D<2mm、2mm <D<5mm、5mm <D<10mm 的根。合计采集样品 45 个，每个样品采集大约 100g 左右。

根主要取自胡杨周围深度为 20～80cm 土壤中，在取根的同时，测定所取根周围土壤的水分含量。分别在 30cm、60cm 土壤层用铝盒取 3 个平行土样作为根系土壤含水量的分析对象。每棵胡杨采集根系土样 6 个，其平均值作为土壤水分含量数据，合计采集 30 个土样。铝盒土样用便携式电子天平快速称重，记录后带回住地用 105℃烘箱干燥 12h 后称重。土壤含水量 $M_m = (M_W - M_S) / M_S \times 100\%$，式中 M_m 为土壤含水量；M_W 为土样湿重；M_S 为土样干重。将同一棵胡杨两个土层水分含量的平均值作为该胡杨根系土壤水分含量。

2.1.2　室内实验

样品采集下来后带回实验室室温条件下阴干（25℃左右），然后剪碎混合均匀，粉碎过 40 目筛，冰箱冷藏保存备用（1℃）。

准确称取 2.00g 样品，分别加 40ml、30ml、20ml 丙酮水溶液（丙酮：水＝4：6）回流提取 3 次，每次 1h。正交实验表明该方法能最大限度提取胡杨中的酚类物质。虽然一部分酚类物质未能完全提取出来，该方法适合应用于比较不同样品中的含量（Cork and Krockenberger，1991）。将 3 次提取液抽滤合并，旋转减压蒸馏掉丙酮后，用蒸馏水定容至 100ml 容量瓶中备测。分别采用 Folin-Denis、香草醛盐酸法、$Al(NO_3)_3$-$NaNO_2$-NaOH络合法测定总酚、缩合单宁和黄酮。

2.2　结果与分析

2.2.1　胡杨各器官酚类物质含量

采集的胡杨 No.1～No.5 胸径分别为 16.9cm、16.2cm、16.9cm、17.2cm 和 17.5cm，Pearson 相关分析表明胡杨酚类物质含量在这个胸径范围内没有相关性（$P>0.05$）。酚类物质在所有采集的胡杨器官中都有分布，多酚含量较高的器官为皮(27.93 mg/g)，叶、根、枝中总酚含量分别为 17.64mg/g（两类叶均值）、16.72mg/g（三类根均值）、12.19mg/g（三类枝均值）；黄酮含量较高的器官为皮（51.30mg/g），叶、根、枝中黄酮含量分别为 28.45mg/g（两类叶均值）、39.99mg/g（三类根均值）、23.67mg/g（三类枝均值）；缩合单宁含量较高的器官是根（三类根均值＝22.10 mg/g)，皮、叶、枝中缩合单宁含量分别为 8.41mg/g、4.03mg/g（两类叶均值）、4.47mg/g（三类枝均值）。单因素方差分析表明胡杨不同器官间酚类物质（总酚、黄酮和缩合单宁）含量有显著性差异（$P<0.001$）。图 7.1 为胡杨不同器官中酚类物质含量及多重比较结果。胡杨树皮中的总酚和黄酮含量（分别达 27.93mg/g、51.30mg/g）是胡杨各器官中最高的，表明胡杨趋向于在表皮器官中（叶和皮）合成和累积较多的酚类物质。

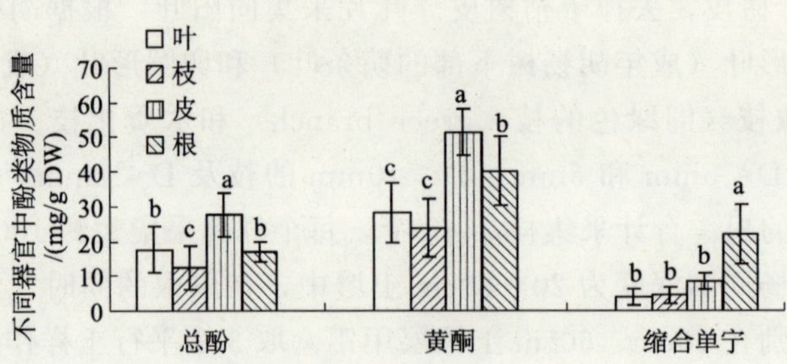

图 7.1　不同器官中酚类物质含量比较（程春龙等，2008）

2.2.2　胡杨细分的叶、枝和根中酚类物质含量

胡杨细分的叶、枝和根中酚类物质含量分别见图 7.2、图 7.3 和图 7.4。枝中酚类物质含量变化顺序为：嫩枝＞枝（＜5mm）＞枝（5～10 mm）。嫩枝和枝（5～10mm）比较，其总酚和黄酮含量有显著性差异（P 值分别为 $P=0.022$，$P=0.023$）。表明随着枝的生长和不断成熟，其酚类物质含量逐渐减少。随着根直径的增加，缩合单宁含量逐渐减少，两者成负相关性。根缩合单宁变化由高到低为：根（＜2 mm）＞根（2～5mm）＞根（5～10 mm）。根（＜2mm）和根（5～10mm）中的缩合单宁有显著性差异（$P=0.020$）。卵圆形叶与披针形叶的酚类物质含量没有显著性差异（$P>0.05$）。

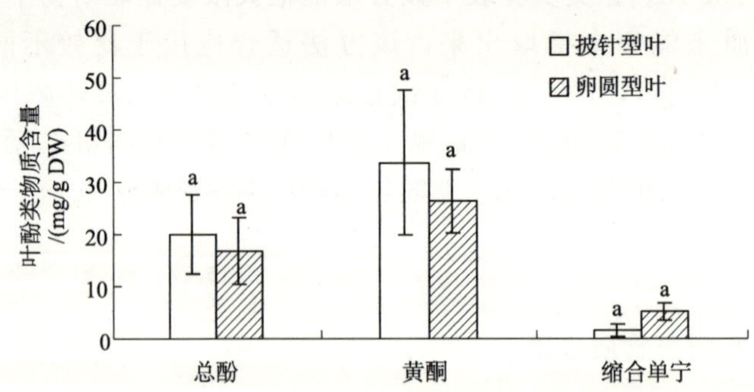

图 7.2　两类叶中酚类物质含量（程春龙等，2008）

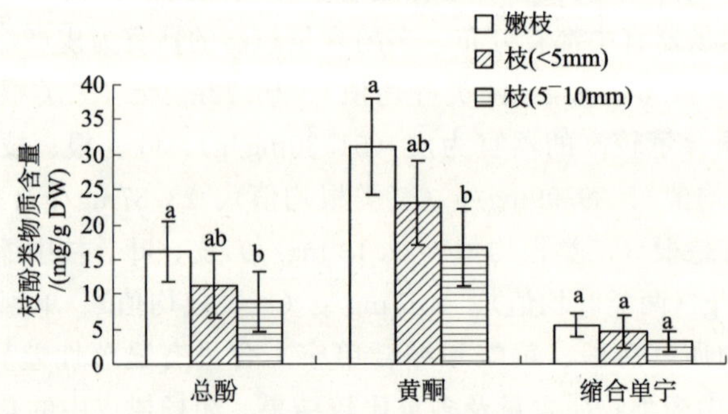

图 7.3　三类枝中酚类物质含量（程春龙等，2008）

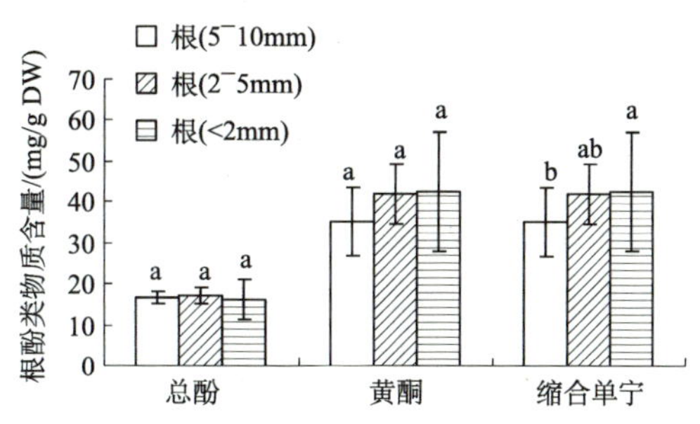

图 7.4　三类根中酚类物质含量（程春龙等，2008）

2.2.3　胡杨酚类物质含量与土壤水分的关系

No. 1～No. 5 胡杨的土壤平均含水量（30cm 与 60cm 土层平均值）分别为 1.81%、10.90%、10.86%、7.76% 和 9.18%，将其与对应叶、枝、皮和根的酚类物质含量作 Pearson 相关分析，结果表明卵圆形叶的酚类物质含量与水分有显著的负相关性（$P<0.05$）（表 7.2）。

表 7.2　土壤水分含量与卵圆形叶酚类物质含量的相关关系（程春龙等，2008）

	回归方程	相关系数 r	P 值
总酚	$y=-1.701x+30.424$	−0.949	0.014
黄酮	$y=-1.524x+38.670$	−0.923	0.026
缩合单宁	$y=-0.375x+8.042$	−0.944	0.016

2.3　讨论

2.3.1　酚类物质在胡杨各器官中的分布

胡杨是一种多叶形的植物，有披针形叶和卵圆形叶两种基本叶形。披针形叶着生于幼树和成年树下部萌条上，卵圆形叶是成年胡杨的主要叶形，随着胡杨的成熟，披针形叶被卵圆形叶取代乃至消失。胡杨叶形变化的原因及不同叶形的功能差异是人们所关注的问题。苏培玺等（2003）研究表明，卵圆形叶光合效率和水分利用效率比披针形叶高。本研究选取同时具有披针形叶和卵圆形叶的胡杨，测定两种不同叶形的酚类物质含量，其在胡杨叶中含量较高，两类叶中酚类物质的含量没有显著性差异（$P>0.05$），表明其跟胡杨叶形没有相关性。胡杨树皮中的总酚和黄酮含量（分别达 27.93mg/g、51.30mg/g）是胡杨各器官中最高的，表明胡杨趋向于在表皮器官中（叶和皮）合成和累积较多的酚类物质。Wang 等（2005）研究了兴安落叶松中不同器官中的黄酮含量，结果表明叶中的黄酮含量与太阳辐射强度成正相关性。Rozema 等（1997）也发现，随着环境光照强度的升高，植物体内能吸收紫外光线的多酚等次生代谢物质的含量也逐渐增加。胡杨叶和皮中相对较高的酚类物质对于其抵御强烈的紫外辐射，减少高温伤害，维持胡杨体内正常的生理活动具有重要的意义。

相对成熟的卵圆形叶与未成熟的披针形的酚类物质含量没有显著性差异，而随着枝的生长和不断成熟，其酚类物质含量逐渐减少，总酚、黄酮和缩合单宁含量的变化规律都为：嫩枝＞枝（＜5mm）＞枝（5～10mm），而且嫩枝和枝（5～10 mm）之间的总酚、黄酮含量有显著性差异（总酚：$P=0.022$；黄酮：$P=0.023$）。叶和枝的酚类物质变化不同的原因可能是叶和枝所处的微环境的差异，叶直接暴露于高温和紫外辐射下，受到更强烈的环境胁迫，无论是卵圆形叶还是披针形叶必须累积较多的酚类物质以抵御不利的环境条件，而枝受到的环境压力相对较少。枝在逐渐成熟过程中酚类物质减少有两条途径：①转运，即木质化程度较高的枝向木质化程度较低的枝转运，嫩枝向叶转运，维持叶中较高的酚类物质含量；②转化，多酚和黄酮类化合物是木质素的前体物质（Stafford，1991），枝的木质化过程中，一部分多酚和黄酮类物质转化为木质素。本研究表明酚类物质在植物体内转运和转化相当频繁和活跃，而且受到光照、温度等环境因素的强烈影响。胡杨酚类物质分布与土壤水分的关系。

2.3.2 胡杨酚类物质分布与土壤水分的关系

水分是极端干旱区最重要的限制性因子，前人的研究表明水分条件是胡杨生长、繁殖更新乃至退化的关键因素（Horton et al.，2001；钟华平等，2002；赵文智等，2005）。我们研究了我国西北极端干旱区胡杨酚类次生代谢物质与土壤水分的关系，结果表明卵圆形叶中酚类物质含量跟土壤水分含量有显著的负相关性。酚类物质分子中芳环是疏水部分，但由于带有大量的亲水的酚羟基或其他亲水基团，使整个分子显示较强的亲水性（宋立江和狄莹，2000），表明酚类次生物质可能具有保水的功能，能够降低叶片的水分蒸腾作用，减少水分散失，初步证明了胡杨能够合成和调节体内酚类次生代谢物质的含量以适应土壤水分条件的变化。

2.3.3 胡杨根系中酚类物质对极端干旱地区养分循环的影响

植物的地下部分是植物生物量的重要组成部分，尤其在干旱荒漠地区植物根系生物量占整株植物的生物量的比例更高。然而，以往的研究中还未见到有对胡杨根系次生代谢物质含量的报道。我们的研究表明，胡杨的根中含有较高的酚类物质，特别是平均缩合单宁含量达 22.10mg/g，高于地上部分器官的缩合单宁含量，而且随着根直径的增加，缩合单宁含量逐渐减少，两者成负相关性。缩合单宁是酚类物质中阻止微生物取食和侵染的主要物质（Muir et al.，1999），其含量随胡杨根系直径的减少而增加，表明其受到更大的取食压力，缩合单宁的增加减少了细根被取食的可能性，可能对维持细根发挥正常的生理作用产生积极作用。

胡杨根系较高的酚类物质含量会导致其在土壤中维持较高水平，加之叶、枝等凋落物含有的酚类物质，胡杨根系土壤中酚类物质是相当可观的，必然对胡杨林生态系统养分循环起着重要作用。通常认为，根系和凋落物中较高的酚类物质含量会降低凋落物分解（Constantinides and Fownes，1994；Campbell and Fuchshuber，1995；Driebe and Whitham，2000），多酚中的单宁能够与蛋白质结合，形成难以降解的单宁-蛋白质聚合物，从而降低土壤中 N 的循环速率，可能会导致生态系统养分循环受到 N 的限制。由此可见，大量酚类物质进入胡杨林下土壤，可能会导致其养分循环速率降低。然而，养分循环速率的降低对胡杨林生态系统的利弊如何，还未有定论。Palm（1995）认为低质量的有机物（N 含量低，单宁和木质素含量高）输入生态系统中，降低了营养元素释放甚至固定它们，使得养分释放和植物的需求可能达到一种动态平衡，有利于植物的生长。可溶性有机氮素假说（DON hypothesis）（Northup et al.，1995，1998）也认为凋落物中较多的酚类物质虽然限制了 N 矿质化，但是促进了更多的 DON 的释放，导致"DON：矿质 N"比例增加。较高的"DON：矿质 N"比例会减少整个生态系统中 N 的损失，缩短微生物参与的矿质化周期，从而有利于植物利用有机氮。

3　不同群落中胡杨酚类物质分布及其与环境因子关系

3.1　研究方法

此次采样于 2005 年 7 月进行，采样地位于额济纳绿洲二道桥、四道桥和七道桥，具体在保护区挖的地下水测定点设立样地。

根据群落状况和土壤养分状况的不同，选择 5 个不同的胡杨群落。在每个群落选择一个 20m×20m 样地做普通生态学调查，记录乔木、灌木和草本层的物种组成和盖度。每个样地选择 4 棵胸径 20cm 左右的健康胡杨（BHD=20cm）在高度 1.3m 左右剥取主干树皮，去掉干枯树皮。叶片采集向阳叶，采集直径 5mm 左右的枝。在每个样地取 80cm 深度土样 12 个带回实验室分析土壤养分状况。用土壤水分速测仪（IMKO 公司，德国）测定 5cm、20cm、80cm 水分含量，地下水深度由各样地的水井测得。室内实验同 1.1.2。

用 SPSS（13.0）处理数据。单因素方差分析（one-way ANOVA），群落对胡杨酚类物质的影响。利用多重比较的方法（Fisher's LSD test，$P=0.05$），将 5 个样地的胡杨各器官总酚和黄酮含量作差异性显著性分析。胡杨不同群落的环境因子做主成分分析确定影响植物多酚分布的主要因素。

3.2　结果与分析

3.2.1　样地的群落状况和土壤条件

每个样地代表一个不同的胡杨群落，5 个样地的群落状况及样地的土壤养分分析结果如表 7.3 和表 7.4，样地Ⅰ和样地Ⅳ土壤条件比其他 3 个样地差，导致其植被覆盖率比其他 3 个样地低，这两个样地的枯枝率也比较高。因此，跟其他 3 个样地比较而言，样地Ⅰ和样地Ⅳ代表两个处于资源恶劣的环境条件的两个群落。

表 7.3 5 个样地的群落状况

		样地Ⅰ	样地Ⅱ	样地Ⅲ	样地Ⅳ	样地Ⅴ
乔木层						
盖度/%	胡杨	25	55	95	40	80
	沙枣	10	—	—	5	—
灌木层						
盖度/%	柽柳	20	50	30	12	—
	白刺	8	—	—	—	—
	骆驼刺	—	15	—	10	—
草本层						
盖度/%	苦豆子	—	10	30	—	—
	披碱草	—	—	—	8	—
	芦苇	—	—	—	—	90
	猪毛菜	5	13	—	—	—
	赖草	7	—	—	6	10
枯枝率/%		20	10	8	25	5
干扰强度		0.8	0.4	0.2	1.0	0.1
土壤类型		沙土	荒漠盐渍土	荒漠盐渍土	沙土	荒漠盐渍土

表 7.4 5 个不同样地土壤状况

土壤指标	样地Ⅰ	样地Ⅱ	样地Ⅲ	样地Ⅳ	样地Ⅴ
pH	8.16±0.12	8.26±0.21	8.03±0.16	8.14±0.14	8.45±0.25
有机质/(g/kg)	24.80±2.62	38.50±4.52	93.00±7.65	25.10±3.96	134.8±9.85
电导率/(ms/cm)	0.30±0.11	0.18±0.02	0.05±0.00	0.22±0.01	0.40±0.02
总 P/(g/kg)	0.44±0.16	0.59±0.25	0.60±0.15	0.47±0.14	0.90±0.12
总 N/(g/kg)	0.14±0.01	0.19±0.02	0.19±0.04	0.14±0.07	3.05±1.15
总 K/(g/kg)	8.80±1.31	9.20±1.54	9.60±2.60	11.00±2.19	11.60±2.13
5cm 土壤水分含量/%	1.13±0.54	2.22±0.63	3.56±1.07	0.96±0.18	6.12±1.10
20cm 土壤水分含量/%	2.10±1.05	2.93±1.07	4.05±1.06	1.85±0.13	11.63±2.23
80cm 土壤水分含量/%	12.36±2.23	25.65±2.61	30.13±3.30	16.64±1.45	41.23±4.01
地下水深度/m	3.10	2.63	2.30	3.84	1.92

3.2.2 胡杨不同群落酚类物质分布

用单因素方差分析方法考察了 5 个不同胡杨群落叶、枝和皮中总酚和黄酮含量差异，表 7.5 表示了群落对胡杨不同部位酚类物质含量影响的 F 值及显著效应（$P<0.01$）。结果表明，群落因素对胡杨叶和皮中的总酚和黄酮含量有显著性影响（$P<0.01$），对枝中的总酚和黄酮含量没有显著性影响（总酚，$P>0.27$；黄酮，$P>0.06$）。不同群落下胡杨各器官总酚和黄酮含量及多重比较结果如图 7.5 及图 7.6。

表 7.5　不同群落下胡杨酚类物质含量单因素方差分析结果

	总酚			黄酮		
	叶	枝	皮	叶	枝	皮
群落效应	12.810*	1.536	11.323*	30.926*	3.187	20.741*

* 表示 F 值为显著效应（$P<0.01$）。

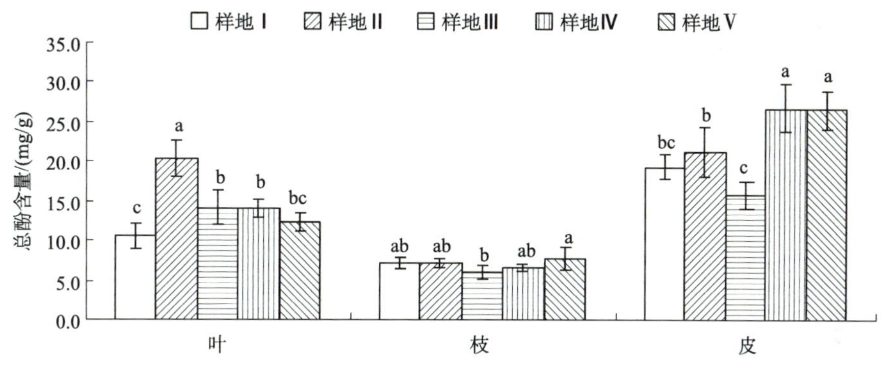

图 7.5　不同群落下胡杨不同器官总酚含量比较

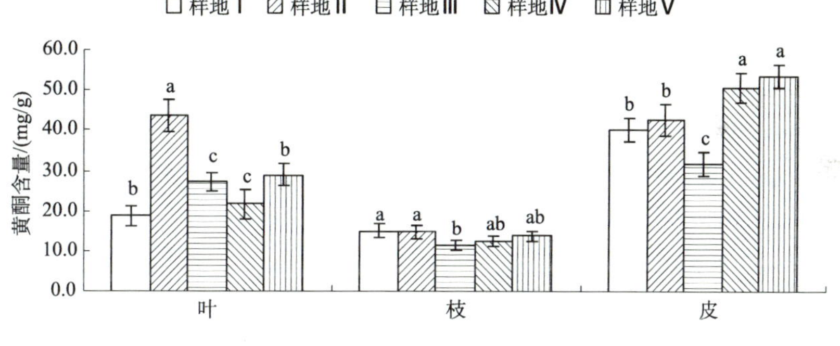

图 7.6　不同群落下胡杨不同器官黄酮含量比较

本次采样中每个样地都选择胸径 20cm 左右的健康胡杨（BHD＝20cm）作为植物样品采集对象。主干树皮取自高度 1.3m 处，叶片为向阳叶，枝为直径 5mm 左右的枝。因此，采样排除了胡杨自身因素的影响，可以认为不同群落下胡杨各器官酚类物质含量的不同是由于环境因素引起的。根据基于资源可利用的假说（resource-based hypotheses），资源丰富环境下的植物倾向于合成以 N 为中心的化合物如蛋白质等，多酚类次生代谢物含量较低，而资源匮乏环境下的植物则倾向于合成以 C 为中心的化合物如多酚类次生代谢物，多酚类次生代谢物质含量较高。如果资源可利用的假说能够解释本研究地区不同胡杨群落下植物多酚的分布，那么处于资源匮乏环境样地Ⅰ和样地Ⅳ的胡杨应该合成相对更多的酚类物质。不同群落下胡杨不同器官的酚类物质的多重比较结果没有明显的规律性，且样地Ⅰ和样地Ⅳ的胡杨所合成的酚类物质并没有比样地Ⅲ、样地Ⅳ和样地Ⅴ多，因此从本研究看，资源可利用的假说并不适合于解释极端干旱地区植物合成次生代谢物质的规律。

3.2.3 不同群落下土壤条件对胡杨酚类物质含量分布影响

Pearson 相关分析表明，电导率与枝中总酚含量有显著相关关系（$P<0.05$），不同群落下其他单一的环境因子与胡杨酚类物质含量没有显著性相关关系（$P>0.06$）。为了考察环境因子的综合效应，将调查的 10 个环境因子做主成分分析。表 7.6 显示了前两个主成分的因子负荷量，贡献率。第一主成分贡献率为 74.99%，第二主成分贡献率为 16.03%，前两个主成分累计贡献率为 91.025%，因子这 10 个环境因子的作用可以用前两个主成分来表示。有机质、总 P、总 N、土壤水分含量对第一主成分贡献比较大，因此第一主成分是这几个因子的综合。电导率对第二主成分贡献最大，而电导率是表示土壤盐分的指标，因此可以认为盐分对胡杨酚类物质分布有重要影响。

表 7.6 前两个主成分的因子负荷量及贡献率

因子	主成分	
	第一主成分	第二主成分
pH	0.788	0.482
有机质	0.922	−0.325
电导率	0.522	0.790
总 P	0.991	−0.080
总 N	0.966	0.243
总 K	0.658	0.377
5cm 土壤水分含量	0.968	−0.243
20cm 土壤水分含量	0.995	0.050
80cm 土壤水分含量	0.925	−0.333
地下水深度	−0.790	0.511
总值	7.499	1.603
贡献率/%	74.993	16.031
累计贡献率/%	74.993	91.025

3.3 讨论

3.3.1 不同群落下胡杨酚类物质的环境因素

植物酚类物质受到植物自身内在因素如植物的生长阶段、部位及基因型和环境因素如温度、大气成分、光照及土壤情况的强烈影响（Hattenschwiler and Vitousek, 2000）。本研究中 5 个样地都处在同一个地区，其气候条件包括温度、光照、降水等大致相同，植物样品也从胸径和生长状况一致的胡杨中取得，因此可以认为胡杨酚类物质的变化是由于不同群落下植物微环境决定的。研究结果表明 5 个不同群落中胡杨叶和皮中的酚类物质有显著性差异（$P<0.01$）。Ruohomak 和 Chapin（1996）研究发现植物酚类物质与土壤中 N 含量有负相关性；Yu 等（1999）也认为土壤 pH 也与植物酚类物质有显著负相关关系。跟以前的研究有所不同，主成分分析表明影响胡杨不同群落中酚类物质的分布的第一主成分是土壤水分、有机质、总 P 和总 N 几个因素综合作用的因子。这表明由于植物种类和植物所处环境类型的不同，决定酚类物质分布因素也不一样，在本研究地区，几个环境因子相互作用，形成一种综合效应，共同决定了胡杨酚类物质的合成、转运及累积等一系列过程。

土壤盐分也是影响胡杨酚类物质分布的重要因素，电导率与枝中总酚含量有显著相关关系（$P<0.05$），第二主成分主要由土壤盐分决定。干旱地区高土壤盐分条件是植物的重要限制因子。Watanabe 等（2000）研究表明，高盐分条件会导致胡杨累积更多的脯氨酸和糖分，而脯氨酸和糖分含量的增加能够提升胡杨对高盐分和渗透压的忍耐能力。本研究表明盐分也能影响胡杨酚类物质的含量，但是酚类物质含量的增加对胡杨适应极端干旱地区的高土壤盐分的具体作用还需要进一步研究。

3.3.2 解释不同群落下胡杨酚类物质分布的理论假说

在本研究地区，强烈的紫外辐射，夏季的高温，冬季的极端低温，高度盐碱化土壤形成对胡杨的胁迫，会导致胡杨细胞内累计过多的自由基危及胡杨正常的生命过程。许多研究表明，酚类物质是植物体内重要的抗氧化物质和清除自由基物质（Catherine et al.，1996；Kelly et al.，2002；Irene et al.，2003 ；Chuang et al.，1995；Salah et al.，1995），多酚也是重要的抗紫外伤害、防暑御寒的防御物质。极端恶劣的环境条件使得胡杨必须累计较高的酚类物质含量以维持正常的生命活动。因此，生存的压力使得相对资源匮乏的群落和资源相对丰富的群落之间其酚类物质含量没有显著性的差别。影响植物酚类物质分布的因素是多方面的，具体到本研究的 5 个不同胡杨群落而言，有宏观的环境因素如光照、温度、风沙侵袭等，微观的环境因素如水分、盐分和营养状况等，且其作用方式是综合性的。群落状况如干扰强度、覆盖度等也是重要的因素。这些因素的共同作用使得影响极端干旱地区胡杨酚类分布的原因异常复杂和多变，难以用一种简单的理论假说来解释。

4 胡杨叶中酚类物质的含量与虫害程度及土壤水分的关系

极端环境可以破坏植物的正常生理和生化机制，同时极端生境下生长的植物又能够通过形态变化、生理调节、基因变异和产生次生代谢物质来抵御和适应极端环境。植物次生代谢物作为主要的植物化学防御物质在提高植物自身保护和生存竞争能力、协调与环境的关系中充当重要角色（Shelton，2000）。酚类物质是植物体内普遍存在的次生代谢物，广泛存在于植物的叶、根、皮、花和果实中（Haslam，1989；Harborne，1997；Kraus et al.，2003）。酚类物质与蛋白质反应生成的复杂化合物质具有重要的营养和生理学作用（Naczk et al.，1996；Hagerman et al.，1998）。近年研究表明酚类物质可以阻止动物和微生物取食植物（Muir et al.，1999；Myster，2002）、抗高温（Chang and

Zhang，1997）和紫外线（UV-B）辐射（Rozema et al.，1997）、消除自由基（Salah et al.，1995）、参与土壤养分循环（Palm，1995；Northup et al.，1995，1998）。因此，酚类物质在提高植物适应极端环境方面发挥着重要作用（Appel，1993）。

植物体内次生代谢物质的含量可以在一定程度上表征植物受到环境的压力以及由此引发的植物对有限资源的在体内的分配情况。在极度资源匮乏的环境中如沙漠极端干旱环境，木本植物通过生长缓慢，或形态变异（产生刺、叶片表面粗糙等）、产生次生代谢物来抵御动物取食（Bryant et al.，1983）。一些研究者认为植物体内酚类物质的变化与具有阻止动物和微生物取食的防御作用密切相关（Coley et al.，1985；Lamb et al.，1989；Herms and Mattson，1992；Jones and Hartley，1999；Karban and Baldwin，1997；Ward and Young，2002）。碳-养分平衡假说（carbon-nutrient balance hypothesis）（Bryant et al.，1983）和生长-分化假说（growth-differentiation hypothesis）（Herms and Mattson，1992）被广泛用来解释植物体内含碳防御物质的含量随取食或其他损害的变化。碳-养分平衡假说认为在其他养分（尤其是氮养分）比碳养分缺乏或难以获得时，植物将资源主要分配给次生代谢物而不是植物生长。而生长-分化假说认为当植物受到的取食压力大于资源竞争压力时，资源主要分配给次生代谢物。

胡杨是一种重要的荒漠河岸林树种，具有极强的极端环境适应能力。一些研究从生理机制、形态等方面阐述了胡杨对盐分胁迫、低温胁迫等的适应机制（Chen et al.，2000，2001，2002；Dai et al.，2003）。但是，对胡杨次生代谢物防御和抗性机制的研究则鲜见报道。Larcher（2003）认为酚类物质是植物的一大抗性指标。因此，本研究选取额济纳绿洲胡杨为研究对象测定其叶片的多酚含量及氮含量，拟解决以下问题：①胡杨在不同水分条件下叶片中酚类物质含量的变化，以及虫害对不同水分条件下胡杨叶片酚类物质含量的影响，这些问题的解决有助于揭示胡杨在水分亏缺与虫害胁迫的情况下的抗性机理。②虫害对叶片中氮含量的影响，以解释含碳防御物质的产生机理。

4.1 样品采集

2007年8月，在河水可以漫灌的胡杨林低地（土壤含水量为25.31%）和不可以漫灌的高地（土壤含水量为2.07%）各选取一个50m×50m的样地，在每个样地中分别选取10棵胸径为16～20cm的胡杨树作为健康叶和虫害叶（叶面缺损叶）采集对象。用0.5cm×0.5 cm透明栅格测量虫害叶的受损面积。依据受损程度，虫害叶片又分为＜10%虫害叶（受损面积＜10%）和10%～15%虫害叶（受损面积10%～15%）。在树冠中部分别随机采集健康叶、＜10%虫害叶和10%～15%虫害叶各约100g，迅速放入自封袋内，并置便携式冰箱中（0℃）保存并迅速送到实验室。

在胡杨树根系周围深度为30cm、60cm、80cm处分别取3个土样作为土壤含水量分析对象。每各样地共采土样15个，其平均值为样地土壤含水量。

4.2 结果与分析

4.2.1 总酚含量

在相同水分条件下，叶中总酚含量变化顺序是：健康叶＜虫害叶（＜10%）＜虫害叶（10%～15%）（图 7.7）。虫害叶（10%～15%）的总酚含量显著高于健康叶和虫害叶（<10%）的总酚含量（$P<0.05$）。健康叶和虫害叶（<10%）的总酚含量差异不显著（$P>0.05$）。在不同水分条件下，无河水漫灌的胡杨的虫害叶（10%～15%）的总酚含量显著高于河水漫灌的样地中胡杨虫害叶（10%～15%）的总酚含量（$P<0.05$）；健康叶和虫害叶（<10%）的多酚含量在两个水分条件下无显著性差异。

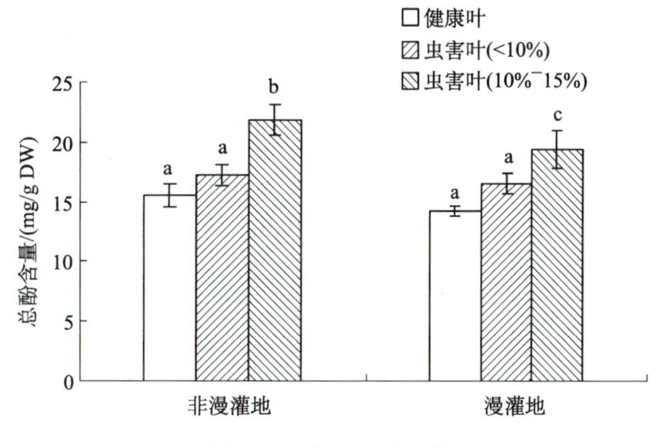

图 7.7　总酚含量比较

注：图中不同字母表示含量有显著性差异（$P<0.05$，Fisher LSD 检验）；下同

4.2.2　缩合单宁含量

在相同水分条件下，叶片中缩合单宁含量变化顺序是：健康叶＜虫害叶（<10%）＜虫害叶（10%～15%）（图 7.8）。在无河水漫灌地，叶片中缩合单宁含量变化顺序为：健康叶＜虫害叶（<10%）＜虫害叶（10%～15%）（$P<0.05$）。在河水漫灌地，健康叶、虫害叶（<10%）的缩合单宁含量显著低于虫害叶（10%～15%）（$P<0.05$）；健康叶和虫害叶（<10%）的缩合单宁含量没有显著差异。河水漫灌的胡杨的健康叶、虫害叶（<10%）的缩合单宁含量分别比没有河水漫灌的胡杨的健康叶、虫害叶(<10%)的缩合单宁含量高（$P<0.05$）。

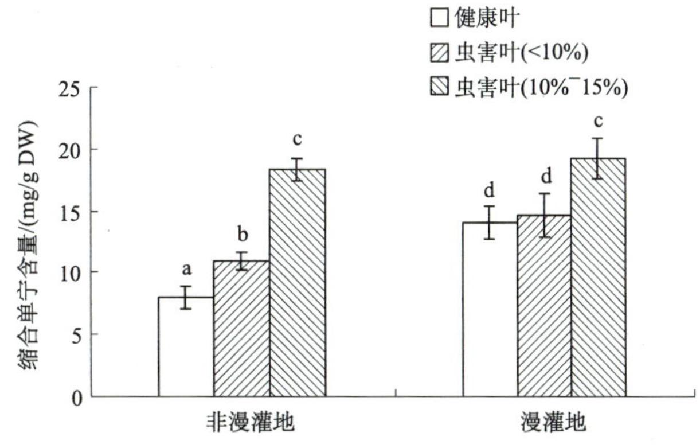

图 7.8　缩合单宁含量比较

4.2.3 黄酮含量

在无河水漫灌地，健康叶、虫害叶（<10%）的黄酮含量低于虫害叶（10%～15%）（$P<0.05$）；健康叶和虫害叶（<10%）的黄酮含量没有显著性差异。在河水漫灌地，叶片中黄酮含量变化顺序为：健康叶<虫害叶（<10%）<虫害叶（10%～15%）（$P<0.05$）。在不同水分条件下，健康叶的黄酮含量没有显著性差异；河水漫灌的胡杨的虫害叶（<10%）、虫害叶（10%～15%）的黄酮含量分别高于没有河水漫灌的胡杨的虫害叶（<10%）、虫害叶（10%～15%）的黄酮含量（$P<0.05$）（图 7.9）。

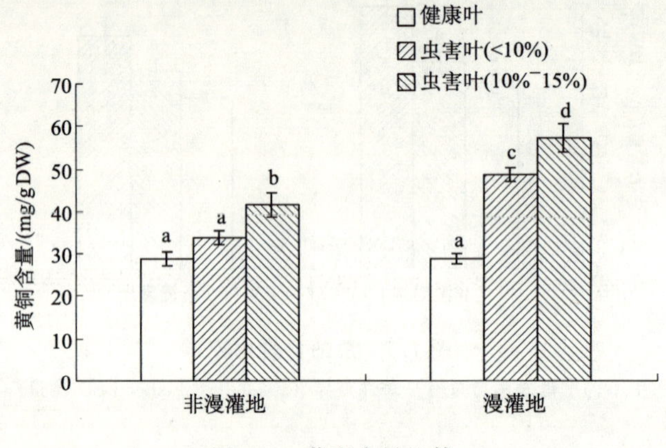

图 7.9 黄酮含量比较

4.2.4 氮含量

在相同水分条件下，叶片中氮含量的变化顺序是：健康叶<虫害叶（<10%）<虫害叶（10%～15%）（图 7.10）。在无河水漫灌地，虫害叶（10%～15%）的氮含量显著高于虫害叶（<10%）和健康叶的氮含量（$P<0.05$）；健康叶和虫害叶（<10%）的氮含量无显著性差异。在河水漫灌地，氮含量在叶片中的含量无显著性差异。无河水漫灌的胡杨的健康叶、虫害叶（<10%）、虫害叶（10%～15%）中氮含量分别显著低于河水漫灌的胡杨的健康叶、虫害叶（<10%）、虫害叶（10%～15%）中氮含量（$P<0.05$）。

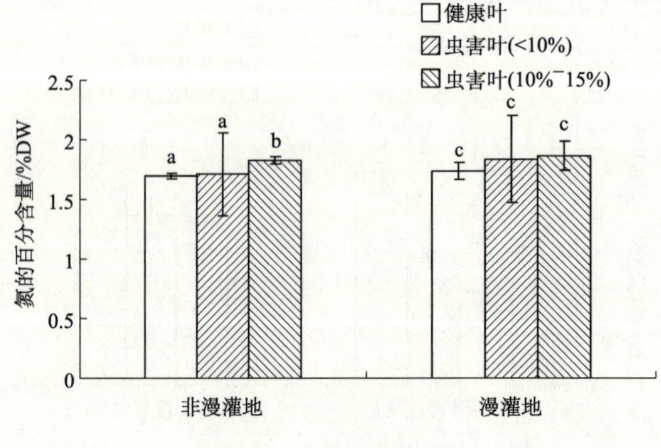

图 7.10 氮含量比较

4.3　讨论

4.3.1　不同土壤水分条件下胡杨叶片酚类物质含量变化

在干旱半干旱地区，酚类物质是木本植物体内具有代表性的防御物质（Meyer and Karasov，1991）。胡杨体内酚类次生代谢物含量受到周围环境因素的强烈影响。许多研究表明，强酸、贫瘠、干旱土壤中生长的植物体内酚类物质通常还有较高的酚类物质(Bruijnzeel et al.，1993；Kapos and Tanner，1985)。但是该研究的结果表明，健康叶缩合单宁在无河水漫灌条件下的含量低于河水漫灌条件下的含量，健康叶中总酚和黄酮含量在两种水分条件下没有显著差异。胡杨作为一种生长在沙漠地区的地下水湿植物(phreatophytic)，其对地下水资源十分依赖。Fu 等（2006）研究表明胡杨叶片的水势随着地下水深度的增加而增加。因此，胡杨可以通过利深层地下水资源来缓解土壤水分胁迫，从而没有通过增加酚类物质的含量来抵御水分胁迫。

虫害叶（<10%）中黄酮和缩合单宁在无河水漫灌条件下的含量低于河水漫灌条件下的含量，而虫害叶（10%～15%）中缩合单宁在无河水漫灌条件下的含量与河水漫灌条件下的含量无差异性，这可能与不同酚类物质的生理生态作用及与水分的关系有关。缩合单宁可以通过降低蛋白质和纤维的可消化性，或产生毒性来阻止取食（Hagerman et al.，1992；Owen-Smith et al.，1993)，被认为是酚类物质中抵御动物取食的主要有效成分。因此，在虫害相对严重的条件下，叶片利用主要资源合成具有抗虫性的缩合单宁来减少虫害的进一步取食；而在无虫害或虫害不严重的情况下，根据生长-分化假说(growth-differentiation hypothesis)，由于受到资源限制（水分缺乏）从而减少了酚类次生代谢物的合成。

4.3.2　虫害对胡杨叶片中酚类物质含量的影响

酚类物质在虫害叶中含量增加说明取食可以在胡杨体内产生诱导防御，从而避免动物进一步取食的危害。而虫害叶（10%～15%）的酚类物质含量显著高于虫害叶(<10%)的酚类物质含量（$P<0.05$)，表明严重的虫害能够诱导叶片合成更多的防御物质。Myster (2002) 也报道过 *Inga* 幼苗体内总酚和缩合单宁含量随着取食危害的增加而增加。

在无河水灌溉地，健康叶的总酚和黄酮含量分别与虫害叶（<10%）的总酚和黄酮含量无显著性差异，但是分别显著低于虫害叶（10%～15%）的总酚和黄酮含量（$P<0.05$)；而在河水灌溉地，健康叶总酚和缩合单宁含量分别与虫害叶（<10%）的总酚和缩合单宁含量无显著性差异，但是分别显著低于健康叶的总酚和缩合单宁含量（$P<0.05$)。这说明诱导防御与取食程度有关，只有植物受到的取食危害达到一定程度才可能合成更多的酚类物质来抵御动物取食，并且受到土壤水分的影响。在缺乏水分的环境中，缩合单宁可能在较低的取食胁迫下被诱导，所以虫害叶（<10%）比健康叶合成较多的缩合单宁来抵御胁迫（$P<0.05$)；在水分较高的环境中，黄酮可能在较低的取食胁迫下被诱导，虫害叶（<10%）比健康叶合成较多的黄酮来抵御胁迫（$P<0.05$)。

4.3.3 胡杨叶片中氮含量的变化

碳-养分平衡假说认为在其他养分（尤其是氮养分）比碳养分缺乏或难以获得时，植物将资源主要分配给次生代谢物而不是植物生长。而生长-分化假说认为当植物受到的取食压力大于资源竞争压力时，资源主要分配给次生代谢物。

在相同水分条件下，叶片中氮含量变化顺序为：健康叶＜虫害叶（＜10%）＜虫害叶（10%～15%）。在河水没有漫灌的样地，胡杨健康叶、虫害叶（＜10%）的氮含量与虫害叶（10%～15%）有显著性差异（$P<0.05$）。根据碳-养分平衡假说和生长-分化假说，虫害叶中的氮含量高于健康叶，说明在虫害叶体内碳养分之外的养分（尤其是氮养分）的获取没有受到虫害的影响，而虫害叶中酚类物质的增加可能是由于植物受到的取食压力大于资源竞争压力导致的。

河水漫灌样地中胡杨叶片的氮含量高于无河水漫灌的样地中胡杨叶片（$P<0.05$），表明在取食压力相同时，资源竞争压力（土壤水分胁迫）可能影响植物氮养分的吸收和储存。

在土壤干旱的条件下，胡杨将健康叶或虫害程度不严重的叶片中将主要资源分配给总酚和黄酮的合成来抵御水分胁迫，而将虫害严重的叶片中的主要资源分配给缩合单宁的合成来阻止虫害程度进一步加重。虫害可以导致叶片中酚类物质的增加，但是虫害严重程度与酚类物质的含量成正相关，并且不同酚类物质的诱导增加的虫害程度阈值可能受土壤水分条件影响。胡杨叶片中酚类物质和氮含量的变化符合碳-养分平衡假说和生长-分化平衡假说，并进一步说明了胡杨的抗性机理。

参考文献

常朝阳，张明理. 1997. 锦鸡儿属植物幼茎及叶的解剖结构及其生态适应性. 植物研究，17（1）：66-71

陈俊杰，李裕林. 1994. 黄酮类化合物的 HNMR 研究. 波谱学杂质，11（3）：123-126

程春龙，刘松，廖容苏. 2008. 额济纳绿洲胡杨（*Populus euphratica*）酚类物质含量和分布及其与土壤水分的关系. 生态学报，28（1）：69-75

方允中，郑荣梁. 2002. 自由基生物学理论和应用. 北京：科学出版社

李俊年，刘季科. 2000. 草食动物化学防御和适应策略. 兽类学报，20（3）：226-2313

李勇，高明侠，李新民. 2001. 银杏及叶中黄酮类化合物生理功效的研究进展. 食品科技，5：71-74

石碧，狄莹. 2000. 植物多酚. 北京：科学出版社

宋立江，狄莹. 2000. 植物多酚研究的意义和发展趋势. 化学进展，12（2）：161-170

苏培玺，张立新，杜明武等. 2003. 胡杨不同叶形光合特性、水分利用效率及其对加富 CO_2 的响应. 植物生态学报，27（1）：34-40

孙视，刘晚苟，潘福生. 1998. 生态条件对银杏叶黄酮积累的影响. 植物资源与环境，7（3）：1-7

汪海峰，鞠兴荣，何广斌等. 2002. 不同海拔高度和生长季节对银杏叶中黄酮苷含量的影响. 林产化学与工业，22（4）：47-50

武予清，郭予元. 2001. 棉花单宁-黄酮类化合物对棉铃虫的抗性潜力. 生态学报，21（2）：286-289

颜仁梁，刘志刚. 2005. 中草药、中药制药中黄酮类化合物含量测定方法综述. 广州医药，35（5）：5-10

叶文峰，陈新，刘秀娟等. 2000. 树叶中具有生理活性的黄酮类化合物研究进展. 江西师范大学学报（自然科学版），24（3）：278-282

叶文峰. 2000. 天然黄酮类化合物以及在食品中的应用. 宜春师专学报，22（5）：9-12

张鞍灵．王株清，高锦明．2000. 黄酮类化合物分布及开发利用．西北林学院学报，15（1），59-74

张万儒．1998. 中国造林树种土壤条件．北京：中国科学技术出版社

张英，吴晓琴．1998. 黄酮类化合物结构与清除活性氧自由基效能关系的研究．天然产物研究与开发，10（1）：26-33

赵文智，常学礼，李秋艳．2005. 人工调水对额济纳胡杨荒漠河岸林繁殖的影响．生态学报，25（8）：1987-1993

赵晓莉，岳红．2005. 黄酮类化合物分析方法概述．盐湖研究，13（2）：34-39

钟华平，刘恒，王义等．2002. 黑河流域下游额济纳绿洲与水资源的关系．水科学进展，13（2）：223-228

周嘉熹，杨雪彦，宋占邦．1996. 单宁含量作为天牛抗性指标．陕西林业科技，4：15-18

Appel H M. 1993. Phenollics in ecological interaction. Journal of Chemical Ecology，19：1521-1551

Bernays E A，Driver G C，Bilgener M. 1989. Herbivores and plant tannins. Advances in Ecological Research，19：263-302

Bruijnzeel L A，Waterloo M J，Proctor J，et al. 1993. Hydrological observations in montane rain forests on Gunung Silam，Sabah，Malaysia，with special reference to the ‘Massenerhebung’ effect. Journal of Ecology，81：145-167

Bryant J P，Chapin F S，Klein D R. 1983. Carbon/nutrient balance of boreal plants in relation to vertebrate herbivory. Oikos，40：357-368

Butler L G. 1982. Relative degree of polymerization of sorghum tannin during seed development and maturation. Journal of Agricultural and Food Chemistry，30：1090-1094

Caldwell M M. 1977. The effects of solar UV-B radiation（280-315 nm）on higher plants：implications of stratospheric ozone reduction，*In*：Castellani A. Research in photobiology. New York：Plenum Press，597-607

Campbell I C，Fuchshuber L. 1995. Polyphenols，condensed tannins and processing rates of tropical and temperate leaves in an Australian stream. Journal of the North American Benthological Society，14：174-182

Catherine A R，Nicholas J M，George P. 1996. Structure-antioxidant activity relationship of flavonoids and phenolic acids. Free Radical Biology and Medicine，20（7）：933-956

Chang Z Y，Zhang M L. 1997. Anatomical structures of young stems and leaves of some *Caragana* species with their ecological adaptabilities. Bulletin of Botanical Research，17：66-71

Chappell J，Hahlbrock K K. 1984. Transcription of plant defence genes in response to UV light or fungal elicitor. Nature，311：76-78

Chaves N，Escuder J C. 1999. Variation of flavonoid synthesis induced by ecological factors. *In*：Inderjit K，Dakshini M N，Foy C L. Principles and practices in plant ecology - alcochemical interactions. Boca Raton：CRC Press，267-285

Chen S，Li J，Wang S，et al. 2001. Salt，nutrient uptake and transport，and ABA of *Populus euphratica*：a hybrid in response to increasing soil NaCl. Trees，15：186-194

Chen S，Lia J K，Fritz E，et al. 2002. Sodium and chloride distribution in roots and transport in three poplar genotypes under increasing NaCl stress. Forest Ecology and Management，68：217-230

Chen S，Lia J K，Wang S S，et al. 2000. Cellular distribution of ions in salt-stress cells of *Populus euphratica* and *P. tomentosa*. Forestry Studies in China，2：8-16

Chuang Y，Chein P，Shiang S，et al. 1995. Thelnhibtory effect of tanninson lipid peroxidation of rat heart mitochondria. Journal of Pharmacy and Pharmacology，47：138-142

Claudia C，Christa B，Oliver W，et al. 2002. Impact of polyphenols on growth of the aquatic herbivore *Acentria ephemerella*. Journal of Chemical Ecology，128：2245-2256

Coley P D，Bryant J P，Chapin F S. 1985. Resource availability and plant antiherbivore defense. Science，230：895-899

Constantinides M，Fownes J H. 1994. Nitrogen mineralization from leaves and litter of tropical plants-relationship to nitrogen，lignin and soluble polyphenol concentrations. Soil Biology and Biochemistry，26：49-55

Cork S J，Krockenberger A K. 1991. Methods and pitfall of extracting condensed tannins and other phenolics from plants: insight from investigations on eucalyptus leaves. Journal of Chemical Ecology, 17: 165-179

Covelo F, Gallardo A. 2001. Temporal variation in total leaf phenolics concentration of *Quercus robur* in forested and harvested stands in northwestern Spain. Journal of Canadian Botany, 79: 1262-1269

Dai H Q, Lu C F, Zhang H, et al. 2003. Ultrastructural and extracellular protein changes in cell suspension cultures of *Populus euphratica* associated with low temperature-induced cold acclimation. Forestry Studies in China, 4: 1-7

Driebe E M, Whitham T G. 2000. Cottonwood hybridization affects tannin and nitrogen content of leaf litter and alters decomposition. Oecologia, 123: 99-107

Dudt J F, Shure D J. 1994. The influence of light and nurtrients on foliar phenolics and insect herbivory. Ecology, 75: 86-98

Frankenberger W T, Abdelmagid H M. 1985. Kinetic parameters of nitro-gemineralization rates of leguminous corps incorporated into soil. Plant Soil, 87: 257-271

Fu A H, Chen Y N, Li W H. 2006. Analysis on water potential of *Populus euphratica* Oliv. and its meaning in the lower reaches of Tarim River, Xinjiang. Chinese Science Bulletin, 51: 221-228

Gallet C, Lebreton P. 1995. Evolution of phenolic patterns in plants associated litters and humus of a mountain forest ecosystem. Soil Biology and Biochemistry, 27: 157-165

Hagerman A E, Riedl K M, Jones G A, et al. 1998. High molecular weight plant polyphenolics (tannins) as biological antioxidants. Journal of Agricultural and Food Chemistry, 46: 1887-1892

Hagerman A E, Robbins C T, Weerasuriya Y, et al. 1992. Tannin chemistry in relation to digestion. Journal of Range Manage, 45: 57-62

Handayanto E, Giller K E, Cadisch G. 1997. Regulating N release from legume tree prunings by mixing residues of different quality. Soil Biology and Biochemistry, 29: 1417-1429

Harborne J B. 1994. Phenolics in natural products. *In*: Mann J, et al. Natural products: their chemistry and biological significance. Harlow: Addison Wesley Longman. 362-388

Harborne J B. 1997. Plant secondary metabolism. *In*: Crawley M J. Plant ecology. 2nd. Oxford: Blackwell Science, 132-155

Harinder P, Akkar S M. 2003. Quantification of tannins in tree and shrub foliage. Dordrecht: Kluwer Academic/Pleum Publishers

Haslam E. 1989. Plant polyphenols-vegetable tannins revisited. Cambridge: Cambridge University Press

Hattenschwiler S, Hagerman A E, Vitousek P M. 2003. Ployphenols in litter from tropical montane forests across a wide range in soil fertility. Biogeochemistry, 64: 129-148

Hattenschwiler S, Vitousek P M. 2000. The role of polyphenols in terrestrial ecosystem nutrient cycling. Trends in Ecology and Evolution, 15: 238-243

Hawkins H J, Lewis O A M. 1993. Effect of NaCl salinity, nitrogen form, calcium and potassium concentration on nitrogen uptake and kinetics in *Triticum aestivum* L. cv. Gamtoos. New Phytol, 124: 171-177

Herms D A, Mattson W J. 1992. The dilemma of plants: to grow or defend. Quarterly Reviews of Biophysics, 67: 283-335

Horton J L, Kolb K, Tekharts C. 2001. Responses of riparian trees to interannual variation in ground water depth in a semi-arid river basin. Plant, Cell and Environment, 24: 293-340

Iaconelli S, Simen B. 2002. Taste thresholds and suprathreshold respenses to tannin-rich plant extracts and quinine in a primate species (*Microcebus murinus*). Journal of Chemical Ecology, 28 (11): 2315-2326

Iason G R, Hester A J. 1993. The response of heather (*Calluna vulgaris*) to shade and nutrients-predictions of the carbonnutrient balance hypothesis . Journal of Ecology, 81: 75-80

Irene P, Francesc V, Janume B, et al. 2003. Investigation of bolivian plant extracts for their radical scavenging activity and antioxidant activity. Life Sciences, 73: 1667-1681

Jones C G, Hartley S E. 1999. A protein competition model of phenolic allocation. Oikos, 86: 27-44

Kapos V, Tanner E V J. 1985. Water relations of Jamaican upper montane rain forest trees. Ecology, 66: 241-225

Karban R, Baldwin I T. 1997. Induced responses to herbivory. Chicago: University of Chicago Press

Kelly E H, Athony R T, Dennis J B. 2002. Flavonoid antioxidants: chemistry, metabolism and structure-activity relationships. Journal of Nutritional Biochemistry, 13: 572-584

Kraus T E C, Yu Z, Preston C M, et al. 2003. Lingking chemical reactivity and protein precipitation to structural characteristics of foliar tannins. Journal of Chemical Ecology, 29: 703-730

Labiennie M, Gabryelak T, Falcoini G. 2003. Antioxidant and pro-oxidant effects of tannins in digesitive cells of the freshwater mussel *Unio tumidus*. Mutation Research, 539: 19-28

Lamb C J, Lawton M A, Dron M, et al. 1989. Signals and transduction mechanisms for activation of plant defenses against microbial attack. Cell, 56: 215-224

Larcher W. 2003. Physiological planty ecology. 4th. Berlin: Springer

Lawlor D W. 2002. Limitation to photosynthesis in water-stressed leaves: stomata *vs.* metabolism and the role of ATP. Annals of Botany, 89: 871-885

Mafongoya P L, Giller K E, Palm C A. 1998. Decomposition and nitrogen release patterns of tree prunings and litter. Agroforestry Systems, 38: 77-97

Makkar H P S, Singh B. 1991. Distribution of condensed tannins (proanthocyanidins) in various fiber fractions in young and mature leaves of some oak species. Animal Feed Science and Technology, 32: 253-260

Matthews S, Mila I, Scalbert A, et al. 1997. Extractable and non-extractable proanthocyanidins in barks. Phytochemistry, 45: 405-410

Meyer M W, Karasov W H. 1991. Chemical aspects of herbivory in arid and semiarid habitats. *In*: Palo R T, Robbins C T. Plant defenses against mammalian herbivory. Boca Raton: CRC Press. 167-187

Muir A D, Gruber M Y, Hinks C F, et al. 1999. Effect of condensed tannins in the diets of major crop insects. *In*: Gross G G, Hemingway R W, Yoshida T. Plant polyphenols 2: chemistry, biology, pharmacology, ecology. New York: Kluwer Academic Publishers, 867-881

Myster R W. 2002. Foliar pathogen and insect herbivore effects on two landslide tree species in Puerto Rico. Forest Ecol Manage, 169: 231-242

Naczk M, Oickle D, Pink D, et al. 1996. Protein precipitating capacity of crude canola tannins: effect of pH, tannins and protein concentrations. Journal of Agricultural and Food Chemistry, 44: 2144-2148

Northup R R, Dahlgren R A, McColl J G. 1998. Polyphenols as regulators of plant-litter-soil interaction in northern California's pygmy forest: a positive feedback. Biogeochemistry, 42: 189-220

Northup R R, Zeng S Y, Daligren R A, et al. 1995. Polyphenols control of nitrogen release from pine litter. Nature, 377: 227-229

Oglesby K A, Fownes J H. 1992. Effects of chemical-composition on nitrogen mineralization from green manures of 7 tropical leguminous trees. Plant Soil, 143: 127-132

Owen-Smith N, Robbins C T, Hagerman A E. 1993. Browse and Browsers: interactions between woody plants and mammalian herbivores. Tree, 8: 158-160

Palm C A, Sanchez P A. 1991. Nitrogen release from the leaves of some tropical legumes as affected by their lignin and polyphenolic contents. Soil Biology and Biochemistry, 23: 83-88

Palm C A. 1995. Contribution of agroforestry trees to nutrient requirements in intercropped plants. Agroforestry Systems, 30: 105-124

Pederson G L. 1979. Review of the Folin phenol protein quantification method of lowry, Rosebrough, Farr and Randall. Journal of Analytical Biochemistry, 100: 201-220

Porter L J, Hrstich L N, Chan B C. 1986. The conversion of procyanidins and prodelpihinidins to cyanidin and delphinidin . Phytochemistry, 25: 223-230

Preston C M. 1999. Condensed tannins of salal (Gaultheria shallon pursh): a contributing factor to seedling 'growth check' on northern Vancouver Island? *In*: Gross G G, Hemingway R W, Yoshida T. Plant polyphenols 2. chemistry, biology, pharmacology, ecology. New York: Kluwer Academic/Plenum Publishers, 825-841

Price M L, Van S S, Butler L G. 1978. A critical evaluation of the vanillin reaction as an assay for tannin in sorghum. Journal of Agricultural and Food Chemistry, 26: 1214-1218

Riipi M, Ossipov V, Lempa K, et al. 2002. Seasonal changes in birch leaf chemistry: are there trade-offs between leaf growth and accumulation of phenolics. Oecologia, 130: 380-390

Rozema J, Chardonnens A, Tosserams M, et al. 1997. Leaf thickness and UV-B absorbing pigments of plants in relation to an elevational gradient along the Blue Mountains, Jamaica. Plant Ecology, 128: 151-159

Ruohomaki K, Chapin F S. 1996. Delayed inducible resistance in mountain birch in response to fertilization and shade. Ecology, 77 (8): 2302-2311

Sakihama Y, Cohen F, Gace S, et al. 2002. Plant phenolic antioxidant and prooxidant activiities: phenolics-induced-oxidative damage mediated by metals in plants. Toxicology, 177: 67-68

Salah N, Miller J, Paganga G, et al. 1995. Polyphenollic flavanolsas scavengers of aqueous phase radicalsandas chain-breaking antioxidants . Archives of Blochemistry and Biophysics, 322 (2): 339-346

Saleem A, Loponen J, Pihlaja K, et al. 2001. Effects of long-term open-field ozone exposure on leaf phenolics of European silver birch (*Betula pendula* Roth) . Journal of Chemical Ecology, 27, 1049-1062

Salminen J P. 2003. Effect of sample drying and storage, and choice of extraction solvent and analysis method on the yield of birch leaf hydrolyzable tannins. Journal of Chemical Ecology, 29: 1289-1305

SCOPE. 1993. Effects of increased ultraviolet radiation on global ecosystems. Paris: Workshop Proceedings

Shelton A L. 2000. Variable chemical defenses in plants and their effects on herbivore behavior. Evolutionary Ecology Research, 2: 231-249

Stafford H A. 1991. Flavonoid evolution: an enzymic approach. Plant physiology, 96: 680-685

Stevenson F J. 1994. Humus chemistry, genesis, composition, reaction. 2nd. New York: John Wiley or Sons

Strauss G, Gibson S M. 2004. Plant phenolics as cross-linkers of gelatin gels and gelatin-based coacervates for use as food ingredients. Food Hydrocolloids, 18: 81-89

Swift M J, Heal O W, Anderson J M. 1979. Decomposition in terrestrial ecosystems. *In*: Studies in Ecology, Vol 5. Berkeley: University of California Press

Tamara E C, Kraus R, Dahlgren A, et al. 2003. Tannins in nutrient dynamics of forest ecosystems'a review. Plant Soil, 256: 41-66

Tian G, Kang B T, Brussaard L. 1992. Effects of chemical composition on N, Ca, and Mg release during incubation of leaves from selected agroforestry and fallow plant species. Biogeochemistry, 16: 103-119

Tiarks A E, Bridges J R, Hemingway R W, et al. 1989. Condensed tannins in southern pines and their interactions with the ecosystem. *In*: Hemingway R W, Karchesy J J. Chemistry and significance of condensed tannins. New York: Plenum Press. 369-390

Walenciak O, Zwisler W, Gross E M. 2002. Influence of *Myriophyllum spicatum* derived tannins on gut microbiota of its herbivore *Acentria ephemerella* (Lepidoptera: Pyralidae) . Journal of Chemical Ecology, 28: 2025-2036

Wang W J, Li X Y, Zu Y G. 2005. Dynamic feature of flavonoids content in different organs of larch (*Larix gmelinii*) . Journal of Forestry Research, 16 (2): 89-92

Ward D, Young T P. 2002. Effects of large mammalian herbivores and ant symbionts on condensed tannins of *Acacia drepanolobium* in Kenya. Journal of Chemical Ecology, 28: 921-937

Watanabe S, Kojima K, Yuji I, et al. 2000. Effects of saline and osmotic stress on proline and sugar accumulation in *Populus euphratica in vitro*. Plant Cell, Tissue and Organ Culture, 63: 199-206

Waterman P G, Mole S. 1994. Analysis of phenolic plant metabolites. Oxford: Blackwell Scientific Publications. 116-133

Yu Z S, Dahlgren R A, Northup R R. 1999. Evolution of soil properties sand plant communities along an edaphic gradient . Journal of the European Soil Biology, 35: 31-38

Yu Z S, Dahlgren R A. 2000. Evaluation of methods for measuring polyphenols in conifer foliage. Journal of Chemical Ecology, 26: 2119-2140

第 8 章　额济纳绿洲生态系统敏感性研究

1　生态系统敏感性评价方法研究

生态系统敏感性是指生态系统对人类活动反应的敏感程度，用来反映产生生态失衡与生态环境问题的可能性大小，具体说就是，在同样的人类活动影响或外力作用下，各生态系统出现区域生态环境问题（如水土流失、沙漠化、生物多样性受损和酸雨等）的概率大小。在自然状态下，各种生态过程维持着一种相对稳定的耦合关系，保持着生态系统的相对平衡，当外界干扰超过一定限度时，这种耦合关系将被打破，某些生态过程会趁机膨胀，导致严重的生态环境问题（刘康等，2003）。生态系统敏感性评价的实质就是评价具体的生态过程在自然状况下潜在变化能力的大小，用来表征外界干扰可能造成的后果（欧阳志云等，2000）。敏感性高的区域易产生生态环境问题，是生态环境保护与恢复的重点。因此，其评价对于分析区域生态系统的稳定性，确定生态系统保护的重点具有重要作用。

1.1　生态敏感性因子的选择

1.1.1　生态敏感性因子的选择原则

生态系统是一个结构形态复杂的庞大系统，影响敏感性的因子多而庞杂，不确定因素作用显著，仅凭几个指标不足以反映生态系统敏感性的总体特征，而将与敏感性有关的所有指标选出又会因指标过多过细而增加资料获取和描述分析的难度，既无必要也不可能。为使构建的指标体系粗而不失描述分析的重要内容，细而不失建模和运算的可能性，在构建生态系统敏感性指标体系时应遵循以下几个原则（沈刚，2004；李丽娜，2006）：①科学性原则。在进行生态因子的选择时，要考虑理论上的完备性、科学性和正确性，即指标概念必须明确，且具有一定的科学内涵。②主成分性原则。根据一般的复杂巨系统理论，应从众多的因子中依其重要性和对系统行为贡献率的大小排序，筛选出数目足够少的、但却能表征该系统本质行为的最主要成分的因子。③定性与定量相结合原则。选择的生态因子要尽可能量化，但对于一些在目前认识水平下难以量化且意义重大的指标，可以用定性指标来描述。④可操作性原则。这里强调的是因子的可取性（具有一定的现实统计基础）、可比性、可测性（所选的因子必须在现实生活中是可以测量得到的或可通过科学方法聚合生成的）、可控性（必须是人类能根据生态系统生态价值、区域可持续发展需要来理性调控的）。⑤简洁与聚合的原则。简洁与聚合常常被作为因子选择的主要原则。简洁使因子容易使用，聚合有助于全面反映问题。

1.1.2 生态敏感性因子选择方法

造成生态敏感性差异的因素可归纳为自然因素和人为因素两大类。自然因素造成的敏感性主要是指自然环境的变化，导致某一系统的生态平衡遭受破坏，从而使系统朝着不利的方向发展。其敏感因子包括：①地质敏感因子。通常包括地质断裂构造带。构造断裂作用的发生往往导致地貌格局和地表形态变化，从而导致生态环境急剧变化，最终促进敏感生态环境的形成。②地貌敏感因子。地貌敏感因子主要有石灰岩山地丘陵（容易导致石化）、山地陡坡不稳定风化壳（容易导致滑坡泥石流的发生）、山地薄土层粗骨质阳坡、垂直节理发育的深厚母质（或风化壳）、山体（容易引起重力侵蚀崩塌）、滨河滨湖滨海沙积地貌等。这些地貌因子属性及地貌过程，均容易造成敏感生态环境的形成与演替。人为因素造成的敏感性是由于人类生存发展离不开资源和环境，人类一方面通过资源的开发获得物质和环境建设来改善生态环境；另一方面，资源和环境又以自身的质量、数量分布制约人类的生存发展，形成彼此共生、相互关联的关系，自始至终处于动态平衡之中，而人类活动则处于这种关系的主导地位。如果人类活动与资源环境承载能力及再生能力协调，则生态环境处于良性演替；如果人类不合理开发利用资源，生态环境将会逆向演替，并将导致敏感生态环境的产生。因此，人为因素造成的敏感性是指造成自然系统敏感的压力来自于人类各种社会、经济活动。其表现形式主要是人类对环境资源的不合理开发利用，如过度垦殖、过度开采地下水、不合理灌溉、污染物排放等以及人口过度膨胀而远远超出生态环境的承载能力等（卞建民和李凤金，2001；赵跃龙和张玲娟，1998；孔红梅等，2002；王国，2001；达良俊等，2004）。

影响生态系统敏感性的因子很多，如海拔、植被、土壤、地质等，不同区域影响因子不同，作用于不同生态过程的生态因子也不同。杨志峰等（2002）在对广州市生态敏感性分析时，根据城市生态系统的特点和当地实际，选用了土地利用现状、面积、坡度、当地保护区类型和物种多样性 5 个生态因子；李贞等（2001）等在对深圳梧桐山南坡废弃石场进行景观与生态敏感性分析时，采用了地形、岩石、植被、水体等 6 个因子；张军和徐肇忠（2003）在对城市生态敏感性分析时，选用了水体、植被等因子；赵跃龙和张玲娟（1998）等选用地质、地貌、气候、水文等因子分析了全国 26 个省、区的生态环境脆弱度；欧阳志云等（2000）等在对中国生态环境敏感性划分研究中选用了气候、地形、土壤、地表覆盖度等因子；靳英华等（2004）等对吉林省进行生态环境敏感性分析时，选用自然与人类活动两大类 12 项指标。刘康等（2003）等在进行甘肃省生态环境敏感性评价及空间分布研究时，根据该省的实际情况，选取降水、植被和地形等 11 个因子进行分析。

1.1.3 权值的确定

由于各因子对生态系统敏感性的影响程度不同，要对生态系统敏感性进行定量的综合评价，除了选择正确的评价指标外，还必须确定各指标在整个指标体系中的权重。确定权重的方法有很多，主要有主观判断、经验判定（如经验权数法、专家咨询法等）和数学方法（如主成分分析法、层次分析法、逐步回归法等）。目前常用的是专家咨询法和层次分析法（戴英和张晓辉，2003；赵跃龙和张玲娟，1998）。在确定权值时，应根据具体情况，选择合适的定权方法，使确定的权值更具科学性。综上所述，在进行生态系统敏感性评价时，选择什么生态因子取决于当地的生态环境状况。比如，若某个地区的土壤侵蚀情况比较严重，那么在对该地区进行生态敏感性评价时，降水、地形地貌、植被和土壤质地这 4 个因子是必不可少的；若该地区土地沙漠化程度比较严重，则土壤质地、植被、湿润指数以及大风天数应当是进行生态系统敏感性评价时首要考虑的影响因子。总之，因地制宜地选取生态因子，可以提高研究的科学性、客观性以及实用性。

1.2　生态系统敏感性评价方法

生态环境问题的形成和发展是多个因子综合作用的结果。生态环境问题的出现或发生概率常常取决于影响生态环境问题形成的各个因子的强度、分布状况和多个因子的组合。因此，在生态环境敏感性评价时，常常采用单因子分析和多因子综合评价相结合的方法（Sung et al.，1998；Cassel-Gintz and Petscgek-Held，2000）。目前在进行生态敏感性评价时，多采用层次分析法和综合指标法对生态系统敏感性进行定量评价，一般包括以下几个步骤：第 1 层次为生态系统敏感性综合评价；第 2 层次为各种生态环境问题敏感性评价；第 3 层次为各种生态环境问题敏感性成因单因子评价。首先在 GIS 软件支持下得到各影响因子的单因子分布图，通过综合各影响因子分布图，采用 GIS 空间分析方法，得出各生态环境问题的敏感性分布图，然后通过地理信息系统软件进行进一步综合，得出研究区生态环境敏感性分布图，进而对研究区进行生态敏感性评价（刘康等，2003；欧阳志云等，2000；郝吉明等，1996；尹海伟等，2006；靳英华等，2004）。

1.2.1　单因子生态敏感性评价

基于各生态环境问题形成的机制，选取直接影响该生态环境问题发生和发展的生态因子，获取研究区这些生态因子的数据资料，在地理信息系统软件支持下，建立各影响因子的数据库，根据研究目标指定分类标准，对各因子进行分类，并赋生态敏感性等级值，生成各影响因子的单因子敏感性评价图（刘康等，2003；欧阳志云等，2000；郝吉明等，1996；刘康等，2002；王春菊等，2005；罗先香和邓伟，2000；万忠成等，2006；尹海伟等，2006；靳英华等，2004）。

1.2.2　生态环境问题敏感性评价

从单因子分析得出的生态环境敏感性，只反映了某一因子的作用程度，没有将生态环境敏感性的区域变异综合反映出来。因此，在进行各单因子生态敏感性评价的基础上，还需要对影响某个生态环境问题的因子进行赋值，再通过下面的公式计算敏感性指数：

$$SS_j = \sum_{i=1}^{n} C_{(i,j)} W_i \tag{8.1}$$

式中，SS_j 为 j 空间单元某生态环境问题敏感性指数；$C_{(i,j)}$ 为 j 空间单元 i 因子敏感性等级值；W_i 为 i 因子影响该生态环境问题的权重；n 为因子个数。然后，根据研究目的制定分类标准，确定该生态环境问题的分类等级。根据上述公式，利用地理信息系统软件的空间叠加分析功能，根据前面制定的分类等级，生成该生态环境问题敏感性评价图（刘康等，2003；欧阳志云等，2000；郝吉明等，1996；刘康等，2002；王春菊等，2005；罗先香和邓伟，2000；万忠成等，2006；尹海伟等，2006；靳英华等，2004）。

1.2.3 生态敏感性综合评价

综合考虑各生态环境问题，采取最大值方法，根据以下公式计算不同空间单元生态系统敏感性综合指数：

$$S_j = \max(SS_j1, SS_j2, SS_j3, \ldots) \tag{8.2}$$

式中，S_j 为空间单元生态系统敏感性综合指数；SS_j1 为 j 空间单元生态环境问题 1 敏感性指数；SS_j2 为 j 空间单元生态环境问题 2 敏感性指数；SS_j3 为 j 空间单元生态环境问题 3 敏感性指数。依据研究目标制定分类标准，在地理信息系统软件中，对各生态环境问题敏感性评价图进行叠加，生成研究区域生态系统敏感性综合评价图（刘康等，2003；欧阳志云等，2000；郝吉明等，1996；尹海伟等，2006；靳英华等，2004）。综上所述，生态系统敏感性评价是在对各单因子进行评价基础之上的一项综合评价(图 8.1)。

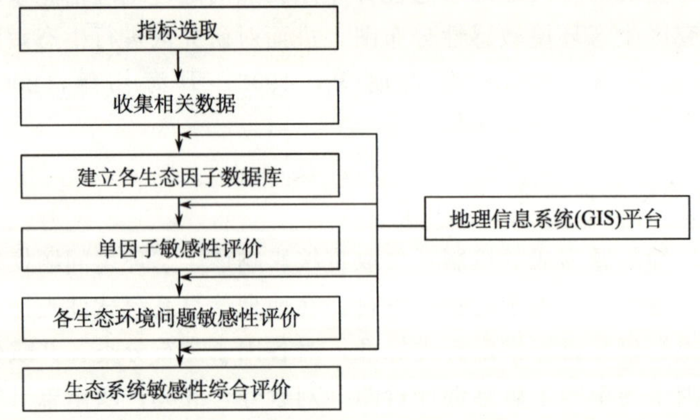

图 8.1 生态系统敏感性综合评价研究步骤（康秀亮和刘艳红，2007）

2 额济纳旗沙漠化胁迫下植被敏感性

目前国内外对生态系统敏感性的研究比较重视，根据生态系统敏感性研究对象的不同，可将生态敏感性分析大致分为三类：一是针对某一单一的生态环境问题的敏感性分析；二是场地的景观生态敏感性分析；三是城市生态敏感性的分析。当前国内外对生态系统敏感性的研究针对第一类研究较多，即某一生态系统过程或功能的受损情况的评价，尤其是针对酸雨敏感性问题的研究较多（周修萍和秦文娟，1992；王晓燕等，1999；杨秀虹等，2002 等）。

额济纳旗地处河西走廊的北缘，阿拉善盟的西部，属干旱、极干旱荒漠区。极端干旱的气候加上近年来黑河下泻水量的锐减，由此引发的植被退化和生物多样性的丧失加速了当地土地的沙漠化。土地的沙漠化带走了土壤中的有机质，造成生态系统内物质循环的失调，加速了现有植被退化的速度，进而形成恶性循环。简言之，植被退化引起土地沙漠化，而土地沙漠化又会加速植被退化。所以，潜在的土地沙漠化地区出现植被退化的可能性较大。基于这一观点，在分析土地沙漠化形成的机理和研究区域的环境条件的基础上，选取植被覆盖度、土壤质地、大风天数和地貌类型这 4 个沙漠化敏感性因子，借助 RS 和 GIS 技术采用单因子评价和多因子综合评价的方法，进行额济纳地区土地沙漠化敏感性评价，并在此基础之上，采用叠加分析的方法，对当地 5 种典型的植被类型进行了沙漠化胁迫下的敏感性评价，找出各种植被类型的重点保护区域，为当地植被保护和恢复提供参考和依据。

2.1　主要研究内容

在对额济纳地区遥感数据以及土壤、气象数据以及植被数据等绿洲环境本底资料收集的前提下，借助遥感数据处理软件 erdas8.5 和地理信息系统分析软件 arcgis9.0，采用叠加分析法，在对额济纳地区生土地沙漠化敏感性进行了综合评价的基础上，将额济纳地区植被类型图和额济纳地区沙漠化敏感性分区图进行叠加，对额济纳地区典型的植被类型进行了敏感区划分。

研究内容包括以下几个方面：

（1）研究区遥感数据以及环境本底资料收集。

（2）数据准备及预处理（遥感数据处理、植被信息提取及各种生态因子数据库的建立）。

（3）额济纳土地沙漠化敏感性评价。根据额济纳地区的实际情况，构建土地沙漠化敏感性评价指标体系，在划分评价单元的基础上，采用定性分析和定量分析相结合的方法进行土地沙漠化敏感性评价研究。

（4）额济纳典型植被类型敏感区划分。以土地敏感性评价研究结果为依据，结合研究区植被类型图，对研究区内 5 种典型植被类型进行敏感区划分。

2.2　技术路线

2.3　遥感数据处理及植被覆盖度提取

2.3.1　遥感数据处理

遥感是利用遥感平台对地进行观测的技术，通过接受地物电磁波辐射来反映地物实地情况，在遥感图像上用灰度值（DN 值）反映了不同地物的辐射强度。但是由于遥感系统空间、波谱、时间以及辐射分辨率的限制，很难精确地记录复杂地表的信息。同时传感器的灵敏度特性、太阳高度、地形、大气等因素的影响，遥感影像上实际的图像灰度值与地物辐射电磁波能量大小并不一致，所以在数据获取过程中遥感影像便存在误差。这些误差降低了遥感数据的质量，从而影响了图像分析的精度。因此，在实际的图

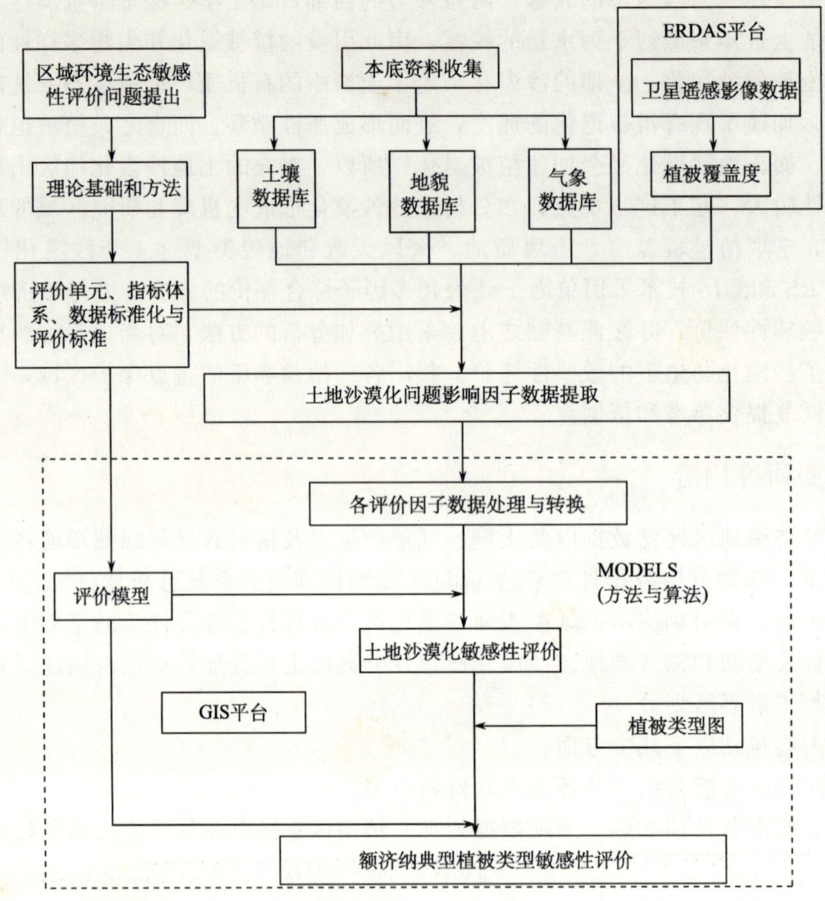

像分析和处理之前，必须对遥感原始图像进行预处理。

影像的预处理称为图像纠正和重建，其主要目的是纠正原始图像中的几何与辐射变形，即通过对图像获取过程中产生的变形、扭曲、模糊（递降）和噪音等进行纠正，以得到一个尽可能在几何和辐射上真实的图像。预处理过程主要包括几何校正和辐射校正。前者是指削除遥感影像中的几何畸变的过程，而辐射校正包括传感器灵敏度引起的校正、太阳高度角和地形引起的畸变校正以及大气校正等。

2.3.1.1 波段选择与组合

本次研究采用 CBERS-02 卫星 2004 年 7 月 18 日获取的额济纳全旗的遥感数据，轨道号：Path：17-22；Row：52-56。CBERS-02 星上搭载了 CCD 相机、红外多光谱扫描仪 IRMSS 以及广角成像仪 WFI 三种相机。本研究中应用的 CCD 数据的空间分辨率 19.5m×19.5m，属于中分辨率数据，共有 5 个波段，前四个波段与 TM 数据的前 4 个波段的参数基本相同，第五个波段为全色波段（表 8.1）。

表 8.1　CBERS-02 卫星 CCD 数据与 Landsat5 TM 数据参数设置对比

CCD	波长/μm	波段名称	分辨率/m	Landsat5 TM	波长/μm	波段名称	分辨率/m
波段 1	0.45～0.52	蓝绿色	19.5	波段 1	0.45～0.52	蓝绿色	30
波段 2	0.52～0.59	绿色	19.5	波段 2	0.52～0.60	绿色	30
波段 3	0.63－0.69	红色	19.5	波段 3	0.63～0.69	红色	30
波段 4	0.77～0.89	近红外	19.5	波段 4	0.76～0.9	近红外	30
波段 5	0.51～0.73	全色	19.5	波段 5	1.55～1.75	中红外	30
				波段 6	2.08～2.35	热红外	30
				波段 7	10.4～12.5	短波红外	30

根据以上参数对比，可以看出 CCD 数据的 2、3 和 4 三个波段的波长范围和 TM 数据 2、3 和 4 三个波段的波长范围几乎一致，因此，本研究采用 CCD 数据 RGB432 的波段组合方式，分别将三个波段的数据导入遥感应用处理软件 ERDAS IMAGE8.5，利用其影像解译（Interpreter）模块中的实用工具（Utilities）中的影像波段组合工具（Layer Stack）对单波段影像作组合。

2.3.1.2　几何精校正

原始遥感图像通常包含严重的几何变形，一般分为系统性和非系统性两大类。系统性的几何畸变是有规律和可以预测的，因此可以应用模拟遥感平台及遥感器内部变形的数学公式或模型进行预测。而非系统性畸变是不规律的，可以是遥感器平台的高度、经纬度、速度和姿态等的不稳定，地球曲率及空气折射的变化等。几何校正的目的就是要纠正这些系统与非系统性因素引起的图像变形，从而实现与标准图像或者地图的几何整合。图像的几何校正是需要根据图像中的几何变形的性质、可用的校正数据、图像的应用目的，来确定合适的几何校正方法。

对遥感影像进行几何精纠正可采取以地形图纠正影像，以影像纠正影像、以已知控制点纠正影像、以已经获得控制点坐标通过键盘输入 4 种方法。根据已有数据条件，本研究采用以地形图纠正影像。以地形图纠正影像是以地形图为依据，从地形图上选取控制点对遥感影像进行几何校正，主要是选取地形图上相对不变的明显地物点，再找到遥感影像上与其对应的地物点作为控制点，达到要求后，对这些控制点进行优先，满足精度要求后，进行重采样计算，存贮计算结果。质量检查合格后，即可作为正式成果存贮、输出，交付使用。这种方法易掌握且数据源容易得到，精度也能满足要求，是一种比较可靠、可行的方法。

研究中所用到的 CBERS-02CCD 数据为二级产品，只经过辐射校正和几何粗校正处理，因此需要对遥感数据进行几何精校正。参考 1∶50000 额济纳旗地形图分别对各景遥感图像进行了几何精校正处理。校正过程采用二次多项式方法，重采样过程选取双线性内插法，相对误差均控制在 0.5 个像元内，完全满足精度要求。

2.3.1.3 图像拼接及研究区裁剪

由于研究区域较大，一景遥感图像无法完全包括整个研究区域，因此利用遥感影像处理软件 ERDAS 中 Mosaic Images 模块对各单景影像进行了无缝拼接，生成了一幅完全包括研究区域的遥感影像。

经过拼接的遥感图像，虽然完全包括了研究区域，但也包括了研究区以外的一些区域，需要利用研究区矢量边界数据对遥感图像进行裁剪，以获得完整研究区的遥感数据。主要操作有以下两步：

第一步：在 Arcgis9.0 中，利用 Arc Toolbox 中 Conversion Tools 工具条下 Feature to Raster 模块将矢量边界转化为栅格边界。

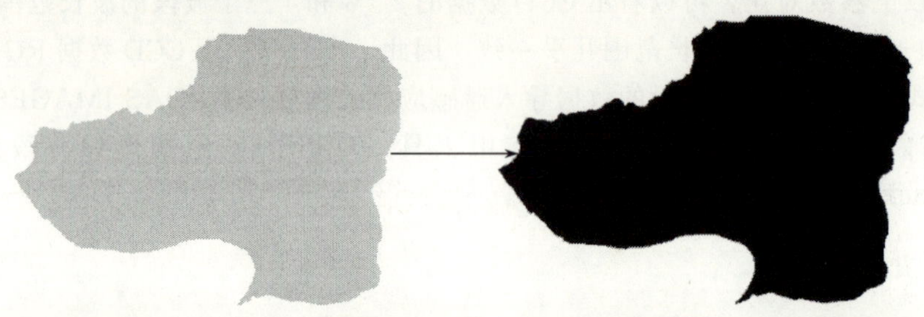

黑色区域内值为0，其他区域值为255

第二步：在 ERDAS8.5 中，影像解译（Interpreter）模块中的实用工具（Utilities）中掩膜工具（Mask），进行研究区裁剪

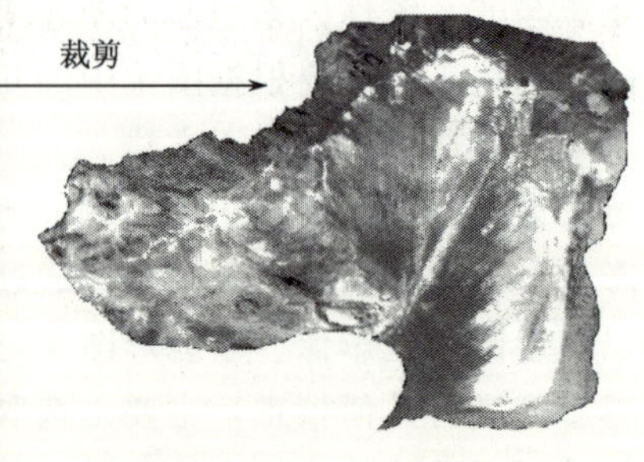

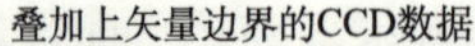

叠加上矢量边界的CCD数据　　裁剪后的研究区CCD数据

2.3.2 植被覆盖度提取

2.3.2.1 植被覆盖度遥感估算理论

（1）归一化植被指数（NDVI）。归一化植被指数（NDVI）定义为近红外波段（NIR）与可见光红波段（RED）数值之差和这两个波段数值之和的比值：

$$\mathrm{NDVI} = (\mathrm{NIR} - \mathrm{RED})/(\mathrm{NIR} + \mathrm{RED}) \tag{8.3}$$

NDVI 指数与植被覆盖度有很大的关系。当植被覆盖度小于 15％时，植被的 NDVI

值变化率不大；当植被覆盖为25%～80%时，NDVI随植被覆盖度增加呈线性增长；当植被覆盖度大于80%时，检测的灵敏度下降。NDVI长期以来被用来监测植被变化情况，也是遥感估算植被覆盖度研究中最常用的植被指数。Tateishi等（1998）通过各植被指数与植被覆盖度进行二次多项式回归，表明TSAVI与NDVI可以最好的估算大范围的草地植被覆盖度。Leprieur等（1994）检验了NDVI、MSAVI与GEMI在估算植被覆盖度方面的能力，结果表明在监测低植被覆盖度时NDVI与GEMI的效果比较好。随着植被覆盖度的增加，NDVI与MSAVI对于植被覆盖度的测量要优于GEMI。Rundquist（2002）为测量高草草原的植被覆盖度，分别研究了NDVI、N*2、SAVI三个植被指数与植被覆盖度的关系，结果表明NDVI与N*2都与植被覆盖度有良好的相关性。Qi等（1994）建立了NDVI估算植被覆盖度的模型，并使用了三种数据：Land sat TM、SPOT4和VEGETATION与机载数据对该模型进行了检验，认为该模型适用于不同分辨率遥感数据对植被覆盖度的估算。

本研究中选择NDVI这一植被指数既可以部分消除由天气变化、倾斜、观察姿态所造成的误差，又较好地反映了地表绿色植被的分布情况。

（2）像元二分模型。像元二分模型是一种简单实用的遥感估算模型，它假设一个像元的地表由有植被覆盖部分地表与无植被覆盖部分地表组成，而遥感传感器观测到的光谱信息也由这两个组分因子线性加权合成，各因子的权重是各自的面积在像元中所占的比率，如其中植被覆盖度可以看作是植被的权重。

根据像元二分模型的原理，通过遥感传感器所观测到的信息 S_v 可以表达为由绿色植被部分所贡献的信息，和由无植被覆盖（裸土）部分所贡献的信息 S_s 两部分，即：

$$S = S_v + S_s \tag{8.4}$$

设一个像元中有植被覆盖的面积比例为 Fc，即该像元的植被覆盖度，则裸土覆盖的面积比例为 $1-Fc$。如果全由植被所覆盖的纯像元所得的遥感信息为 S_{veg}，则混合像元的植被部分所贡献的信息 S_v 可以表示为 S_{veg} 与 Fc 的乘积：

$$S_v = Fc \times S_{veg} \tag{8.5}$$

同理，如果全由裸土所覆盖的纯像元所得的遥感信息为 S_{soil}，混合像元的土壤成分所贡献的信息 S_s 可以表示为 S_{soil} 与 $1-Fc$ 的乘积：

$$S_s = (1 - Fc) \times S_{soil} \tag{8.6}$$

将公式（8.3）与公式（8.4）代入公式（8.1），可得：

$$S = Fc \times S_{veg} + (1 - Fc) \times S_{soil} \tag{8.7}$$

对公式（8.5）进行变换，可得以下计算植被覆盖度的公式：

$$Fc = (S - S_{soil})/(S_{veg} - S_{soil}) \tag{8.8}$$

式中，Fc 为植被覆盖度，S_{soil} 与 S_{veg} 是像元二分模型的2个参数。因此，只要知道这2个参数就可以根据公式（8.8）利用遥感信息来估算植被覆盖度。本模型表达了遥感信息与植被覆盖度的关系，其参数 S_{soil} 与 S_{veg} 则具有实际含义，即土壤与植被的纯像元所反映的遥感信息，这样就削弱了大气、土壤背景与植被类型等的影响，将大气、土壤背景与植被类型等对遥感信息的影响降至最低，只留下植被覆盖度的信息。

(3) 用 NDVI 估算植被覆盖度。由于归一化植被指数（NDVI）也是一种由遥感传感器所接收的地物光谱信息推算而得的反映地表植被状况的定量值。根据像元二分模型，一个像元的 NDVI 值可以表达为由绿色植被部分所贡献的信息 $NDVI_{veg}$，与由无植被覆盖（裸土）部分所贡献的信息 $NDVI_{soil}$。这两部分组成，同样满足公式（8.7）的条件，因此可以将 NDVI 代入（8.8）可得：

$$Fc = (NDVI - NDVI_{soil})/(NDVI_{veg} - NDVI_{soil}) \tag{8.9}$$

式中，$NDVI_{soil}$ 为完全是裸土或无植被覆盖象元的 NDVI 值，$NDVI_{veg}$ 则代表完全被植被所覆盖的像元的 NDVI 值，即纯植被像元的 NDVI 值。

(4) $NDVI_{soil}$ 与 $NDVI_{veg}$ 的取值。$NDVI_{soil}$ 对于大多数类型的裸地表面，理论上应该接近零，但由于受众多因素影响，$NDVI_{soil}$ 的变化范围一般在－0.1～0.2。$NDVI_{veg}$ 代表着全植被覆盖像元的最大值，由于植被类型的影响，$NDVI_{veg}$ 值也会随着时间和空间而改变。因此，计算植被覆盖度时，既使同一景影像，对于 $NDVI_{soil}$ 和 $NDVI_{veg}$ 值不能取固定值。

对于给定区域 A 内的任何两个像元 a_1 与 a_2，它们的植被覆盖度已知分别为 Fc_1 与 Fc_2，对这两个像元应用公式（8.9）可得：

$$\begin{cases} Fc_1 = (NDVI_1 - NDVI_{soil})/(NDVI_{veg} - NDVI_{soil}) \\ Fc_2 = (NDVI_1 - NDVI_{soil})/(NDVI_{veg} - NDVI_{soil}) \end{cases}$$

对此方程组中的 $NDVI_{soil}$ 与 $NDVI_{veg}$ 求解得：

$$\begin{cases} NDVI_{soil} = (Fc_2 \times NDVI_1 - Fc_1 \times NDVI_2)/(Fc_2 - Fc_1) \\ NDVI_{veg} = [(1 - Fc_2) \times NDVI_2 - (1 - Fc_1) \times NDVI_1]/(Fc_2 - Fc_1) \end{cases}$$

其中像元 a_1 可为区域 A 中具有 NDVI 最小值的像元，象元 a_2 可为区域 A 中具有 NDVI 最大值的像元。此时，对 $NDVI_{soil}$ 与 $NDVI_{veg}$ 的确定，转化为对 Fc_{max}、Fc_{min}、$NDVI_{max}$ 与 $NDVI_{min}$ 4 个参数的确定，根据植被覆盖度的最大值与最小值的不同取值，有 2 种情况：

① 当 Fc_{max} 可以近似取 100%，且 Fc_{min} 可以近似得取 0% 时：

$$NDVI_{soil} = NDVI_{min}; NDVI_{veg} = NDVI_{max} \tag{8.10}$$

由于图像中不可避免的存在着噪声，NDVI 的极值并不一定是 $NDVI_{max}$ 与 $NDVI_{min}$，因此对其取值时，并不是直接取区域 A 中 NDVI 的最大值与最小值，而是取给定置信度区间内的最大值与最小值。置信度的取值主要由图像大小、图像清晰度等情况来决定。

② 当 Fc_{max} 与 Fc_{min} 不能近似取 100% 与 0 时，使用遥感技术监测植被覆盖度，都需要进行实测数据的检验。如果有一定量的实测数据，那么只需取一组实测数据中的植被覆盖度的最大值与最小值，作为 Fc_{max} 与 Fc_{min}，并在图像中找到这 2 个实测数据所对应像元的 NDVI 值，分别作为 $NDVI_{max}$ 与 $NDVI_{min}$，而其余实测数据都可以作为检验值。

在没有实测数据的情况下，就只能取 $NDVI_{max}$ 与 $NDVI_{min}$ 为图像中给定置信度的置信区间内的最大值与最小值，而 Fc_{max} 与 Fc_{min} 则根据经验进行估计。

2.3.2.2　植被覆盖度遥感估算

（1）计算 NDVI。利用 CBERS-02 卫星 CCD 数据，近红外波段（NIR）对应与 CCD 数据的第 4 波段可见光红波段（RED）对应与 CCD 数据的第 3 波段，因此利用公式 NDVI＝（波段 4－波段 3）/（波段 4＋波段 3），利用 ERDAS 遥感图像处理软件所提供的 Modeler 模块，编写程序计算 NDVI（图 8.2）。

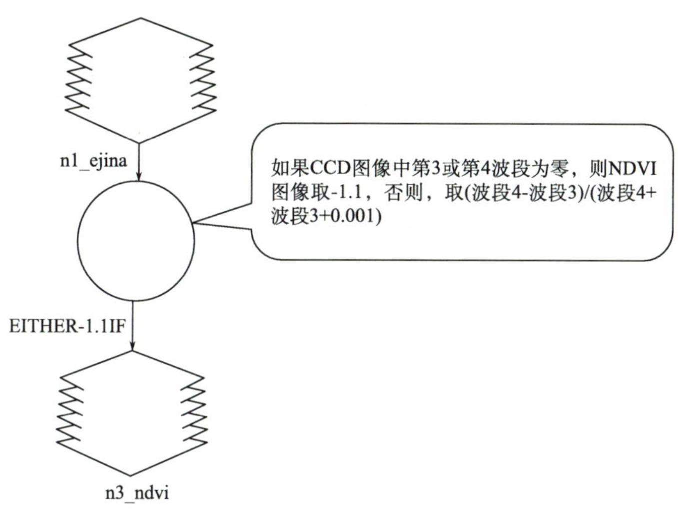

图 8.2　ERDAS 中编写的 NDVI 计算模型

为了消除图像中空白区域对 NDVI 计算的影响，考虑到遥感图像中第 3 波段或第 4 波段为零，则 NDVI 图像取－1.1。而根据 NDVI 的计算公式，NDVI 的取值范围在－1～1之间，所以取将研究范围以外的区域的 NDVI 值都取为－1.1。由于存在第 3 波段和第 4 波段同时为 0 的像元，公式分母为 0 的情况，则程序出错，为避免这种情况的发生，所以在除数上加上 0.001，它对三位有效数字的计算结果几乎没有影响。

（2）利用 NDVI 估算植被覆盖度。由上述分析可以知道，将计算出的 NDVI 带入下面公式

$$Fc = (\mathrm{NDVI} - \mathrm{NDVI}_{soil})/(\mathrm{NDVI}_{veg} - \mathrm{NDVI}_{soil}) \tag{8.11}$$

即可估算研究区域内的植被覆盖度，关键之处在于 NDVI_{max} 和 NDVI_{min} 这两个常量的确定。由于图像中不可避免的存在着噪声，NDVI 的极值并不一定是 NDVI_{max} 与 NDVI_{min}，因此对其取值时，并不是直接取计算结果中 NDVI 的最大值与最小值，而是取给定置信度区间内的最大值与最小值。根据本次研究所用遥感图像的大小和图像清晰度等情况，决定采用 99.5％置信度。计算 NDVI 累积频率，取累积频率最接近 0.5％的 NDVI 值为 NDVI_{min}，取累积频率最接近 99.5％的 NDVI 值为 NDVI_{max}。

经计算本次植被覆盖度估算取：$\mathrm{NDVI}_{min}=0.13$，$\mathrm{NDVI}_{max}=0.51$。

在确定了 NDVI_{min} 和 NDVI_{max} 之后，在 ERDAS 遥感图像处理软件 Modeler 模块下编程实现植被覆盖度的计算。由于 NDVI_{min} 和 NDVI_{max} 并不是取得 NDVI 图像中的最小

值和最大值，因此为了避免出现计算出的植被覆盖度有小于零和大于 1 的情况的出现，需要在程序中将小于 0.13 的 NDVI 值改为 0.13，将大于 0.51 的 NDVI 值改为 0.51（图 8.3）。

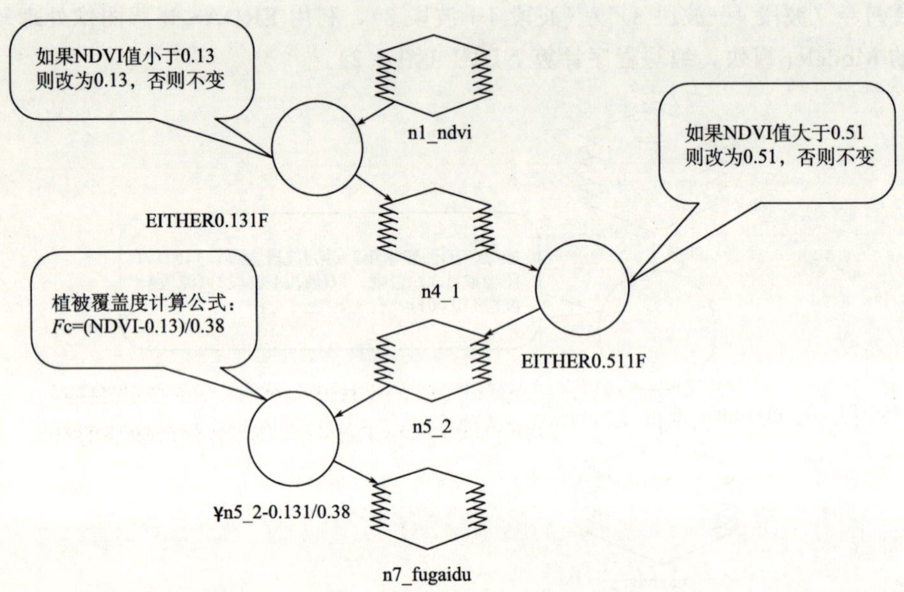

图 8.3　ERDAS 中编写的植被覆盖度计算模型

2.4　土地沙漠化敏感性评价

2.4.1　评价指标体系建立

2.4.1.1　评价指标建立原则

见本章 1.1.1。

2.4.1.2　评价指标选择方法

见本章 1.1.2。

2.4.1.3　评价指标选择

影响土地沙漠化敏感性的因子较多，张国平等（2001）利用风速、土壤干燥度、地表植被指数、土壤质地和坡度 5 个因子建立土地沙漠化敏感性模型。张慧等（2007）采用地貌类型、土壤类型和植被类型对临策铁路沿线土地沙漠化敏感性进行了评价。刘康等（2002，2003）采用湿润指数、土壤质地、大风天数、冬春季地表植被覆盖度 4 个因子对甘肃省土地沙漠化敏感性进行了评价。在国家环境保护总局生态功能区划工作方案中也采用上述 4 个指标对沙漠化敏感性进行分级。

根据上述研究成果，考虑到研究区地处极干旱的气候条件下的情况，选取湿润指数作为土地沙漠化敏感性评价的影响因子意义不大，本研究选用植被覆盖度、土壤质地、大风天数（冬春季风速大于 6m/s 的天数）以及地貌类型作为额济纳地区土地沙漠化敏感性评价的敏感性影响因子。

（1）植被覆盖度。植被作为关键的评价因子，不仅体现在植物群落类型的演替方面，其本身对地面的保护作用更加重要。因为对于这个生态条件如此脆弱的区域，一旦失去植被的保护，地表面在很短时间内可能会面目全非。毋庸置疑，最能够充分体现植被保护性的指标应该是植被覆盖度，植被覆盖度是构成区域生态敏感性评价指标体系的重要指标因子。地表植被覆盖是影响沙漠化敏感性的一个重要因素，在水域、冰雪和植被覆盖度高的地区，不会发生土壤的沙漠化；相反，地表裸露，植被稀少，都会使土壤沙漠化的机会增加。

（2）土壤质地。土壤质地作为土壤的一个物理机械组成指标是土地沙漠化的一个重要影响因子，不同粒度的土壤颗粒具有不同的抗剪切力，黏质土壤易形成团粒结构，抗剪切能力较强，相同条件下，黏质土壤的起沙速率小于壤质和砾质土壤的起沙速率；砾质结构的土壤的风蚀速率小于沙地土壤的起沙速率；而基岩质地表的供沙率极低，对风蚀的影响不大。

（3）大风天数（冬春季风速大于 6m/s 的天数）。气象条件中的风力强度影响风对土壤颗粒搬运的重要因素，是造成土地沙漠化的一个重要因素。风速只有在超过某一临界值的情况下才有可能吹扬和搬运土壤中的颗粒物质至空中，根据大量的研究资料，沙质壤土的起沙风速为 6m/s。并且冬春季节降雨量极少，干燥多风。选用冬春季大于 6m/s大风的天数这个指标来评价土地沙漠化具有很重要的意义。

（4）地貌类型。地貌类型可反映当地的地表物质组成，并且风速与地貌类型密切相关。海拔高的地方风速相对会较高；丘陵地区与平原地区相比，由于地形相对较起伏，在相同植被覆盖的条件下，容易增加表层土的流动性，而且当风从相邻两个丘陵之间的低洼地带通过时，风速会增大；湖积平原与冲积和洪积平原相比，其地表组成颗粒相对较细，在相同风速的情况下，更加容易被吹走。

2.4.1.4　评价标准确定

本研究的最终目的是为额济纳绿洲植被恢复提供依据和参考，结合额济纳绿洲地区的生态环境差异性不是很明显等实际情况，本次土地沙漠化敏感性评价设定 3 个评价等级：低度敏感、中度敏感和高度敏感。各生态因子分别按低度敏感、中度敏感和高度敏感赋敏感性等级值为 1、3 和 5。评价标准参考刘康等（2002，2003）、刘晓曼（2004）、欧阳志云等（2000）、潘竟虎和董晓峰（2006）、张慧等（2007）、姚卫红（2003）和靳英华等（2004）等在进行土地沙漠化敏感性评价时的评价标准（表 8.2）。

表 8.2　额济纳旗土地沙漠化敏感性评价因子及分级

评价指标	低敏感	中敏感	高敏感
植被覆盖度/%	>30	10～30	<10
土壤质地	基岩和黏质	砾质	壤质和沙质
大风天数	<30	30～45	>45
地貌类型	低海拔冲积洪积平原	中海拔丘陵低海拔剥蚀平原中海拔剥蚀平原低海拔干燥洪积平原	低海拔湖积平原低海拔风蚀地貌中海拔剥蚀台地中海拔黄土梁峁中海拔干燥湖积平原
分级赋值	1	3	5
分级标准	1.0～2.0	2.1～4.0	>4.0

2.4.2　各因子数据库建立及评价

2.4.2.1　植被覆盖度数据库建立及评价

第三章中植被覆盖度遥感估算过程即为植被覆盖度数据库建立过程，在此不再赘述。

利用 erdas 遥感图像处理软件中的专家分类器，按照表 8.2 评价指标体系中的植被覆盖度分类标准，对植被覆盖度遥感估算图进行重新分类，并赋敏感性等级值，进行基于植被覆盖度的研究区土地沙漠化敏感性评价。

利用 arcgis 地理信息系统软件中面积计算功能（ESRI，2004），计算各级敏感区的面积，得到基于植被覆盖度的研究区土地沙漠化敏感性评价结果（表 8.3）。

表 8.3　基于植被覆盖度的研究区土地沙漠化敏感性评价结果

沙漠化敏感性类别	敏感性指数	面积/km^2	占研究区面积比重/%
低敏感区	1	733.71	1.26
中敏感区	3	17732.29	30.39
高敏感区	5	39878.26	68.35

研究区内植被覆盖度水平不高，基于植被覆盖度的土地沙漠化敏感性总体较高。沙漠化高敏感区面积为 39878.26km^2，占研究区总面积的 68.35%，主要集中分布在荒漠低山丘陵东部、荒漠戈壁和干湖盆内，该区域内植被稀疏，裸地占有绝对优势，一旦外界环境发生改变，极易出现土地沙漠化生态问题，属土地沙漠化高敏感性区域；土地沙漠化中敏感区面积为 17732.29km^2，占研究区总面积的 30.39%，主要集中分布于荒漠低山丘陵西部、东河和西河下游地区以及西部古日乃地区的大部分地区，占据了绿洲子系统和湖盆子系统的大部分地区，该区域内植被覆盖度适中，在外界环境发生改变的情况下，出现土地沙漠化问题的可能性较低，属土地沙漠化中度敏感区；土地沙漠化低敏感区面积为 733.71km^2，占研究区总面积的 1.26%，主要集中分布在黑河沿岸和古日

乃地区的东南边缘地带，该区域内植被覆盖度高，如果外界环境发生改变，该区域出现沙漠化环境问题的可能性较低，属土地沙漠化低敏感性区域（图版ⅤA）。

2.4.2.2　土壤质地数据库建立及评价

本文依据中国科学院寒区旱区环境与工程研究所“数字黑河”项目提供的额济纳地区 1∶10 万土壤图以及土壤调查资料，结合《内蒙古土种志》确定研究区内每种土壤类型的质地，在 arcgis9.0 地理信息系统软件的支持下，进行土壤质地属性数据的录入，建立研究区土壤质地数据库。

依据表 8.2 的标准，对土壤质地数据进行赋敏感性等级值，借助 arcgis9.0 地理信息系统软件中数据转换模块按照敏感性等级值属性转为 GRID 格式，进行基于土壤质地的研究区土地沙漠化敏感性评价。

利用 arcgis 地理信息系统软件中面积计算功能，计算各级敏感区的面积，得到基于土壤质地的研究区土地沙漠化敏感性评价结果（表 8.4）。

表 8.4　基于土壤质地的研究区土地沙漠化敏感性评价结果

沙漠化敏感性类别	敏感性指数	面积/km^2	占研究区面积比重/%
低敏感区	1	3573.10	6.12
中敏感区	3	1962.15	3.36
高敏感区	5	52809.01	90.51

从土壤质地情况来看，额济纳地区土地沙漠化敏感性总体程度很高。土地沙漠化高敏感性区域遍布全旗，总面积为 52809.01km^2，占研究区总面积的 91.51%，以壤质、粉沙壤质和沙壤质的灰棕漠土为主，以及原始风沙土和半固定风沙土等土壤类型。这部分地区土壤沙质和壤质情况严重抗剪切力弱，易发生风蚀出现土地沙漠化现象，属土地沙漠化高敏感性区域；土地沙漠化中度敏感区域很少，主要集中分布在额济纳盆地东北部边缘地带，总面积为 1962.15 km^2，占研究区总面积的 3.36%，土壤类型以黏化盐土和黏化灰漠土等土壤类型为主。该地区土壤黏化和砾质化现象较明显，抗剪切力较强，发生风蚀出现沙漠化现象的可能性较小，属土地沙漠化中敏感性区域；土地沙漠化低敏感性区域主要集中分布在黑河沿岸和下游地区以及故日乃地区，总面积仅为 3573.1 km^2，占研究区总面积的 6.12%，土壤类型以荒漠森林草甸土和草甸土为主。该地区由于水分比较充足，土壤黏重，抗剪切力强，在外界环境发生改变的情况下，不易出现土地沙漠化现象，属于土地沙漠化低敏感性区域（图版ⅤB）。

2.4.2.3　大风天数数据库建立及评价

因研究区内气象站点较少，所以本研究利用黑河流域额济纳旗、阿拉善右旗和甘肃省部分的 20 个气象站的多年风速记录资料，统计出各气象站冬春季风速大于 6m/s 的天数，并利用 arcgis9.0 地理信息系统软件中 JION 命令把各气象站点的地理位置信息导入系统，生成点数据集，并对其属性表进行编辑添加大风天数属性，进而利用 arcgis9.0 地理信息系统软件中的地统计分析模块中 kriging 命令进行插值，转换成 500m×500m 的栅格数据，建立研究区大风天数数据库。

根据表 8.2 的分级标准，借助 arcgis9.0 地理信息系统软件中空间分析模块下重分类功能对大风天数数据进行重新分类，并赋敏感性等级值。进行基于大风天数的研究区土地沙漠化敏感性评价。

利用 arcgis 地理信息系统软件中面积计算功能，计算各级敏感区的面积，得到基于大风天数的研究区土地沙漠化敏感性评价结果（表 8.5）。

表 8.5　基于大风天数的研究区土地沙漠化敏感性评价结果

沙漠化敏感性类别	敏感性指数	面积/km^2	占研究区面积比重/%
低敏感区	1	17731.87	30.39
中敏感区	3	27254.44	46.71
高敏感区	5	13357.95	22.90

从额济纳地区的大风天数来看，该地区土地沙漠化敏感性程度较低。土地沙漠化高敏感区面积为 13357.95km^2，占总研究区面积的 22.90%，分布于额济纳地区东部边缘地带。每年冬春季风速大于 6m/s 的天数超过 45 天，部分地区甚至高达 90 天，一年中有 1/4 的时间处于大风侵蚀之中，因此该地区极易发生土地沙漠化现象，属于土地沙漠化高敏感性地区；土地沙漠化中敏感区面积为 27254.44km^2，占研究区总面积的 46.71%，分布于额济纳地区额济纳盆地北部及东部边缘地带以及西部低山荒漠丘陵的西部部分地区。这些区域每年冬春季风速大于 6m/s 的天数介于 30～45 天之间，较易受风蚀危害，出现土地沙漠化现象属于土地沙漠化中度敏感区；土地沙漠化低敏感区面积为 17731.87km^2，占研究区总面积的 30.39%，集中分布于额济纳盆地西部地区以及与之相连的西部荒漠丘陵的东南部地区。该地区每年冬春季风速大于 6m/s 的天数小于 30 天，部分地区每年冬春季风速大于 6m/s 的天数只有 13 天，不易受到风蚀的危害，属于土地沙漠化低度敏感区域（图版ⅤC）。

2.4.2.4　地貌因子数据库建立及评价

本研究所用研究区地貌数据来源于中国科学院寒区旱区环境与工程研究所“数字黑河”项目提供的黑河流域地区 1∶400 万地貌类型图，借助 arcgis9.0 地理信息系统软件中分析工具的相交叠加功能，将黑河流域地貌类型图与本研究区的矢量边界进行相交叠加，得到研究区的地貌类型图，建立研究区地貌类型数据库。

根据表 8.2 的分级标准对额济纳地区 9 种主要地貌类型，其中低海拔地貌 5 种、中海拔地貌 4 种，进行赋敏感性等级值，借助 arcgis9.0 地理信息系统软件中数据转换模块按照敏感性等级值属性转为 GRID 格式，进行基于地貌类型的研究区土地沙漠化敏感性评价。

利用 arcgis 地理信息系统软件中面积计算功能，计算各级敏感区的面积，得到基于地貌类型的研究区土地沙漠化敏感性评价结果（表 8.6）。

表 8.6　基于地貌类型的研究区土地沙漠化敏感性评价结果

沙漠化敏感性类别	敏感性指数	面积/km²	占研究区面积比重/%
低敏感区	1	209.23	0.36
中敏感区	3	41144.01	70.52
高敏感区	5	16991.03	29.12

从额济纳地区的地貌条件来看，该地区土地沙漠化敏感性总体程度较高。土地沙漠化低敏感区面积只有 209.23km²，仅占研究区总面积的 0.36%，分布于额济纳盆地的东部边缘，主要地貌类型为低海拔冲积洪积平原，属于土地沙漠化低敏感性区域；土地沙漠化中敏感区面积达到 41144.01km²，占研究区总面积的 70.52%，主要集中分布在额济纳盆地，在西部荒漠丘陵地区也有零星分布，该地区的地貌类型主要以额济纳盆地的低海拔剥蚀平原和低海拔干燥平原以及西部荒漠丘陵地区的中海拔丘陵为主，属于土地沙漠化中敏感性区域；土地沙漠化高敏感性区域面积为 16991.03km²，在研究区总面积的 29.12%，分布于西部荒漠丘陵地区与额济纳东南部边缘巴丹吉林沙漠的西北边缘地带，地貌类型以湖积平原和风蚀地貌为主，由于地表物质组成较细以及风蚀较强的原因，属于土地沙漠化高敏感性区域（图版ⅤD）。

2.4.3　土地沙漠化敏感性综合评价

2.4.3.1　评价模型

土地沙漠化敏感性是受多个因素综合影响的。因此，本研究在进行土地沙漠化敏感性评价时，采用单因子评价和多因子综合评价的评价方法，在基于单个因子进行土地沙漠化敏感性的基础之上，进行多因子叠加的综合评价。考虑到上述因子对土地沙漠化影响均很重要，因此采用等权的方法，按下面的公式算出沙漠化敏感性综合指数。利用 arcgis 地理信息系统软件中基于栅格格式的数据叠加功能作出内蒙古额济纳土地沙漠化敏感性综合评价图。

沙漠化敏感性综合指数计算模型：

$$Dj = \sqrt[n]{\prod_{i=1}^{n} C_i} \tag{8.12}$$

式中，Dj 为 j 空间单元沙漠化敏感性指数；C_i 为 i 因素敏感性等级值；n 为敏感性因子个数。

2.4.3.2　综合评价结果

本文借助 arcgis9.0 中空间分析模块的栅格计算功能，按照计算模型 8.10 对上述 4 个单因子评价图进行叠加分析，并依照表 8.2 的分级标准，利用空间分析模块中的重分类功能重新分级，进行额济纳地区土地沙漠化敏感性综合评价，进行研究区土地沙漠化综合评价图。

利用 arcgis 地理信息系统软件中面积计算功能，计算各级敏感区的面积，得到研究区土地沙漠化敏感性综合评价结果（表 8.7）。

表 8.7 研究区土地沙漠化敏感性综合评价结果

沙漠化敏感性类别	敏感性指数	面积/km²	占研究区面积比重/%
低敏感区	1	1194.05	2.05
中敏感区	3	24152.41	41.40
高敏感区	5	32997.80	56.55

综合额济纳植被、土壤、气象以及地貌 4 个沙漠化土地敏感性因子来看，整个研究区的土地沙漠化敏感性程度较高。土地沙漠化高敏感性区域面积达到 32 997.80km²，占研究区总面积的 56.55%，主要集中分布于巴丹吉林沙漠的西北边缘地带、额济纳盆地东南部、研究区北部以及西部荒漠丘陵区的部分地区；土地沙漠化中敏感性区域面积为 24 152.41km²，占研究区总面积的 41.40%，主要分布于故日乃地区、额济纳盆地中部及西部荒漠丘陵区部分地区；土地沙漠化低敏感区面积只有 1194.05km²，仅占研究区总面积的 2.05%，主要分布与黑河沿岸及下游部分地区以及故日乃部分地区(图版ⅤE)。

2.4.4 结论

（1）额济纳旗地处超干旱荒漠地带，年均降水量不足 37mm，蒸发量高达 4000mm 左右，蒸发量是降水量的 100 多倍，极端干旱的气候加上黑河入境水量的逐年减少、地下水位的下降以及过度放牧等人为的影响，造成额济纳旗植被严重退化以及植被覆盖度大幅度下降，致使大片土地处于裸露，表层土壤松散化，为沙漠化的发育提供了良好的温床。通过对额济纳旗近期遥感图像的解译和计算发现，在面积为 58344.26km² 的研究区内，植被覆盖度小于 10%的低植被覆盖度区域面积高达 39878.26km²，占研究区总面积的 68.35%；植被覆盖度大于 10%并且小于 30%的中植被覆盖度区域面积为 17732.29km²，占研究区总面积的 30.39%；覆盖植被覆盖度大于 30%的高植被覆盖区域仅有 733.71km²，只占研究区总面积的 1.26%。可以说，整个研究区大部分地区都处于土地沙漠化的敏感性区域，加之高植被覆盖度地区植被景观破碎化严重，各斑块之间连通性较差，致使现有仅存的绿洲也处于危险的境地，随时有可能遭受沙漠化的危害。

（2）额济纳地处我国西北部极端干旱区，属于欧亚大陆的中心地段。额济纳的土壤成土母质主要有风化的沙砾质残积坡积物、第四纪的洪积物和古老的湖相沉积物（因风蚀十分强烈，其物质组成多为沙砾质）、冲洪积沙砾质及砾质页岩砾、风沙沉积物等。本研究区内的土壤主要有四大类：砾质土、沙土、壤土和黏土。另外，有少量基岩风化壳。其中，壤土和沙土面积高达 52809.01km²，占研究区总面积的 91.51%；砾质土总面积为 1962.15 km²，占研究区总面积的 3.36%；基岩和黏土面积仅为 3573.1 km²，占研究区总面积的 6.12%。

（3）额济纳旗地处亚洲大陆腹地，西南、西、北三面都有山脉环绕，受高山高原阻隔，太平洋和印度洋暖湿气流很难到达本区，造成了这里极强大陆性气候。全年平均风速 4.4m/s，以春季 3～5 月风速最大，平均在 4.8m/s。冬季平均风速 4m/s，历年最大瞬时风速为 31.0m/s，西北风盛行。经研究发现，每年冬春季风速大于 6m/s 的天数超过 45 天的区域面积达到 13357.95km^2，占研究区总面积的 22.90%；每年冬春季风速大于 6m/s 的天数介于 30 天到 45 天的区域面积高达 27254.44km^2，占研究区总面积的 46.71%；每年冬春季风速大于 6m/s 的天数低于 30 天的区域面积为 17731.87km^2，占研究区总面积的 30.39%。

(4) 从额济纳大地构造看，其位于天山、阴山地槽，即属于华北陆台海西褶皱带内蒙古地槽的西部边缘。北接蒙古国阿尔泰地槽，西界与北山北部断块相连，东、东南为阿拉善活化台块，南与祁连山地槽的北部连接，两面均是地台，属一介于阿拉善活化台块与北山断块带之间的呈北—— 北东走向的断裂凹陷盆地。额济纳地区有 9 种主要地貌类型，其中低海拔地貌 5 种、中海拔地貌 4 种。从地貌类型来看，土地沙漠化低敏感区面积只有 209.23km^2，仅占研究区总面积的 0.36%；土地沙漠化中敏感区面积达到 41144.01 km^2，面积占研究区总面积的 70.52%；土地沙漠化高敏感性区域面积为 16991.03km^2，占研究区总面积的 29.12%。

(5) 综合植被、气象、土壤以及地貌条件评价本研究区土地沙漠化敏感性程度发现：土地沙漠化高敏感性区域面积达到 32997.80km^2，占研究区总面积的 56.55%；土地沙漠化中敏感性区域面积为 24152.41km^2，占研究区总面积的 41.40%；土地沙漠化低敏感区面积只有 542.2km^2，仅占研究区总面积的 0.93%。

2.5　沙漠化胁迫下植被敏感性评价

2.5.1　理论基础

植被退化是引起土地沙漠化的主要原因之一；反过来，土地沙漠化又可造成植被的退化，从而推动土地沙漠化的进程。

从生态学观点出发，土地沙漠化对植被的危害主要表现在：由于风蚀使土壤库存的供给植物和生态系统内物质代谢循环的失调。随着沙漠化的进一步发展，风蚀量的加大，物质损失逐年增多，生态系统功能愈加失调，超出了植物可能繁衍更新的阈值，造成了生态系统物质代谢的基本成分——生产者的消失。分析沙漠化过程的生态原理可知，沙地生态系统的退化必然会引起生物多样性的丧失。沙漠化导致生物多样性丧失的主要原因是：荒漠化使景观格局发生变化，景观类型趋于单一化。物种栖息地发生变化或缩小，使一些物种的生存基质片断化和出现分布上的岛屿现象，大大地减少了种群的分布面积；沙漠化使栖息生境退化，即整个生态系统的结构和功能恶化和失调。其具体表现在种群、群落结构的破坏，生产力的下降，物种生存能力降低（生育率和存活率降低，抗虫害、病害能力的降低等），使许多物种日趋濒危或消亡。

基于上述原因，在对额济纳研究区进行土地沙漠化敏感性评价研究的基础上，结合本研究区内典型植被类型的分布区域，对各典型植被类型进行敏感区划分，旨在找出各典型植被类型容易遭受沙漠化危害的分布区域，为该地区沙漠化防治措施的制定和生态恢复提供依据和参考。

2.5.2　评价方法

本研究选择胡杨林、红沙灌丛、梭梭林、柽柳林和蒙古沙拐枣疏林 5 种额济纳地区的典型植被类型为研究对象，根据上述土地沙漠化敏感性评价的结果，借助 erdas 遥感图像处理软件 Modeler 模块中的 Model Maker 功能分别将各植被类型与土地沙漠化敏感性分区图进行叠加，定义植被类型中象元的敏感性值为与其对应的象元的土地沙漠化敏感性值，植被类型分布区外的象元敏感性值为 7，定义为该种植被类型的非分布区，意即该种植被类型的不评价区。上述设想主要通过下面的模型实现（以胡杨敏感性评价的 Modle 为例，图 8.4）。

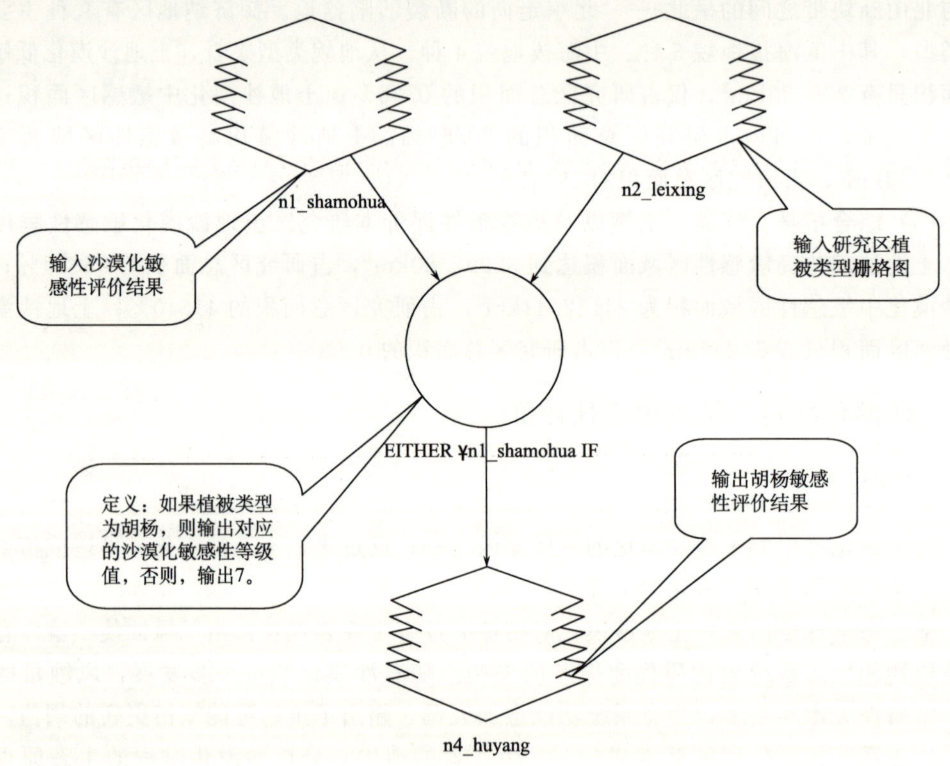

图 8.4　植被类型敏感性评价 Modle

2.5.3　评价结果

2.5.3.1　胡杨林敏感性评价

在 erdas 中编辑胡杨敏感性评价 Model，利用 arcgis 地理信息系统分析软件计算各类敏感区面积，进行胡杨敏感性评价（表 8.8）。

表 8.8　研究区胡杨敏感性评价结果

敏感性类别	敏感性指数	面积/km^2	占分布区面积比重/%
低敏感区	1	146.87	21.33
中敏感区	3	503.48	73.12
高敏感区	5	38.46	5.55

经研究区土地沙漠化敏感性评价结果与胡杨分布区的叠加分析发现，胡杨的敏感性程度不高。胡杨林低敏感区面积为 146.87km^2，占胡杨林分布区总面积的 21.33%，全部处于黑河流域下游的胡杨林国家级自然保护区内；胡杨林中敏感区面积最大，达到 503.48km^2，占到胡杨林分布区总面积的 73.12%，该部分胡杨林以黑河沿岸的退化胡杨林为主；胡杨林高敏感区面积只有 38.46km^2，仅占胡杨林分布区面积的 5.55%，主要夹杂分布于中敏感区内（图版ⅤF）。

2.5.3.2　红沙灌丛敏感性评价

在 erdas 中编辑红沙敏感性评价 Model，利用 arcgis 地理信息系统分析软件计算各类敏感区面积，进行红沙敏感性评价（表 8.9）。

表 8.9　红沙敏感性评价结果

敏感性类别	敏感性指数	面积/km^2	占分布区面积比重/%
低敏感区	1	212.68	0.85
中敏感区	3	11472.96	45.71
高敏感区	5	13411.96	53.44

经研究区土地沙漠化敏感性评价结果与红沙分布区的叠加分析发现，研究区内红沙敏感性程度较高。红沙低敏感性区域面积只有 211.68km^2，仅占红沙分布区面积的 0.85%，主要分布在黑河下游胡杨国家级自然保护区内；红沙中敏感性区域面积为 11472.96km^2，占红沙分布区面积的 45.71%，主要分布在额济纳盆地中部及西部荒漠丘陵地区；红沙高敏感性区域面积高达 13411.96km^2，占红沙分布区面积的 53.44%，主要分布在额济纳盆地北部地区、东南部以及西部荒漠丘陵地区（图版ⅥA）。

2.5.3.3　梭梭林敏感性评价

在 erdas 中编辑梭梭敏感性评价 Model，利用 arcgis 地理信息系统分析软件计算各类敏感区面积，进行梭梭敏感性评价（表 8.10）。

表 8.10　梭梭敏感性评价结果

敏感性类别	敏感性指数	面积/km^2	占分布区面积比重/%
低敏感区	1	161.48	2.68
中敏感区	3	3265.70	54.28
高敏感区	5	2589.65	43.04

经研究区土地沙漠化敏感性评价结果与梭梭分布区的叠加分析发现，研究区内梭梭敏感性较高。梭梭低敏感性区域面积只有161.48km²，仅占梭梭分布区面积的2.68%，集中分布在古日乃南部地区；梭梭中敏感性区域面积为3265.7km²，占梭梭分布区面积的54.28%，主要分布在古日乃南部以及额济纳盆地中西部；梭梭高敏感性区域面积为2589.65km²，占梭梭分布区面积的43.04%，主要分布在古日乃地区、研究区北部边缘地带以及西部荒漠丘陵地区（图版Ⅵ B）。

2.5.3.4　柽柳林敏感性评价

在erdas中编辑柽柳敏感性评价Model，利用arcgis地理信息系统分析软件计算各类敏感区面积，进行柽柳敏感性评价（表8.11）。

表8.11　柽柳敏感性评价结果

敏感性类别	敏感性指数	面积/km²	占分布区面积比重/%
低敏感区	1	398.81	9.81
中敏感区	3	2448.54	60.24
高敏感区	5	1217.52	29.95

经研究区土地沙漠化敏感性评价结果与柽柳分布区的叠加分析发现，研究区内梭梭敏感性不高。柽柳低敏感性区域面积为398.81km²，占柽柳分布区面积的9.81%，主要分布于黑河下游胡杨国家级自然保护区内；柽柳中敏感性区域面积为2448.54km²，占柽柳分布区面积的60.24%，主要分布在黑河沿岸地区；柽柳高敏感性区域面积为1217.52km²，占柽柳分布区面积的29.95%，主要分布于额济纳盆地东北部地区(图版Ⅵ C)。

2.5.3.5　沙拐枣疏林敏感性评价

在erdas中编辑柽蒙古沙拐枣敏感性评价Model，利用arcgis地理信息系统分析软件计算各类敏感区面积，进行蒙古沙拐枣敏感性评价（表8.12）。

经研究区土地沙漠化敏感性评价结果与蒙古沙拐枣分布区的叠加分析发现，研究区内蒙古沙拐枣敏感性很高。研究区内蒙古沙拐枣高敏感性区域面积高达2172.36km²，占蒙古沙拐枣分布区面积的94.89%，主要分布在巴丹吉林沙漠北部地区；蒙古沙拐枣中敏感性区域面积只有116.98km²，仅占蒙古沙拐枣分布区面积的5.11%，主要分布于西部荒漠丘陵地区；无蒙古沙拐枣低敏感性区域（图版Ⅵ D）。

表8.12　蒙古沙拐枣敏感性评价结果

敏感性类别	敏感性指数	面积/km²	占分布区面积比重/%
低敏感区	1	0	0
中敏感区	3	116.98	5.11
高敏感区	5	2172.36	94.89

2.5.4 结论

(1) 研究区内胡杨林面积为 688.81km^2，占研究区总面积的 1.18%。其中，胡杨林低敏感区面积为 146.87km^2，占胡杨林分布区总面积的 21.33%；胡杨林中敏感区面积为 503.48km^2，占到胡杨林分布区总面积的 73.12%；胡杨林高敏感区面积只有 38.46km^2，仅占胡杨林分布区面积的 5.55%。

(2) 研究区内红沙面积为 25114.62km^2，占研究区总面积的 43.05%。其中，红沙低敏感性区域面积只有 211.68km^2，仅占红沙分布区面积的 0.85%；红沙中敏感性区域面积为 11472.96km^2，占红沙分布区面积的 45.71%；红沙高敏感性区域面积高达 13411.96km^2，占红沙分布区面积的 53.44%。

(3) 研究内梭梭面积为 6018.86km^2，占研究区总面积的 10.32%。其中，梭梭低敏感性区域面积只有 161.48km^2，仅占梭梭分布区面积的 2.68%；梭梭中敏感性区域面积为 3265.7km^2，占梭梭分布区面积的 54.28%；梭梭高敏感性区域面积为 2589.65km^2，占梭梭分布区面积的 43.04%。

(4) 研究区内柽柳面积为 4067.3km^2，占研究区总面积的 6.97%。其中，柽柳低敏感性区域面积为 398.81km^2，占柽柳分布区面积的 9.81%；柽柳中敏感性区域面积为 2448.54km^2，占柽柳分布区面积的 60.24%；柽柳高敏感性区域面积为1217.52km^2，占柽柳分布区面积的 29.95%。

(5) 研究区内蒙古沙拐枣面积为 2293.67km^2，占研究区总面积的 3.93%。其中，蒙古沙拐枣高敏感性区域面积高达 2172.36km^2，占蒙古沙拐枣分布区面积的 94.89%；蒙古沙拐枣中敏感性区域面积只有 116.98km^2，仅占蒙古沙拐枣分布区面积的 5.11%；无蒙古沙拐枣低敏感性区域。

2.6 讨论

2.6.1 讨论

以内蒙古额济纳研究区为例，借助 RS 和 GIS 技术，进行了土地沙漠化胁迫下植被类型的敏感性分析。较深入的综合分析了影响该地区土地沙漠化进程的生态环境因子，评价预测了这些生态环境因子的敏感性，并且综合评价了研究区土地沙漠化敏感性。在此基础之上，选取研究区内 5 种典型的植被类型，对每种植被类型进行了土地沙漠化胁迫下的敏感性分析。与此同时，探索和总结了 RS 和 GIS 应用于生态环境敏感性评价方法和工作流程，取得了较好的结果。

(1) GIS 和 RS 技术应用于生态环境敏感性评价，不但为研究工作者在资料获取上提供了一个很好的数据来源，而且与传统的实地调查方法相比较，极大地提高了数据获取效率、精确性和时效性，降低了数据获取的成本；另外，也可以将空间数据和属性数据有机地结合在一起，在计算机辅助下对土地利用现状、林地覆盖度等信息有强大管理和综合分析能力，而且对空间数据分析具有高效、快捷、准确的功能，可以满足多源地学数据综合处理和评价需求，是当今较为理想的资源评价工具和手段。

(2) 本评价工作实践证明，正确建立敏感性评价模型是评价的技术核心。生态资源敏感性 GIS 评价是一项较为复杂的系统工程，地学空间数据库建立后，即要进行图形数据与属性数据连接，开展空间分析，建立敏感评价模型，确定应用评价数学模型和计算方法，进行敏感性评价，提出评价结果和建议。整个评价工作是有序进行的。还应当提出，基于 GIS 具备强大空间分析功能和可视化操作等特点，应用和掌握空间分析技术要点，从而有效地进行生态环境敏感性评价，获得了较为理想效果。敏感评价模型建立的基础是深入分析区域生态因子机制，然而评价模型的建立又必须得到图层的支持，这是因为应用 GIS 评价是依据图层数据驱动的，否则 GIS 评价目的难以实现。本评价正是注意到上述两个方面，从而使建立的评价模型在敏感评价中发挥了重要作用。

(3) 本评价实践进一步证明，应用 GIS 进行资源评价，是当今较为理想的评价手段和方法，它必将改变和代替传统的资源评价方法。可以预料，随着 GIS 技术进一步推广与广泛应用，我国应用 GIS 技术将会发展到更高更新的水平。

2.6.2 主要结论

(1) 额济纳研究区土地沙漠化敏感性评价结果：从研究区内植被、土壤、气象和地貌的综合条件来看，研究区土地沙漠化敏感性程度较高。其中，土地沙漠化高敏感性区域面积达到 32 997.80km^2，占研究区总面积的 56.55%，主要集中分布于巴丹吉林沙漠的西北边缘地带、额济纳盆地东南部、研究区北部以及西部荒漠丘陵区的部分地区；土地沙漠化中敏感性区域面积为 24 152.41km^2，占研究区总面积的 41.40%，主要分布于故日乃地区、额济纳盆地中部及西部荒漠丘陵区部分地区；土地沙漠化低敏感区面积只有 1194.05km^2，仅占研究区总面积的 2.05%，主要分布于黑河沿岸及下游部分地区以及故日乃部分地区。并且，土地沙漠低敏感区夹杂分布于中高敏感区之间，破碎化程度较高。

(2) 额济纳研究区 5 种典型植被沙漠化胁迫下敏感性评价结果：研究区内 5 种典型植被胡杨、红沙、梭梭、柽柳和蒙古沙拐枣受沙漠化胁迫现象严重。

① 胡杨林低敏感区面积为 146.87km^2，占胡杨林分布区总面积的 21.33%；胡杨林中敏感区面积为 503.48km^2，占到胡杨林分布区总面积的 73.12%；胡杨林高敏感区面积只有 38.46km^2，仅占胡杨林分布区面积的 5.55%。

② 红沙低敏感性区域面积只有 211.68km^2，仅占红沙分布区面积的 0.85%；红沙中敏感性区域面积为 11472.96km^2，占红沙分布区面积的 45.71%；红沙高敏感性区域面积高达 13411.96km^2，占红沙分布区面积的 53.44%。

③ 梭梭低敏感性区域面积只有 161.48km^2，仅占梭梭分布区面积的 2.68%；梭梭中敏感性区域面积为 3265.7km^2，占梭梭分布区面积的 54.28%；梭梭高敏感性区域面积为 2589.65km^2，占梭梭分布区面积的 43.04%。

④ 柽柳低敏感性区域面积为 398.81km^2，占柽柳分布区面积的 9.81%；柽柳中敏感性区域面积为 2448.54km^2，占柽柳分布区面积的 60.24%；柽柳高敏感性区域面积为 1217.52km^2，占柽柳分布区面积的 29.95%。

⑤ 蒙古沙拐枣高敏感性区域面积高达 2172.36km^2，占蒙古沙拐枣分布区面积的 94.89%；蒙古沙拐枣中敏感性区域面积只有 116.98km^2，仅占蒙古沙拐枣分布区面积

的 5.11%；无蒙古沙拐枣低敏感性区域。

（3）通过研究结果可以发现，研究区内土地沙漠化低敏感性区域主要集中在黑河下游以及故日乃湖区，由于黑河下游地区和故日乃湖区所处的位置相当较低，是盆地各含水层地下水的汇集区，所以这些地区的地下水埋藏深度较浅，根层水分条件较好，故这些区域的植被生长状况较好，极大地降低了该地区的输沙率，起到了良好的防风固沙作用。就胡杨林来说，胡杨主要分布与黑河沿岸及下游部分地区，由于近年来黑河上游水资源的不合理开发和利用导致下泄水量的急剧减少，主要靠河水垂向渗漏补给的沿岸地区得不到足够的河水补给，地下水位下降明显，沿岸的胡杨退化情况严重，土地沙质化现象明显，而下游地区受下泄水量锐减的情况影响较小，胡杨生长状况较好，该地区的胡杨不易受到土地沙漠化的危害。这也进一步证明了，地下水资源状况对于干旱区的生态环境状况起着决定性的作用。

上述研究结果表明，研究区内绝大部分地区处于沙漠化高发区，现有的植被时刻都处于受到沙漠化危害的境地。因此，为开展切实有效的防沙治沙工作，现有退化植被的保护和恢复是一项首要的任务，现提出以下建议：

① 水资源不足以及地下水位的下降是额济纳旗植被退化的主要原因之一。因此，建议组建一个权威的黑河流域管理机构，负责黑河流域水资源的统一管理，合理分配上游、中游、下游的用水量，保证进入额济纳的用水量。

② 在保证上游来水量的前提下，合理的利用进入额济纳的有限水资源是十分重要的。建议控制农业开发规模，减少耕地面积，将有限的水资源主要用于维护省间平衡的生态建设工程。同时，对地表水和地下水资源统一调配，合理利用。

③ 对现有绿洲植被建议采取自然恢复和人工措施相结合的方式进行保护和恢复。对胡杨林和其他灌木林要进行封育保护；对一些退化严重的草场要实行禁牧和轮牧，使其自然恢复。与此同时，还要对缺乏种子资源的地区采取人工措施进行植被建设。

④ 人工植被建设是一项需要全社会共同努力的事业，提高广大群众植被建设的积极性是社会参与植被建设的关键。建议人工植被建设过程中，应该首先保证和逐步提高群众的生活水平，使广大农民能够从植被建设中直接获得经济利益。

⑤ 在人工植被建设中，建议加大灌木和草本的比重，应遵循以灌草为主的原则。树种选择上以乡土树种、地带性植被以及免灌溉植被为主。

⑥ 建议建立额济纳绿洲自然保护区，以加强保护力度。

参 考 文 献

卞建民，李凤全．2001．松嫩平原西部生态环境脆弱性及成因分析．国土开发及整治，1：18-29

达良俊，李丽娜，陈鸣．2004．城市生态敏感区定义、类型与应用实例．华东师范大学学报，2：172-178

戴英，张晓晖．2003．基于 GIS 的城市地质环境敏感性评价．地球物理学展，18（2）：353-356

郝吉明，谢绍东，贺克斌．1996．生态系统对酸沉降相对敏感性评价原理与方法．环境科学，17（3）：77-80

靳英华，赵东升，杨青山等．2004．吉林省生态环境敏感性分区研究．东北师大学报自然科学版，36（2）：68-74

康秀亮，刘艳红．2007．生态系统敏感性评价方法研究．安徽农业科学，35（33）：10569-10571

孔红梅，赵景柱，马克明等．2002．生态系统健康评价方法初探．应用生态学报，4：468-490

李丽娜．2006．上海生态敏感度评价研究．上海：华东师范大学李贞，何昉，邬俏钧等．2001. 场地开发的景观与生态敏感性分析：以深圳梧桐山南坡废弃石场为例．热带地理，21（4）：329-333

刘康，欧阳志云，王效科等．2003. 甘肃省生态环境敏感性评价及空间分布．生态学报，23（12）：2711-2718

刘康，徐卫华，欧阳志云等．2002. 基于GIS的甘肃省土地沙漠化敏感性评价．水土保持通报，2（5）：20-31，35

刘晓曼．2004. 基于遥感和GIS的中国西部地区土地沙漠化综合评价．南京师范大学硕士学位论文

罗先香，邓伟．2000. 松嫩平原西部土壤盐渍化动态敏感性分析与预测．水土保持学报，14（3）：36-40

欧阳志云，王效科，苗鸿．2000. 中国生态环境敏感性及其区域差异规律研究．生态学报，20（1）：9-12

潘竟虎，董晓峰．2006. 基于GIS的黑河流域生态环境敏感性评价与分区．自然资源学报，21（2）：10-14

沈刚．2004. 生态城市规划中的生态敏感性分析和生态适宜度评价研究：以浙江省安吉县生态城市规划为例．杭州：浙江大学

万忠成，王治江，董丽新等．2006. 辽宁省生态系统敏感性评价生态学杂志，25（6）：677-681

王春菊，汤小华，郑达贤等．2005. GIS支持下土壤侵蚀敏感性评价研究．水土保持通报，25（1）：68，70-74

王国．2001. 我国典型脆弱生态区生态经济管理研究．中国生态农业学报，4：9-12

王晓燕，吴甫成，邹军．1999. 湖南土壤酸沉降敏感性研究．湖南师范大学学报（自然科学版），22（4）：87-91

杨秀虹，仇荣亮，岑慧贤．2002. 陆地生态系统对酸沉降的敏感性及其影响因素．农业环境保护，18（2）：92-95

杨志峰，徐俏，何孟常等．2002. 城市生态敏感性分析．中国环境科学，22（4）：360-364

姚卫红．2003. 赤峰市生态环境敏感性评价与分析．农业环境与发展，6：29-30

尹海伟，徐建刚，陈昌勇等．2006. 基于GIS的吴江东部地区生态敏感性分析．地理科学，26（1）：63-69

张国平，张增祥，刘纪远．2001. 中国土壤风力侵蚀空间格局及驱动因子分析．地理学报，56（2）：146-157

张慧，沈渭寿，王延松．2007. 临策铁路沿线土地沙漠化敏感性评价．生态与农村环境学报，23（2）：33-35

张军，徐肇忠．2003. 利用ILWIS进行城市生态敏感度分析．武汉大学学报（工学版），36（5）：101-104

赵跃龙，张玲娟．1998. 脆弱生态环境定量评价方法的研究．地理科学，1：73-78

周修萍，秦文娟．1992. 华南三省（区）土壤对酸雨的敏感性及其分区图．环境科学学报，12（1）：78-83

Cassel-GintzM.，Petscgek-Held G. 2000. GIS-based assessment of the threat to world forests by pattern of non-sustainable civilization nature interaction. Journal of Environmental Management，59：279-298

Leprieur C，Verstraete M M，Pinty B. 1994. Evaluation of the performance of various vegetation indices to retrieve vegetation cover from AVHRR data. Remote Sensing Review，10：265-284

Qi J，Chenbouni A，Huete A R，et al. 1994. Modified soil adjusted vegetation index（MSAVI）. Remote sensing of environment，48（2）：119-126

Rundquist B C. 2002. The influence of canopy green vegetation fraction on spectral measurements over native tall grass prairie. Remote Sensing of Environment，81（1）：129-135

Sung R H，Dhong H J，Cho H Y. 1998. A renovated model for spatial analysis of pollutant runoff loads in agricultural watershed. Water Science and Technology，38（10）：207-214

Tateishi T S，Purevdorj R，Ishiyama T，et al. 1998. Relationships between percent vegetation cover and vegetation indices. Int J Remote Sens，19（18）：3519-3535

第9章　额济纳绿洲植被退化指标体系及恢复研究

多年来黑河中上游水资源利用方式的改变，引起下游绿洲环境的综合变化，导致绿洲植被不断退化。数百年来依赖河水的灌溉和浸润，繁衍生息的绿洲植被，由于河流来水量减少，断流时间增长，再加上沿河地带浅层地下水位下降和人为干扰，长势明显衰退，面积急剧减少，并向旱化、盐化和沙化类型退化（图9.1）。如再不进行植被保护及相关科学研究，绿洲生态环境所依赖的生态防护屏障将消失，取而代之的将是漫漫流沙与裸地。因此，研究干扰与植物群落退化关系，揭示退化规律，寻找主导因素，正确认识退化过程，并进行退化程度的评价，建立退化指标体系，是对绿洲植被制定恢复措施的重要理论和实践基础。

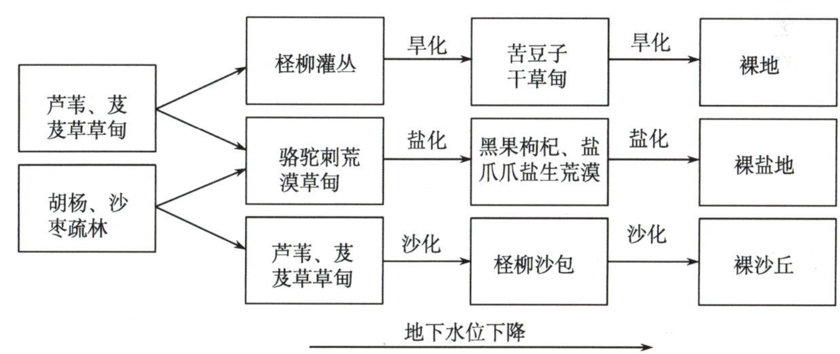

图9.1　额济纳绿洲衰退中的植物群落演替系列（仿刘钟龄等，2002）

1　干旱半干旱地区生态系统退化的指标体系

我国西北干旱和半干旱地区有大面积的森林和荒漠植被，由于历史原因和经营管理不当，都受到不同程度的破坏，质量下降，数量减少，出现大量的退化生态系统。在实施天然林保护工程的同时，这些退化生态系统如何恢复？采取什么途径来恢复？恢复到什么程度？衡量的指标和标准是什么？在分析这些问题之前，首先必须了解要恢复的生态系统究竟退化到何种程度，因此确定能够定性和定量化描述退化程度的指标非常重要。

退化指标的选择与退化生态系统中的重要生态属性有关。这些属性有助于揭示生态系统退化过程、生态恢复和修复的未来发展方向，有利于退化原因的分析、恢复实践的设计和恢复计划的评估。Aronson等（1993）提出18个重要生态属性定量化评估干旱半干旱地区生态系统退化阶段（表9.1），包括：

表 9.1 干旱半干旱地区生态系统的重要生态系统属性

生态系统结构属性	生态系统功能属性
多年生植物物种丰富度	生物量生产力
一年生植物物种丰富度	土壤有机质
植物总盖度	最大可利用土壤截留水分
地上生物量	降水效率系数
β多样性	水分可利用时期
生活型谱	氮使用效率
关键种	微小共同生体效率
微生物生物量	循环指数

1.1 生态系统结构属性

生态系统结构特征反映了植被特征。半干旱地区，许多演替阶段都以大量一年生植物占优势，因此利于摸清参照生态系统的物种组成。大多数 Savana 稀树草原、半干旱草地和干旱灌木丛地，由于受到人类长期干扰利用造成退化，表现在多年生草本和木本层之间的项目关系发生改变（Walker and Noy-Meir，1982；Ovalle and Avendaño，1987；Archer et al.，1988）。植物总盖度是一年生植物和多年生植物物种丰富度的良好指示物（Whittaker，1972）。多年生和一年生植物物种丰富度可以揭示生态系统演替过程中不同阶段的结构差异，且易于测定。在干旱半干旱地区，必须将一年生植物和多年生植物的总盖度单独测定。干旱条件下，植物群落多样性与抵御物种组成改变能力之间成正相关性（Frank and McNaughton，1991）。生活型谱不仅是生态系统结构的指示物，而且在一定程度上具有生态系统功能指示作用。β多样性的降低、生活型谱数量和关键种的减少，表明生态系统正在退化。相应的，微小生物体生物量，尤其是土壤生物多样性是反应退化的重要指标。物种丰富度、盖度无法有效描述生态系统生产力，而地上生物量以及生物量生产力可反应生态系统生产力。

1.2 生态系统功能属性

生态系统功能属性反映了生态系统生产力水平。退化初期，生物量生产力反而比受干扰前高（Odum et al.，1979），随着退化程度加剧，生物量生产力降低。土壤特性受土壤有机质含量影响，有机质含量降低时，不利于实生苗定居，且土壤水分渗透效率降低（Le Houérou，1969；César，1989）。

2 植被退化指标体系

植被在生态系统中扮演着重要角色。绿色植物是食物营养的基础。植物作为生产者，具有能量固定、转化和储存，以及调节区域环境的功能，是维持生态系统平衡的杠杆。相对于无机环境而言，它是有生命的物质，而对于动物和人类而言，它又作为一个环境要素。可见植被具有双重作用，在环境恶劣的干旱荒漠地区，这种作用更为重要。植被退化势必会导致整个生态系统的瓦解和崩溃，它是生态系统退化的标志。

2.1　指标选取原则

指标体系的建立是评价工作首要和关键的一步，它直接影响到评价结果的准确性和科学性。植被退化是一个复杂的过程，涉及的因素很多，它既可表现在物种、种群、群落以及景观水平上，也可表现在植被的组成、结构、功能、动态等方面，它们都可作为评价指标。但是各指标之间可能相互交叉、重叠和包含。为了评价的准确性、客观性，在建立植被退化指标体系时，应遵循以下几个原则：

（1）综合性原则。植被退化反应在多方面，评价指标必须能直接全面反应植被退化的综合特征。

（2）代表性原则。评价指标要最能反应退化的主要性状。

（3）实用性原则。评价指标体系的设置意义要明确，数据易于测定，可操作性强。

（4）层次性原则。根据不同评价需要和详尽程度可对指标分层分级。

植被退化主要表现在植被数量、组成与结构、生产力与功能、品质等几个方面。

2.2　评价指标体系的建立

根据退化指标体系选择原则，构建了一个以植被退化指数为总目标的 5 次结构的评价指标体系（表 9.2）。植被退化指数作为总目标层，用以评价植被的退化程度。一级指标为准则层，有体现植被的数量、结构、功能、品质和生境 5 部分构成；二级指标作为指标层，有直接度量并可能体现准则层指标特征的指标构成。结合对绿洲植被退化过程的研究，采用单因素方差分析法，初步选择能反应植被退化特征的一些指标（$P<0.05$）。

表 9.2　额济纳绿洲植被退化评价指标

综合指标	一级指标	二级指标
植被退化指数	数量	植被覆盖面积；覆盖率；群落种类
	组成结构	多年生植物丰富度；一年生植物丰富度；植物物种数；多样性指数；植物总盖度；植株密度；生活型谱
	功能	生物量生产力；凋落物数量；光合作用效率
	品质	养分含量；微量元素含量；酚类次生代谢物含量
	生境	土壤有机物含量；土壤最大有效持水量；水分可利用时期；群落内外相对光照比值；群落内外相对温度比值

上述指标之间有些具有相互联系和补充作用，为了体现指标选择综合性、代表性和实用性原则，采用主成分分析法和无重复双因素方差分析对绿洲植被退化中的研究数据进行了 2 次筛选，保证筛选出的指标在不同退化程度的植被群落中有显著性差异和代表性。根据分析得到额济纳绿洲植被退化的评价体系（图 9.2）。

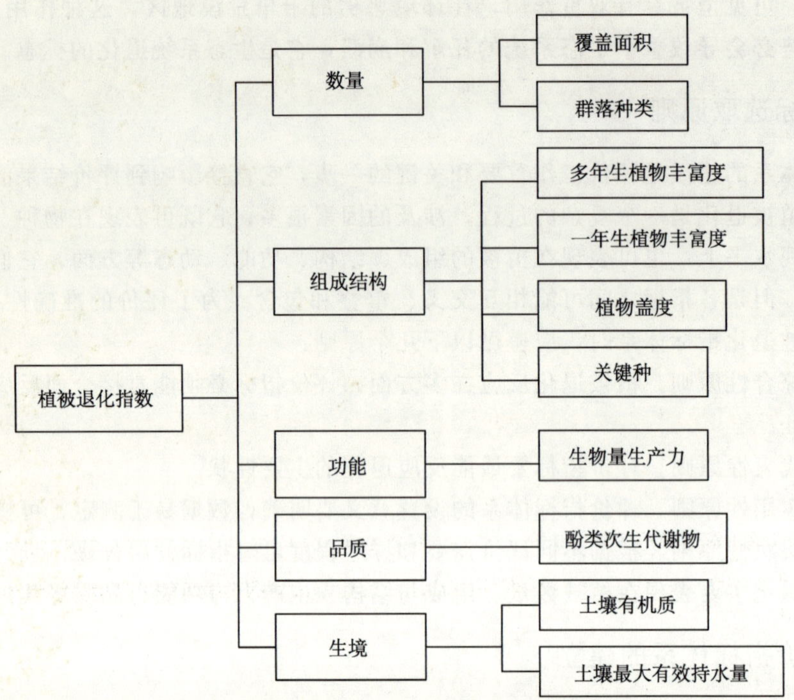

图 9.2 额济纳绿洲植被退化评价指标体系

3 退化生态系统恢复研究

3.1 恢复途径

关于退化生态系统恢复重建问题，国际恢复生态学会认为退化生态系统的恢复就是模拟某一特定生态系统的结构、功能、多样性及其动态特征等，通过人为干扰建立一个原始的、过去曾经有过的生态系统。然而，要想确切地掌握某一地区原始存在的生态系统是什么，或在历史上如何发挥其功能几乎是不可能的，更不用说建立一个包括所有物种在内的，完全与本地区原始生态系统一样的群落。恢复生态的目的在于保护某一地区地带性生态系统的生物多样性以及该生态系统的结构与动态特征。生物多样性在生态系统中具有极其重要的地位，它既是生态系统的关键组成成分和结构表现形式，又是功能正常发挥的保障，也是生态系统存在和演化的动力。生物多样性的丧失和退化必将导致环境的退化，引起生态系统结构和功能的退化，形成退化生态系统。

受人类活动干扰或破坏的生态系统，其自然演替过程和动态平衡关系被打破，随之发生逆行或进展演替。然而，因干扰程度的不同，可能会出现不同的结果。我们希望把退化生态系统恢复到原生或接近原生的状态，有时根据需要也不得不把退化生态系统恢复到与原来群落不同或一个全新的生态系统，其中包括很多原群落所不具有的特征。不过，若干扰或破坏停止，并对生态系统进行合理控制和有效利用，生态系统将发生明显不同的变化，受危害生态系统因人类所施行的管理措施不同，可能有以下 4 种结果：①恢复到它原来的状态；②重新获得一个既包括原有特性，又包括对人类有益的新特性状态；③根据管理技术的使用和经营目的，形成一种改进的和原来不同的状态；④因适宜条件不断遭到破坏，生态系统仍然保持退化状态（李俊清和崔国发，2000）。结合我国西北地区的具体情况提出生态系统恢复的四个基本途径：一是保护；二是恢复；三是重建；四是维持。

3.1.1　保护

保护（Conservation“C”）是对某一生态系统进行人为管理，使其避免进一步破坏和继续退化。“保护”一词可以对应英文的 conservation 和 protection。不但保护自然条件下的生态系统，维持其持续的进化和演替功能，而且包括对一些珍贵的物种和生态系统资源，进行迁地保护和离体保护。保护是伴随着生物多样性的锐减，全球环境质量下降和人们对自然资源意识的提高而备受重视。需要采取保护措施的对象是那些完全没有受到破坏或者破坏较轻，原始植被没有发生根本改变的生态系统，也包括受到干扰，但所形成的群落相对稳定，自然演替速率很慢的生态系统。保护的方法和途径都是我们比较熟悉的，比如对一般的天然林通常采取封山育林、禁伐禁猎的措施；对于具有特殊意义的天然林采取建立保护区的措施，进行科学和有效的管理。自然保护区都是具有典型特性的生态系统，在天然林保护中具有重要作用。我国到 1999 年为止，已建成自然保护区 926 个，面积达 7698 万公顷，占陆地国土面积的 7.64%，超过世界平均水平，所以保护区的保护的天然林保护工程的一个重要方面。

实施保护途径的天然林，不需要过多的人为措施，尤其是对那些生态脆弱地区的植被，不去进行人为干扰就是最好的措施，过分强调人工措施反而会加重生境的破坏。

3.1.2　恢复

恢复（Restoration“R”）是人们主动地改变某一立地，建立起具有地带性的原生生态系统的恢复途径。其目的在于模拟这些原生的特定生态系统的结构、功能、多样性和动态。然而，人们又很难确定原生生态系统的具体特征，所以就更谈不上原来的地带性群落了。为此恢复也可以是修复破坏的或功能受阻的生态系统，把地带性生态系统的结构和功能作为原理模型来效仿，重新创造一个自我维持或自持生态系统。这个生态系统以动植物群落的进展演化为主要特征，并且具有在自然或中度人为干扰作用下，达到自我修复的能力，使生态系统重新返回到其曾经拥有过的营养物质循环和能量流动的轨道上。恢复可以是直接地、完全地返回到地带性的原生生态系统；也可以是停留在多种可选稳定状态的某一种，或是生态系统长期目标的某种中间稳定状态。

关于退化生态系统的恢复，一种观点认为恢复某一退化的生态系统就应该恢复到该系统所具有的地带性的原始状态，但事实上，这往往是不实际的。某些生态系统由于退化相当严重，没有人知晓地带性原生状态是什么样子，即使知道，要恢复到原生状态需要惊人的投入，这在实际中不一定有意义。有些情况下，根本不可能完全恢复到系统所具有的原生状态。因此，可把恢复定位在修复被破坏的或功能受阻的生态功能和特征上，目的是迅速地、持久地提高生产力，强调一种高水平的、持续的立地经营管理措施；恢复不一定恢复到系统所具有的原始状态，只要恢复到某一个中间比较稳定的状态即可。这很可能更符合实际一点。对于退化生态系统应进行比较详细的分析，目前我国除了一些特殊环境条件和保护区外，绝大多数天然林都是受到不同程度破坏的退化生态系统，恢复这些天然林是目前最主要也是最迫切的任务。

3.1.3 重建

重建（Reallocation“A”）途径是在生态系统经历了各种退化阶段，或者超越了一个或多个不可逆阈值时所采取的一种恢复途径。与恢复和保护相比，重建要求持久的人为经营管理与连续不断地能量、物质和水分、养分供给。对于退化较严重的生态系统、尤其是自然植被已不复存在或林下土壤条件也发生根本改变的地区，应该采取重建的途径。重建的生态系统可以与原来的自然植被有很大差别，可以从追求经济效益的目的出发，发展生长快、效益高、集约强度大的生态系统。

现实的生态系统都是其漫长的历史演化过程中的一个阶段，植被经过长期的环境选择和演替过程，出现一些与当地气候和土壤条件相适应并相对稳定的生态系统。然而，这个稳定平衡一旦被打破，比如出现较严重的水土流失、多样性丧失、食物链中断、土壤理化性质改变和肥力下降等现象时，原来的植被与其周围环境的平衡关系不复存在。这时要想再现原生状态是极其困难的，必须选择新的植被类型以适应新的变化了的环境条件，重新构筑与现实生态状况相协调的生态系统结构，而不一定追求与原生状态相一致的恢复方式。应该说重建的生态系统是高效的，因为它与改变了的生境相适应。

3.1.4 维持

生态系统的退化是生物群落随环境质量的变化而发生的逆行演替结果，使系统结构由复杂到简单、系统功能由强变弱、从量变到质变的过程。生物群落的退化首先是建群种的衰退，然后是伴生种和动物的消失，地下与植物互惠共生微生物群落的瓦解，食物链和营养循环受阻。土壤环境和水环境也随之衰退。经过长时间强烈的自然扰动和人为破坏的地方，生态系统失去自我调节能力，最终崩溃，环境退化到原生裸地状态，丧失了原有的生命支持力。在这种立地条件下，植被的恢复与重建将是极其困难的，甚至是不可能的，如裸岩、沼泽地、流动沙丘。因此，在植被恢复与重建过程中，一定要因地制宜，“宜林则林、宜草则草、宜荒则荒”。

3.2 天然林保护和退化生态系统恢复的措施

长期以来，西北地区似乎始终与贫穷、落后和环境条件恶劣联系在一起，保护天然林和恢复退化生态系统，必须与当地经济发展相结合，否则难以实现保护的目标。我们的基本目标就是发展生产力，解决贫困，消除两极分化。西北部边陲是少数民族聚居地，也是多种宗教与文化交汇地，西部农村和林区经济落后，与东部的经济差距还在不断拉大，这已不只是影响国家持续、快速、健康发展的经济问题，甚至威胁到国家安全的战略问题。因此，西北地区天然林保护工程的实施必须结合农村和林区经济的发展，带动当地经济的腾飞，下面我们提出几项具体措施并在额济纳地区进行了实践。

3.2.1　天然林保护和生态建设规划

天然林保护工程对区域经济结构和社会发展进程有促进和推动作用，西部开发应确定天然林区生态系统各组分的配置、科学的保护方式、适宜的开发强度、满意的产业结构、合理的土地利用方式，以及“生态经济型”保护利用模式的适宜发展规模。西部开发要研究自然资源布局和人口承载力，探索实现区域人口（社会）-资源（经济）-环境（生态）复合生态系统良性循环的途径，实现“生态经济圈”稳定、高效、快速、持续发展的措施。编制资源分布图和规划方案（李俊清和崔国发，2000）。

在进行规划时，我们提出在山脊、陡坡、河流两岸、自然保护区和对珍稀濒危物种和动植物种质资源采取保护措施；对次生林、火烧迹地、采伐迹地、退化的草场、弃耕的农田采取恢复措施；对人工林、退耕还林（草）、次生裸地、平缓坡地采取重建措施；对戈壁沙地、原生裸地、沼泽地、绿洲和偏途顶及生态系统采取维持的措施。

3.2.2　“阶梯式退耕”模式

西北地区土地资源相对贫乏，对于退耕还林的土地更要经过周密规划，有效利用，充分发挥其潜在的价值。以市场为导向发展林业、牧业或其他种养殖业。根据土地利用的极限理论，土地利用类型的转换，并非是随意的、无限的，由于坡度和水分条件的限制，应该栽树的土地种粮食，就会效益低下；而在过去毁林种粮的地方恢复森林植被，就会大大提高生产力。西北地区有很多土地分布 25°以上的坡地上，所以应首先在坡度大、山脊、风口等环境脆弱带退耕还林还草，然后逐步推进。采取“阶梯式退耕”措施，可以进行林粮间作、林果间作、林药间作、果粮间作等方式发展种植业或养殖业（李俊清和崔国发，2000）。

采取这种模式退耕还林，我们建议应用并且提供一种被称之为“微环境设施栽培”的配套技术，这是专门为退耕还林研制的新成果，在欧洲地中海干旱地区的很好的应用，并已取得重要成果。该技术利用一种简易设施，改变造林地微环境，保证苗木在任何坡地，低温和干旱等条件下的成活和成林。这个技术有 7 个特点：①提高光合速率；②保持微环境的一定湿度；③防止风沙危害；④防止低温危害；⑤农田鼠害；⑥保证林木的生长对农作物没有或只有很少一点影响；⑦可以在任何农田地应用。该技术不影响当前农业生产，同时积累后期效益，一般 15～20 年收益，被农民称之为“养老林”或“退休林”。我国西部开发也正是 15 年，采用这种技术，不仅现有农田的持续利用，还能够保证逐步退耕还林，15～20 年后实现良性循环。

3.2.3　“辐射式生态重建”模式

西北地区经过长期的干扰破坏，景观破碎、生境退化、植被或森林呈斑块状和条带式分布。次生林区中夹杂着很多毁林后开发的农田；农田区有天然林或人工林的零星分布；即使是在干旱的黄土高原和沙地也有片片绿洲。所以我们采取辐射式生态重建措施：在干旱的黄土高原和沙地以绿洲为中心，辐射状重建；在农田区以斑块分布的林分为中心，辐射状恢复；在林区以大面积的原始和次生林生态系统为中心，辐射状保护，按不同的等级规模实施天然林恢复和生态重建工程。辐射式生态重建模式能够合理利用森林的天然更新和演替规律，充分发挥自然的潜力进行生态重建。林区内种源丰富，生境条件良好，有效地保护起来，形成相对稳定的地带性群落类型；农田区的森林斑块多分布在坡度大，土壤瘠薄地区，采取适当人工造林或者种草措施，恢复植被，退耕还林，同时也保障了坡下农田的高产和稳产；黄土高原区和西北荒漠区缺少自然植被，村庄就是绿洲，从村庄开始利用人力物力和居民的迫切要求等有利条件，逐步进行生态重建（李俊清和崔国发，2000）。

采取这种模式进行生态重建时，我们建议并提供被称之为“区位等级建设”的配套技术。其基本依据是，从类似于杜能“区位论”的角度考虑商品生产的地理区域，实现经济发展；从类似于“生态等级”的角度考虑植被分布和自然演化的梯度规模，实现植被与环境的协调一致，二者结合确定生态重建模式。这个技术适用于以绿洲或村镇为中心，周围是荒山、沙漠、沼泽或其他非农田地区的生态重建。自应用这个技术时，我们将以绿洲（村庄）为中心，辐射状规划出大田植物、蔬菜、牧草、灌木、疏林、防护林、薪炭林、经济林和用材林发展的等级模式。以往的研究证明，干旱沙地上造林常常会导致地下水迅速下降，戈壁荒漠造林无法成活，农田造林影响作物生长，为此需要一种栽培模式，即能有利于经济收入，产品有市场，又能符合生态规律，实现可持续发展。

3.2.4 生态农（林）业产业化经营

生态农（林）业是现代农业发展的必由之路，是实现可持续发展必须采取的生产方式，具有整体性、综合性、适应性、高效性、集约性和持久性的特点。生态农（林）业有十分灵活的类型，可以根据当地的具体条件采取绿色型、食物链型、水路交互型、综合型和庭院型等生态农（林）业经营技术，实现环境与经济协调发展。国家实施天然林保护工程和西部大开发为“土地经营机制”的转变提供了最好的时机。农业和林业的生产必须彻底改变过去那种自然经济的模式，要进行商品生产、进行资产运营、向规模要效益。采取土地节约型技术、生物技术、劳动密集技术为主，要实行集约化和规模化生产管理，以提高土地产出率。同时，为了实现农林业可持续发展，必须用农村或林区工业改造农林业，依靠农村和林区第三产业服务于农林业，建立产前、产中和产后一体化的社会服务体系（李俊清和崔国发，2000）。

西北地区山高坡陡，自然条件恶劣，生产水平落后，我们提出采取“个体（农户）经营（承包），规模生产，集中市场”的产业化经营模式。经营权交给农户，销售权交给市场，那么到底生产什么？生产多少？多大规模等单靠农（牧）民很难做出十分合理的选择，因此有农户自发成立股份制公司或联合体，选出其中的“能人”帮助农户实现这个中间环节。

3.2.5　提高土地利用率实现市场化

西北部地区农村和林区的经济类型仍以自然经济为主，农林业生产的主要目的不是为了销售，而是为了自己消费，在有剩余的情况下，拿出一部分在市场上卖掉。尤其是现行的农村土地政策，保证每个村民都有一份天然的土地所有权利，名为土地经营责任制，实际上是一种变相的“均田制”。牺牲了效率，维护了平等；牺牲了发展，维护了稳定。但是，表面上的平等，实际上包含着很多不合理的现象。我们的宪法规定土地、矿山、森林属于国家所有。可是，一个人只要他出生在农村，就会得到一份“天赋”的土地权利。任何一个普通农民都有这份权利，无论他是否会经营，是否善于种地，即使打不出粮食或生产的粮食很少，也不会失去这份土地！这个权力保证了农民的最基本的生产资料，只要能从事简单的劳动，就能够有饭吃，就永远不会失业！

反过来，跟工厂一样林业的职工则没有这份待遇，干不好就会失业；集体林场和林业个体户也没有这份权利，他们要靠自己的积累和劳动换得衣和食。所以农民完全可以不求进取，完全可以不进入市场，就可以自给自足；反之林业工人没有属于自己的土地，跟改革开放前的农村集体经济是一样的，所以工人劳动没有积极性，贡献与报酬没有关系。可见，上述两种土地利用方式都不很合理，为了提高农林业生产力，无论是在农区还是在林区，应把土地经营权市场化，建立土地股份合作制，实现公平与效率的有机结合。对于西北地区将要出现大量的退耕土地，要实行集约化和规模化生产管理，以市场为导向发展林业、牧业或其他种养殖业。我们认为，至少对于退耕还林的土地要实行个体承包制，承包后再进行股份合作，避免重新纳入国有林场管理的老路。

基于上述考虑，我们提出林（牧）区土地承包股份制模式（李俊清和崔国发 2000）。就是说，把林场的全部资源进行资产评估和股份划分，职工购买股份。林业工人能（购买）承包多少土地不是由家庭人口决定的，而是由他所具有的资本来决定的。工人资本的来源主要有劳动保险金、个人的不动产、现金和劳动能力等。承包的同时就建立股份制公司，进行规模化经营，让每个职工按着出资或能力的大小享有一定比例的经营权、财产权和收益权。

土地股份合作虽然是一个实施成本低、运作效率高的制度安排，但它的实施需要机遇和条件。国家实施天然林保护工程和西部大开发就是最好的时机。土地是一种特殊的资源：首先，它是一种永远存在、不能再生产的、稀缺的自然资源，人类无法创造它，因此土地在人类经济活动中发挥着日益重要的作用。由于这种特殊性质，随着经济的发展，土地也拥有了越来越多的经济功能；土地是一种生产资料，它是农民生产商品、获得盈利的物质手段；土地是一种保障资料，可以永久地为农民和林区工人提供“就业”的场所；土地是一种特殊资产，可以在市场运营中有效地保值增值，所以农民或者林业工人可以向工业区中的资产经营一样，把土地这种生产资料作为资产，进行股份合作，建立行业协会或公司，把简单的产品或商品经营提高到资产经营的水平。当土地成为纯粹的资产和财富时，农民和林业工人依法占有土地，关注的不再是土地本身，而是土地的市场价格和增值程度，拥有了资产运营的意识。

我国东部地区的发展过程中，经济特区起了重要的作用，它一方面有利于吸引外资，另一方面在制度上激发了劳动者的积极性。在西部开发建设中，也应该搞特区，这个特区可能不是以吸引外资为主，但却可以大量吸引东部地区资金，因而也就要在体制和制度上必须进行创新，西北地区制度的不灵活是导致当地经济落后的重要原因，西部开发，没有制度的创新难以取得理想的效果。

3.3 额济纳地区植被恢复实践

3.3.1 造林新技术——“乡土树种生根粉试验造林技术”

七号山位于达来呼布镇以西30km，该地区为戈壁，由于常年的风化作用，地表土质粗砺，有机质成分缺乏，土壤肥力低，地表分布为草本植物，也有极其稀少的灌木白刺、柽柳等，植被覆盖率不足20%。项目实施的前一年，该地区引灌河水，有利于造林项目的实施。

3.3.1.1 造林树种的选择

在以上地区造林的乡土树种主要是梭梭和柽柳，种苗为林场和林工站培育的一年生幼苗。分别于2006年4月下旬、2007年4月下旬移栽于七号山，东居延海沿岸。

梭梭具有较强的抗性与耐性，能适应极端干旱的自然条件。梭梭根系发达，有利于植株充分吸收地下水分，其主根长一般可达3～5m，侧根也可分布到距主干5～10m的距离。在地表温度为60～70℃的情况下，梭梭仍可正常生长。在土壤含盐量1%时，梭梭可以正常生长，当含盐量大于3%，成年树也可成活。

柽柳喜光，属典型的盐生植物，具有抗盐、抗旱、耐淹的特性。其茎叶表面具有泌盐的盐腺，体内吸收积累的过多盐分靠它排出体外，在干旱无雨的气候条件下，茎叶表面常形成一层盐霜。柽柳具深根性，固沙能力强，萌芽力强，能抗风，耐沙打，生长较快，叶全鳞片状，能减少叶片蒸腾。柽柳主根深可达6m，侧根侧展达1.5～2m，根系同地上部分的比例为20∶1，提高了适应干旱和防风固沙的能力，是干旱盐碱地区造林，固沙保土的主要灌木树种。

3.3.1.2 生根粉移栽幼苗实验

2005年4月，在林工站苗圃内进行移栽幼苗实验，实验幼苗为二年生梭梭。在每克生根粉中加入水100kg、40kg、20kg、10kg，配制成浓度为10ppm（1ppm＝10^{-6} mol/L）、50ppm、100ppm的生根粉溶液，每种浓度的溶液分别浸泡梭梭及柽柳幼苗200株，2h后将浸泡好的幼苗移栽到试验地中，以未经过生根粉处理的幼苗作为对照。移栽幼苗株距和行距均为2m，栽种树苗坑深40cm。

2005年8月，调查移栽幼苗的存活率、苗高，用LSD法比较不同生根粉处理浓度对梭梭幼苗影响的差异。

对不同生根粉浓度处理的梭梭幼苗的存活率调查结果见表9.3，从该表可以看出，经过生根粉处理的梭梭幼苗成活率与对照相比均有提高，但不同浓度处理的幼苗成活率提高的比率提高不同。随着处理生根粉浓度的升高，梭梭幼苗成活率提高的比率也逐渐增大。10ppm生根粉处理的梭梭幼苗成活率与对照相比仅提高了8.7%，25ppm生根粉处理的梭梭幼苗成活率提高了15.1%，50ppm及100ppm生根粉处理的幼苗成活率与对照相比提高了20.6%和22.2%。

表9.3 不同生根粉浓度处理梭梭幼苗的成活率

生根粉浓度/ppm	栽种数/株	成活数/株	成活率/%
0	200	126	63.0
10	200	131	68.5
25	200	149	72.5
50	200	152	76.0
100	200	154	77.0

生根粉浓度处理对梭梭幼苗新生枝长的影响见表9.4。随着生根粉处理浓度的增加，梭梭幼苗的生长高度也逐渐增高，各浓度生根粉处理的梭梭幼苗高度均显著高于对照处理梭梭幼苗高度。50ppm生根粉处理的梭梭幼苗生长高度显著大于10ppm和25ppm处理的梭梭幼苗高度，但50ppm与100ppm处理的梭梭幼苗生长高度无显著差异。

表9.4 不同生根粉浓度处理梭梭幼苗的苗高

生根粉浓度/ppm	0	10	25	50	100
幼苗高度/cm	41.7±0.82[a]	45.2±0.65[b]	47.3±0.75[bc]	56.9±0.99[c]	58.8±0.57[c]

通过试验可以看出，经过生根粉处理的梭梭幼苗成活率与生长高度与对照相比均有提高。与对照相比，10ppm和25ppm处理的梭梭幼苗成活率提高比率较小，而50ppm和100ppm处理的梭梭幼苗成活率提高了20%以上。在幼苗的生长高度方面，50ppm和100ppm生根粉处理过的幼苗生长高度显著高于其余3个浓度生根粉处理的幼苗，但这两个浓度处理的幼苗之间生长的高度没有显著差异。因此，在实际的造林移栽的过程中，采用50ppm浓度的生根粉处理幼苗不但可以节约成本，而且可以取得较好的造林效果。

3.3.1.3 生根粉造林方法

GGR生根粉是一种新型的广谱高效绿色植物生长调节剂，它解决了插穗切口易失水、腐烂及生根物质的持续补充等问题，能显著促进营养元素的吸收和代谢，大大提高植物的生根能力，使用后植物生长迅速，对不良环境的抗性显著增强，有利于提高移栽幼苗的成活率。植物多酚保水剂可以保证植物幼苗在干旱地区的用水量。

通过前期所做实验，在额济纳地区移栽幼苗造林时使用GGR生根粉的适宜浓度为50ppm，即使用时每克生根粉加入50kg清水。将配制好的生根粉倒在水桶中浸泡梭梭与柽柳幼苗2h左右，将浸泡好的梭梭和柽柳幼苗以5m×6m的株行距进行造林，在造林过程中使用植物多酚保水剂。其中，七号山造林移栽树种为梭梭，东居延海沿岸移栽树种为梭梭和柽柳。

造林方式为人工造林，整地方式为局部整地，整地方法分为鱼鳞坑整地和穴状整地。株距和行距均为4m，整地规格长、宽、高分别为100cm 、60cm、30cm，回填表土20cm。造林的主带与主风方向垂直，副带与主带垂直。

3.3.1.4　造林效果

2006 年 8 月下旬，对七号山和居延海移栽的梭梭和柽柳进行调查（图版Ⅶ A)，获得幼苗成活率、苗高、新生枝长。对经过 GGR 生根粉处理梭梭和柽柳幼苗于对照组进行比较研究。调查结果表明（表 9.5)，经过生根粉处理的梭梭幼苗期成活率为 78%，对照组幼苗成活率为 64%。处理组平均苗高 64.4±10.1cm，平均新生枝长 8.4±2.7cm，平均苗高与平均新生枝长显著高于对照组的幼苗与对照组相比，平均苗高与平均新生枝长分别提高了 22.2%和 15.5%。

表 9.5　使用生根粉造林效果

地点	树种	组别	成活率/%	苗高/cm	新生枝长/cm
七号山	梭梭	处理组	78	64.4±10.1*	9.7±2.9*
		对照组	64	52.7±12.6	8.4±2.7

* 与对照相比，$P<0.05$ 差异显著。

从以上的分析可以看出，在造林实践过程中采用生根粉造林不但可以提高造林的成活率，而且显著提高幼苗的苗高与新生枝长，对于额济纳极端干旱区的造林具有重要的意义，在以后的林业生产活动中应该加以大力推广应用。

3.3.2　天然植被保育与人工促进天然更新技术

胡杨母体生长到 5 年以后开始出现根蘖更新，当胡杨母体生长到中龄时具有最大的根蘖繁殖能力，此后随着年龄的增加，母体根蘖繁殖能力逐渐减弱。不同生境中，胡杨根系萌发根蘖苗的潜力不同，与林下地和沙丘地相比，水漫地根系萌芽点密度大，萌生根蘖幼苗的潜力较大。并且水漫地土壤比沙丘地土壤营养丰富，比林下地水分条件好，所以有利于根蘖的萌生和生长。因此，对不同龄级和不同生境的胡杨群落应该采取不同的方法促进恢复更新。

3.3.2.1　胡杨开沟断根促进种群无性更新

由于过熟林自身根蘖更新能力比较弱，所以对生长状况良好、河水可灌溉的胡杨林通采用开沟断根的方法促进种群无性更新。通过开沟，可以增加根系根蘖萌生能力，引水灌溉可以提高根蘖幼苗的成活率。

开沟断根促进胡杨种群无性更新地点选择在王爷府东二道桥附近的胡杨封育区，该生境内分布的胡杨林型为过熟林，生长状况良好，分布密度 27 株/hm^2，胸径范围为 58～85cm。每年当上游开闸放水补充下游水分时，可将河道内的河水引入开沟断根地，有利于根系上萌生的根蘖幼苗的生长。

2005 年开春土壤刚刚解冻时采用机械开沟法进行断根，在胡杨林内开沟 5 条，沟宽 50～80cm，沟深 50～70cm，根据林内胡杨的分布及具体的地形条件，5 条沟分别长 20m、30m、50m、65m、90m。开沟后把在沟两侧近地表处的根系切断切齐，避免根系被砍伤大量暴晒在外，引起干枯失水，影响根蘖幼苗的萌发成活。断根或出苗后根据上游来水情况，每年浇水 3～4 次，并采取围封禁伐禁牧措施，保证苗木正常生长，不遭牲畜的啃食破坏。

2006 年 7 月下旬，在二道桥胡杨封育区对胡杨开沟断根区与未开沟断根区进行调查（图版Ⅶ B）。在胡杨开沟断根区分别调查沟内胡杨根蘖幼苗与沟外胡杨根蘖幼苗。沟内根蘖幼苗调查方法为记录根蘖幼苗数量与每株根蘖幼苗的高度。未开沟断根区和开沟断根区沟外胡杨幼苗调查方法为样方法，在调查区域内布设 2m×2m 的样方 10 个，记录每个样方内龄级小于 2 年的根蘖幼苗数量与每株根蘖幼苗的高度。为了便于比较分析，将调查到的幼苗的数量换算成单位面积的密度，并将幼苗的高度换算成每年幼苗生长量的调查结果（表 9.6）。

表 9.6　开沟断根效果

调查区域		平均幼苗密度/(株/100m²)	幼苗年均生长量/(cm/年)
未开沟断根区		6.4	32.4±3.9
开沟断根区	沟内	25	41. 6±3. 4
	沟外	42	46. 3±5. 9

通过上表可以看出，开沟断根区内胡杨根蘖幼苗的密度较未开沟区内的幼苗要大，但开沟区内沟内幼苗的密度要比沟外幼苗密度小。开沟区内幼苗的生长速率比未开沟区内幼苗的生长速率快，开沟断根区内沟外幼苗生长速率大于沟内幼苗生长速率。通过以上的分析可以看出，通过在胡杨林内开沟断根，可以在自然条件下提高胡杨种群的密度，并加速胡杨幼苗的生长。除了开沟断根促进胡杨林更新以外，该技术还有以下优点：

（1）根据以前的调查，在额济纳地区栽种胡杨，除了极少数一些水肥条件非常好的地块，胡杨的成活率及当年的生长量都比较低，而开沟断根生长出的胡杨幼苗抗逆性强，成活率高，而且幼苗当年生长迅速，可以较快形成新的大树。

（2）在一般情况下，如果育苗移栽胡杨会耗费大量的时间、人力、物力，而开沟断根只需一段时间投入相对较少的一部分人力和机械就可以取得相同的效果。根据以前的经验，胡杨移植造林，从采种、播种、育苗到出圃移栽，每亩地要投入人工 15 个，同时还要投入肥料、机械、农药费用，而开沟断根造林不需要投入肥料、农药，每亩只需要用工 2 个就可以。

（3）对胡杨林地进行断根繁殖造林，一方面可以节约育苗时需用的苗圃用地，同时也可在根蘖萌生出的小树长大后再断根，待小树萌发出须根后取用，用于其他地区造林。另一方面，一般育苗地培育胡杨幼苗，从播种到移栽成活，每亩地用水量约为 $850m^3$，而利用开沟断根的方法，只需在沟内或挖坑的林地中灌水 3～4 次即可，每亩用水约 200m^3，可以节省大量的水资源。

3.3.2.2 胡杨近熟林围封促进天然更新

近熟林自身根蘖更新能力比较强，根蘖幼苗密度大。因此，在灌溉条件好的林地，通过围封，减少牲畜对根蘖幼苗的破坏可以提高胡杨的更新恢复。

围栏封育地选择在四道桥东侧路北的胡杨近熟林，土壤类型为林灌草甸土。围封区内有少许胡杨老树出现枯枝，胡杨分布密度 3 株/亩，胸径范围 33 ～62 cm；林下植被分布灌木为柽柳，草本植物为苦豆子、骆驼蓬，少量哈密黄芪、骆驼蹄瓣。在对该块林地进行围封前由于当地牧民放养的羊群及骆驼对胡杨新生长的幼苗及草本植物的啃食，该群落内植被遭到破坏，呈现大面积退化趋势。

2005 年春沿四道桥河道及公路 10m 左右用铁丝围封退化的胡杨林，铁丝网高 1.3m，每隔 3m 用铁角桩固定铁丝网。由于围封地靠近河道，在河道内有水流过时可以有足够水分通过侧渗及下渗补充围封地的地下水分，为围封地内植被的恢复提供较好的自然条件。

2006 年 8 月，对围封区及外围未围区进行调查（图版ⅦC）。在未封区与未围区分别布设 20m×20m 的样方 5 个，记录样方内胡杨幼苗的数量，在每个大样方内布设 5m×5m 的小样方 4 个，记录小样方内灌木、草本植物的种类以及灌草植物的总体盖度。

调查结果表明（表 9.7），对该地区围封以后，围封区内胡杨种群开始出现根蘖更新幼苗，大部分幼苗生长良好。在未围区内胡杨根蘖虽然也萌生出少量幼苗，但由于放牧骆驼等家畜，所有幼苗在刚刚萌生出即被啃食。经过 2 年围封，灌草植物也已经得到保护，与未围封区相比，围封区内植物种类增多，盖度也增大，因此通过围封，可以防止植被遭到放牧家畜的破坏，是促进额济纳绿洲植被恢复的有效途径之一。

表 9.7 围封效果

	胡杨幼苗密度/(株/100m^2)	胡杨幼苗均高/mm	灌草植物种类	灌草植物盖度/%
围封区	7.5±1.24	74.3±8.7	柽柳、苦豆子、哈密黄芪、骆驼蓬、骆驼蹄瓣	30
未围区	几乎没有	——	骆驼蓬	5

3.3.2.3 补植补造柽柳围封加速退化绿洲恢复

在八道桥绿洲外围，胡杨绿洲与巴丹吉林沙漠交汇处，由于沙漠的侵蚀作用，土壤表层被沙覆盖，土壤水分含量低，植被退化严重，植被覆盖率不足 20%，地表分布植被主要为骆驼蓬、花花柴、极少量的白刺、苦豆子。

2005 年开春，针对该地区植被退化严重的现象，采用补植补造后围封方法对该地区进行维护，以期减缓沙漠的推进速度，维持该地区的生态稳定。补植补造树种为林业工作站培育的柽柳幼苗，由于柽柳具有十分发达的根系组织，可以在移栽后很短一段时间内吸收到地下的水分，因此采用柽柳幼苗对该地区进行补植补造可以取得较移栽其他幼苗更好的效果。移栽的二年生柽柳，苗高范围 25～40cm，株距和行距为 4m。由于该地区土壤水分含量低，移栽后应迅速对柽柳浇水，防止幼苗根系在缓苗期由于没有吸收足够的水分供应地上部分的生长而死亡。

2006 年 8 月，对该地区补植补造柽柳效果调查（图版ⅧD），获得柽柳幼苗盖度、成活率、苗高、冠幅数据。通过调查发现（表 9.8），补植补造柽柳后，该地区地表植被覆盖度达到 40%，移栽柽柳成活率达到 67%，柽柳苗最低 32cm，最高 1m，株冠幅最大 0.8 m×0.8m，最小 0.25 m×0.3m。

表 9.8　补植补造效果

	植被覆盖率/%	补植柽柳成活率/%	苗高/cm	灌幅/m^2
补植补造前	<20	—	—	—
补植补造后	40	67	32-100	0.64-0.075

3.3.2.4　人工促进胡杨林更新的管理技术

在 2005～2006 年两年间，对胡杨林保护区内胡杨林的密度，胡杨个体树高、胸径、冠幅、枯枝率等生长状况指标，以及胡杨个体间平均株行距作出调查。通过计算得出胡杨不同生长发育时期胡杨林的合理更新密度，并与帕波克夫公式 $S=F$（D）计算的理论密度进行比较，比较结果表明两者的结果基本相符（表 9.9 和表 9.10）。

表 9.9　胡杨林合理更新密度参考表

生长发育阶段		幼龄期<10 年	中龄期 11～20 年	近熟龄期 21～50 年	成熟龄期 51～60 年
合理密度	密度/(株/hm^2)	3330	1665	600	135
	株行距/m	1.5×2	2×3	4×4	8×9
参考样地	样方号	1	7	4	8
	密度/(株/hm^2)	3375	1700	666	132

表 9.10　胡杨不同龄级最佳密度理论值

龄级/年	胸径/m	灌幅/m	密度/(株/hm^2)	株行距/m
5	0.029	0.631670	25074.70	
10	0.058	1.266064	6241.74	1×1.5
20	0.157	3.452510	839.40	3×4
30	0.263	5.829779	294.40	4×5
50	0.403	9.028492	122.74	9×9

胡杨林的抚育管理是关系到胡杨封育更新能否成功、胡杨林资源能否恢复与扩大、生态环境能否得到改善、经济效益能否提高的重要环节，抚育管理必须贯穿于胡杨林更

新与发育周期的全过程，其技术含量高、难度大、工作量大，抚育管理的内容也较多，其主要内容可归纳为林地管理、林木管理及林分管理。

对胡杨林地围封之后，即可以进行林地管理，林地管理主要涉及清林与灌溉两项工作。清林的主要对象是及时清除林内病腐木、枯立木、风倒木及砍伐剩余物，以利于防治病虫害和其他营林工作的开展。灌溉是保证林木成活，促进林木生长的基础工作，特别在河水补给量减少、地下水位下降的情况下，更应抓住上游来水的有利时机灌足、灌好水，而且要坚持年年抓直到更新换代为止。

林木管理主要是搞好幼树修枝，以利于培养通直的干形和良好的冠高比。修剪的正确部位应该在树冠以下，树冠中的病腐、干枯枝也应修剪。修剪的重点时期是在幼龄期和中龄期。正确的冠高比应该是 2∶3，以利于树木有足够的光合作用空间。合理的枝下高应以树龄而定，对于成年树而言，枝下高应在 2～3m 以上。

胡杨林分管理主要是指根据不同生长发育周期、发育阶段对营养空间的基本需求不同及胡杨林的更新现状，对胡杨种群进行间伐工作。对于树龄在 10 年以下的胡杨，重点是间苗定株，根据前面确定的不同龄级胡杨更新合理密度，合理的株行距控制在 1.5m×2m 间；对于树龄在 10 年以上的胡杨林，其林相不整、密度过大，霸王木、并立木、挤压木未及时清除，自然分化明显，树木个体生长优劣并存，整治重点是过密林分；对于中龄期（11～20 年）的林分，将株行距控制在 2m×3m 左右；处于近熟龄期（21～50 年）的林分，将株行距控制在 4m×4m 左右或按成熟龄期的要求将株行距控制在 8m×9m 左右。

在二道桥路南西岸、五道桥路南的胡杨林更新恢复示范区，通过以上技术措施对胡杨林进行了管理，2006 年 8 月对示范地内胡杨密度、树高、胸径及生长状况作出了调查，调查结果见表 9.11。经过抚育管理，间伐后的胡杨个体生长良好，种群密度分布合理，胡杨林更新达到了较好的效果。

表 9.11 抚育更新示范地胡杨生长状况调查表

	密度/(株/hm^2)	年龄/年	树高/m	胸径/cm	生长状况
二道桥路南西岸	740	20	8.5	17.7	树干粗壮良好，没有枯死枝条
五道桥路南	2380	12	5.3	6.4	树干通直，枝叶生长茂密

3.3.3 天然经济型防护林经营模式

3.3.3.1 柽柳平茬促进更新复壮

平茬作为一种常见的植物复壮的手段，广泛应用于具有萌蘖能力的植物中，尤以灌木和小乔木较为常见（包永平等，2004）。通过平茬，可以增加叶面积指数，降低散射光系数，使植物生长更加旺盛。对于平茬后收获的植物地上部分，可以进行合理地利用，同时新萌生出来的枝叶部分由于其木质素含量低，可食部分更高，在畜牧业中具有更好的应用价值（闫志坚等，2006）。柽柳是额济纳荒漠绿洲分布最为广泛的灌木植物，具有保护水土、防风固沙、调节地方气候的生态防护效益。但是在额济纳绿洲的部分地区，由于地下水分供给不足以及病虫害等原因，生长多年的柽柳出现枯枝现象，一些柽柳甚至出现整株死亡。为了使柽柳发挥更大的生态效益，根据柽柳萌芽能力较强生长迅速的特点，可以采用平茬的技术方法将柽柳的枯死枝条砍掉，使得柽柳萌发出大量新生枝条，促进其进一步生长。

2005 年 3 月柽柳树液开始流动前，在二道桥王爷府东侧的柽柳群落，对出现大量枯枝的柽柳进行带状平茬。平茬柽柳高 2m 左右，枯枝率 65%。平茬时用刀具割取柽柳地上部分，茬口距离地面约 3cm，并与地面保持平行。平茬时注意茬口要平滑，无劈茬裂口，留茬不宜过高，茬口过高不利于萌蘖。

2006 年 8 月，对平茬柽柳与未平茬柽柳进行调查（图版ⅦE、F，图版ⅧA），获得每种类型柽柳的枯枝率及当年生枝条的长度。对比分析发现，大部分进行平茬的柽柳枯枝率小于 5%，而未进行平茬柽柳的枯枝率为 35%。平茬后柽柳的新生枝条长度平均为 34.2±6.1cm，而未进行平茬的柽柳当年新生枝长度仅为 19.4±4.3cm，显著小于平茬柽柳的生长速率，而且平茬后柽柳的枝条柔软而有韧性，质量明显好于未平茬复壮的柽柳（表 9.12）。

表 9.12　平茬与未平茬柽柳对比

	枯枝率/%	新生枝长/cm	生长状况
平茬后柽柳	<5	34.2±6.1	生长状况良好，枝条嫩绿
未平茬柽柳	35	19.4±4.3	大部分枝条枯死

对柽柳进行平茬，不但可以使得出现大量枯死枝条的老植株重新萌发出新的枝条，促进柽柳的更新，而且还可以产生一定的经济效益。经过调查发现，平茬后的柽柳每亩可产鲜枝 433.5kg，折合木材 20m^3，这些刈割的枝条一方面可以作为造纸和板材的原料，另一方面由于柽柳的枝条燃烧可以释放大量的热量，将这些枝条压制后也做成木炭等高热量燃料。

3.3.3.2　“五配套”人工草库伦经营模式示范

“五配套”人工草库伦经营模式是以牧户为单位，以水、草、林、料、机五配套的人工草库伦为主体，建成的农、林、牧相结合，天然草场与改良草场、人工草场相结合，放牧与舍饲相结合的科学、合理、高效的生态经济系统。

根据额济纳地区的社会、经济、自然状况，牧户实行围建各种类型的“库伦”和实行划区轮牧建设模式，可以在一定程度上保护有限的草场面积，促进植被恢复。

人工草库伦的建设选择在水土条件好、地势较平坦、风沙危害轻、地下水埋深不超过 5m、水源补给充足的草场，同时草场内要有 30 亩以上的宜农地，保证各项目设施的合理配置，推广沙地综合治理技术，封沙育林育草；推广农业耕作技术，开发饲草料资源；推广人工造林种草技术；加强暖棚、圈建设，加强畜群管理，增加冬季舍饲量；改良畜群品种，优化畜群结构，改进育肥技术，提高出栏率，加快畜群周转，最终提高“五配套”草库伦的经济、社会和生态效益。

(1) 人工草库伦的建设。选址设计之后，应根据具体情况逐步进行建设和完善。一般应按照水利和防护林先行，饲草料生产为重点的原则来确定建设的重点和顺序。

水利："五配套"人工草库伦建设以水为中心，首先要解决水源问题，在选择建设"五配套"人工草库伦的牧户家附近有一条断流的小河，当黑河上游向额济纳居延海放水时，主河道溢出的河水到断流的河道中，补充了人工草库伦附近的地下水。另一方面，牧户在人工草库伦内用机械打井，灌溉草库伦内栽种的林木和植被。

防护林：在"五配套"人工草库伦北、西、东三面营造防护林带。"五配套"人工草库伦的防护林效力最高，它可以改善畜场、畜圈的卫生条件，对畜牧有机体有良好影响，可以防止坏天气，防止畜场受沙埋、雪埋、沙尘暴等危害，起到防风固沙、调节气候作用，有助于形成良性循环的小生物环境。林带规格垂直于主风方向带 3～5 行，株距和行距为 2m；灌木 2～3 行，株距和行距为 1.5m，植栽树种为沙枣。在栽植技术上，应考虑深植（因沙丘地表层干燥迅速，深层有较稳定含水量，利于生长）。植栽树种为沙枣，同时要设置好林、田、路、渠。

草（料）（图版ⅧB）：在草库伦内，两行沙枣树之间的空地，深翻土地，耙耱后达到地平土碎和畦田化，每亩地施农家肥 1500～2500kg，种植优良的苜蓿饲草，种植苜蓿饲草后每年机械灌溉浇水 6 次，对苜蓿饲草划分地块，实行分区打草，每一块牧草地每年可以收割饲草 6 次，每次每亩地收割干牧草 125kg。

棚圈：棚圈的建成模式为半敞开式，建设面积为 200 m^2。由于牧户的羊群一般在冬、春产羔，为避免由于低温和大风造成幼羔的死亡，要建塑料暖棚进行接羔育羔，以提高成活率。饲养的畜种主要为白绒山羊，同时饲养一部分绵羊，要调整改善畜群结构，加快畜群周转、保证繁殖母畜的比例（40%～60%），控制存栏数，提高出栏率。牧户养殖羊的数量应小于草库伦中草场的载畜量。

放牧区：在牧户承包的草场范围内，除畜牧区与饲草种植区外的区域为放牧区。放牧区的建设可利用地形进行分割，实行划区轮牧，并有计划地对各区进行建设。在成年的胡杨树的密度达到 45 株/hm^2 的区域，通过围封，使胡杨成林，5 年后可进行放牧，成为林地牧场。在不具备灌溉条件的沙丘、碱盐地区域，种植喜温、耐旱、耐寒、不怕地表高温、耐盐碱、抗风沙的灌木和半灌木，如花棒、柠条等，建成灌木饲料基地，不仅为家畜提供饲草料，而且具有防风固沙，改良土壤，改善生态环境的作用。灌木半灌木具有冬春保存率高的特点，因此灌木半灌木草场是良好的冬春牧场，在沙区有救命草之称。对于其他天然草场也要逐步进行改良，通过补播苜蓿、沙打旺等优良牧草和灌溉、施肥等措施来改良草群的组成结构，提高牧草的产量和质量。

(2) 效益分析。"五配套"人工草库伦建设以后，不但提高了畜牧业及农业的生产水平，增加了牧户经济收入，而且在一定程度上改善了"五配套"人工草库伦所在地区的环境，使得植被退化的现象得到了一定程度的改善，促进了自然植被的恢复，确立了额济纳地区畜牧业可持续发展的模式。

经济效益：实施"五配套"人工草库伦经营模式示范的牧户家中。人工草库伦内种植苜蓿饲草除用于喂养牲畜外可交易，30 亩牧草种植地可产牧草 22.5 吨。每年二三月份每只母羊产仔 3～4 只，将生产的羊仔喂养到 9 月份每只羊仔长到 15kg 以上，可卖

300～400 元，此外将一部分长大的羊也用于交易，保证每年棚圈中 100 只左右羊的存栏量。卖得的羊、牧草及沙枣果实每年可得毛收入 9 万元以上，除去灌溉、施肥和燃料等费用每年牧户可净得收入 5 万元左右（表 9.13 和表 9.14）。

表 9.13　示范牧户人工草库仑建设情况

人口/人	劳动力/人	草库仑示范面积/亩	牲畜/只	井/口
2	2	130	150	2

表 9.14　示范牧户经营状况

年牧草产量/吨	年产羊量/只	年纯收入/万元	年毛收入/万元
22.5	50	9	5

生态效益：对“五配套”人工草库伦经营模式进行调查，当人工草库伦外边刮起 18.7m/s 的大风时，人工草库伦内仅有 6.2m/s，夏季林地的气温比外面的低 3～5℃。此外，“五配套”人工草库伦经营模式实施以后，该地区的植被覆盖度与物种数量较项目实施前有显著提高。

3.3.4　绿洲外围沙漠化防治技术

3.3.4.1　八道桥绿洲外围营造柽柳林

该项目区位于八道桥路南，项目区南北均为沙丘，两片沙丘相距不足 500m，如果不通过有效方法阻止沙漠蔓延，两片沙丘在未来几年内有交汇相连的趋势。

2005 年 4 月在该地区通过移栽造林阻止沙漠的蔓延，移栽造林树种为林工站培育的二年生柽柳，苗高 25～40cm，造林前用 50ppm 的生根粉浸泡柽柳幼苗根部 2h，浸泡后分别以 4m 株距和行距造林。为了防止由于风沙侵蚀将柽柳根部吹出地面，保证防风沙蔓延的有效性，移栽幼苗时树坑深度 40cm，在每一树坑中移栽柽柳 2 株。

2005 年 7 月，对移栽幼苗的成活率、苗高等数据进行调查（图版Ⅷ C）。在项目区范围内，超过 80％面积的沙地被柽柳幼苗覆盖，67％的树坑中有柽柳幼苗占据，幼苗成活率 63％，最高幼苗 75cm，最低幼苗 44cm。

3.3.4.2　黑水城沙地营造梭梭林

黑水城位于额济纳旗达来呼布镇以南 32km 处。在西夏和元代时最为鼎盛，是古代丝绸之路上的重要城市。黑水城是西夏古都，在西夏历史上占有非同寻常的地位，也是迄今丝绸之路上保存最完整的一座古城。明以后城渐废，遗址曾出土大量西夏文献资料。由于黑水城的特殊历史文化意义，在近一个世纪内引起社会越来越多的重视。现阶段，由于黑水城所处地区为荒漠戈壁，是我国北方地区沙尘暴发源地，风沙的侵蚀的强烈作用造成黑水城的一部分城墙已被沙子所掩埋，如果有效延缓风沙的推进速度，不但可以防止黑水城有被沙漠掩埋，我国北方的大部分地区在每年春季遭受沙尘暴袭击的状况也会得到改善。

2006年4月，在黑水城500m左右地方开始，移栽种植梭梭幼苗，梭梭幼苗为林业工作站培育的二年生幼苗，幼苗高30～55cm、根系长25cm以上。造林时间为开春冰雪融化后的四，五月份，造林方法为深坑造林法，使用植物多酚保水剂，移栽梭梭密度4m×4m。在局部整地以后，由人工进行挖坑，坑的规格长×宽为40 cm×40cm、深30cm，由于造林地区风沙大，土壤水分含量低，为了保证每坑内均有幼苗成活，每坑内放2～3株幼苗。填埋土壤后灌水，注意苗原根茎低于穴平面下5～8cm。移栽幼苗后10天，对坑内灌水，以使幼苗顺利渡过缓苗期，提高造林成活率。由于黑水城地区地下水分含量少，每年需给移栽后的梭梭幼苗补给供水3次，以防止已经移栽成活的梭梭由于水分供给不足而死亡。

2006年8月，对梭梭造林效果进行调查（图版Ⅷ D)。该地区梭梭存活率82%，幼苗高度分布范围55～75cm。通过在该地区营造梭梭林，移栽幼苗的地方已形成延缓风沙蔓延的隔离带，对防止风沙侵蚀黑水城起到了一定的作用。

参考文献

包永平，王景余，孙德学等．2004. 沙棘平茬复壮更新技术研究．防护林科技，60（3)：14，20

李俊清，崔国发．2000. 西北地区天然林保护与退化生态系统恢复理论思考．北京林业大学学报，22（4)：1-7

刘钟龄，朱宗元，郝敦元．2002. 黑河流域地域系统的下游绿洲带资源——环境安全．自然资源学报，17（3)：286-293

闫志坚，杨持，高天明．2006. 我国西部草地生态恢复与建设的对策和战略思考．北方经济，9：43-45

Archer S, Scifres S, Bassham C R, et al. 1988. Autogenic succession in a subtropical savanna: conversion of grassland to thorn woodland. Ecological Monographs, 58: 111-127

Aronson C Floret C, E Le Floćh, et al. 1993. Restoration and rehabilitation of degraded ecosystems in arid and semiarid lands. Ⅰ. A view from the south. Restoration Ecology, 8-17

César J. 1989. L' influence de l' exploitation sur la perennite des paturages de savane. Ⅱ. Role du systeme racinaire dans la degradation du pattirage. Fourrages, 120: 382-392

Frank D A, McNaughton S J. 1991. Stability increases with diversity in plant communities: empirical evidence from the 1988 Yellowstone drought. Oikos, 62: 360-362

Le Houérou H N. 1969. La vegetation de la Tunisie steppique. Annals de l' Institut National de Recherche Agronomique de la Tunisie, 42: 1-622

Odum E I', Finn J T, Franz E H. 1979. Perturbation theory and the subsidy-stress gradient. Bioscience, 29: 349-352

Ovalle C, Avendaiño J. 1987. Interactions de la strate ligneuse avec la strate herbacee dans les formations d' Acacia cazlen (Mol.) Mol. au Chili. I. Influence de l' arbre sur la composition floristique, la production et la phenologie de la strate herbacee. Oecologia Plantarum, 8: 385-404

Walker B H, Noy-Meir I. 1982. Aspects of the stability and resilience of savanna ecosystems. *In*: Huntley B H, Walker B H. Ecology of tropical savannas. Berlin: Springer-Verlag

Whittaker R H. 1972. Evolution and measurement of species diversity. Taxon, 21: 213-251

A. 胡杨花粉粒（放大）

B. 胡杨花粉粒

C. 胡杨雄花芽叶芽

D. 胡杨雌花芽叶芽

E. 胡杨雌花

F. 胡杨雌花序

G. 胡杨雄蕊及苞片

H. 胡杨雌花序

I. 胡杨雄花序

J. 胡杨雄花序

K. 胡杨雌、雄花（序）同序或同株

L. 胡杨雌、雄花（序）同序或同株

(张昊和燕玲摄)

图版Ⅱ

胡杨叶形变异展示（张昊和李景文摄）

A. 胡杨苗库（武逢平 摄）

B. 胡杨果实（曹德昌 摄）

C. 胡杨种子雨（刘倩雯 摄）

D. 胡杨种子（过易和赖家蓉 摄）

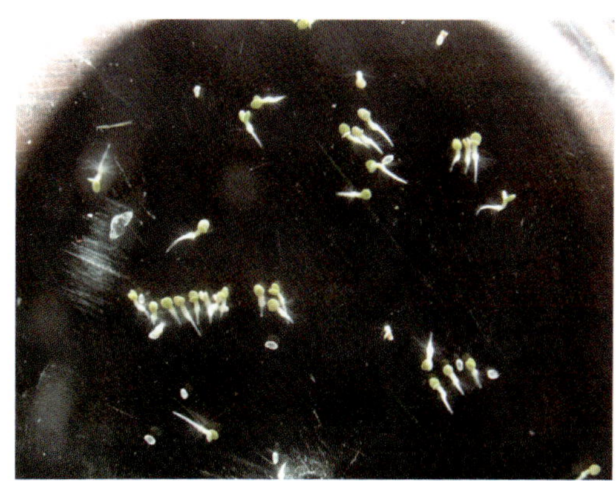

E. 胡杨种子萌发（过易和赖家蓉 摄）

F. 胡杨根蘖（曹德昌 摄）

图版Ⅳ

A. 胡杨根蘖幼苗（武逢平 摄）

B. 阶地胡杨+柽柳林（武逢平 摄）

C. 沙地荒漠化胡杨疏林（武逢平 摄）

D. 河漫滩胡杨林（李景文 摄）

E. 苦豆子（武逢平 摄）

F. 白刺（武逢平和郎金顶 摄）

G. 骆驼蓬（尚红喜和莫小雪 摄）

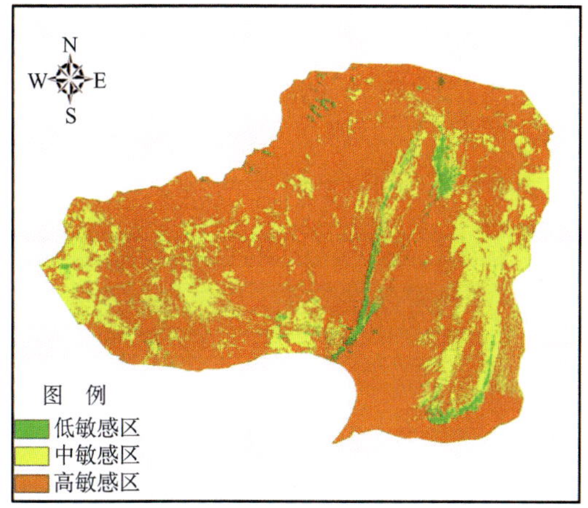

A. 基于植被覆盖度的研究区
土地沙漠化敏感性评价图

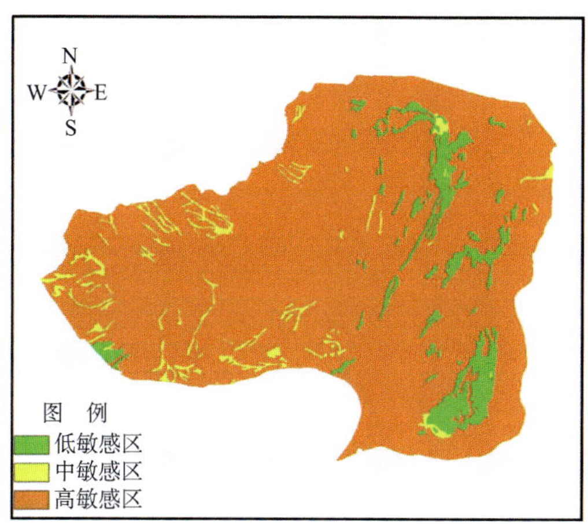

B. 基于土壤质地的研究区
土地沙漠化敏感性评价图

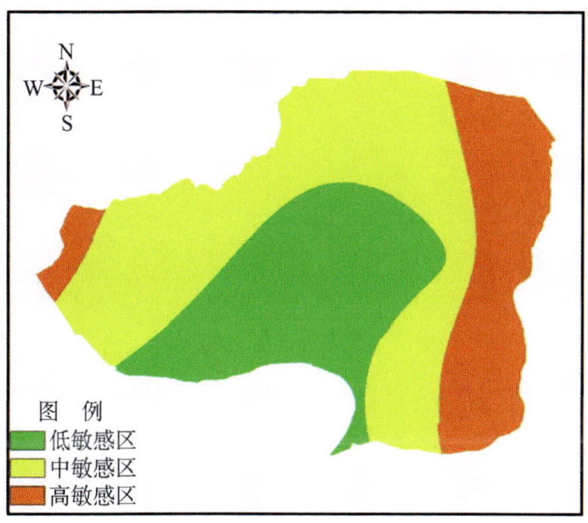

C. 基于大风天数的研究区
土地沙漠化敏感性评价图

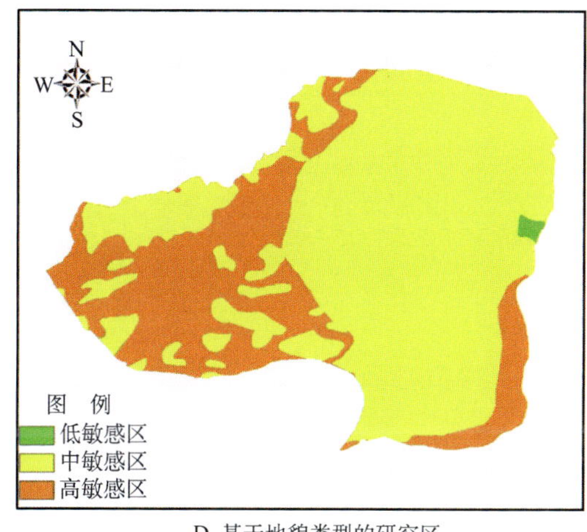

D. 基于地貌类型的研究区
土地沙漠化敏感性评价图

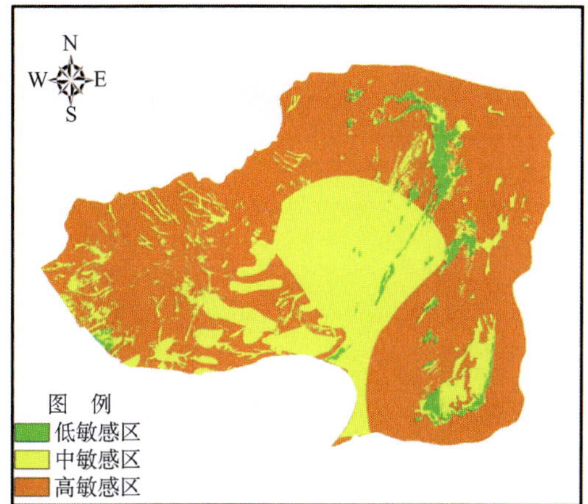

E. 研究区土地沙漠化敏感性综合评价图

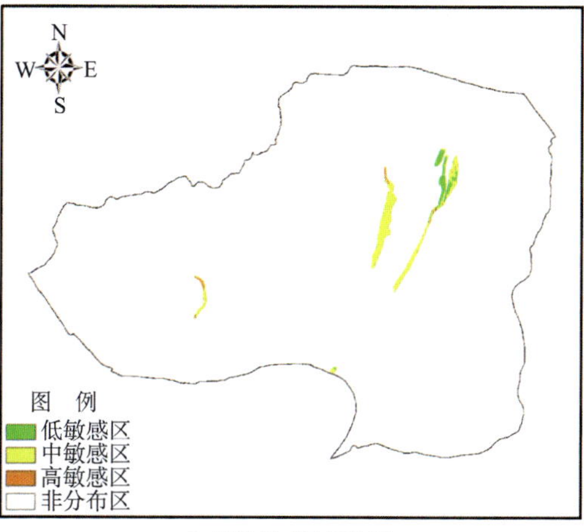

F. 胡杨敏感性评价图

图版Ⅵ

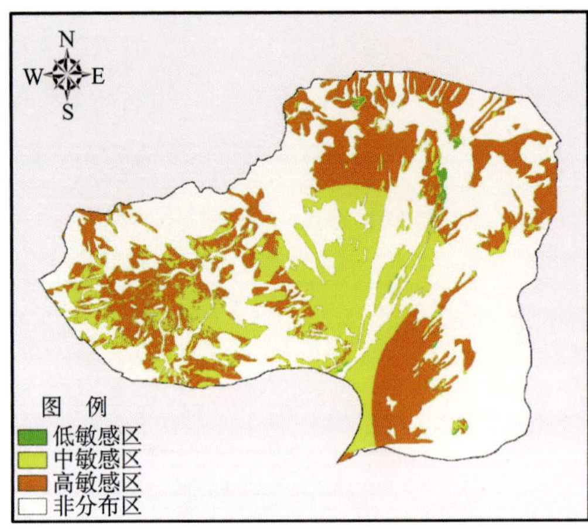

A. 红砂敏感性评价图

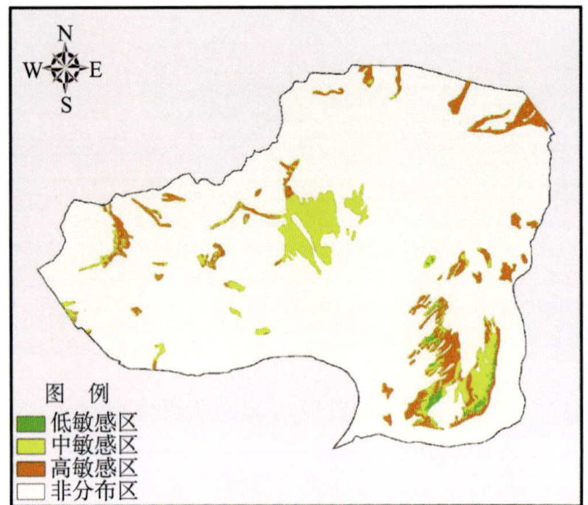

B. 梭梭敏感性评价图

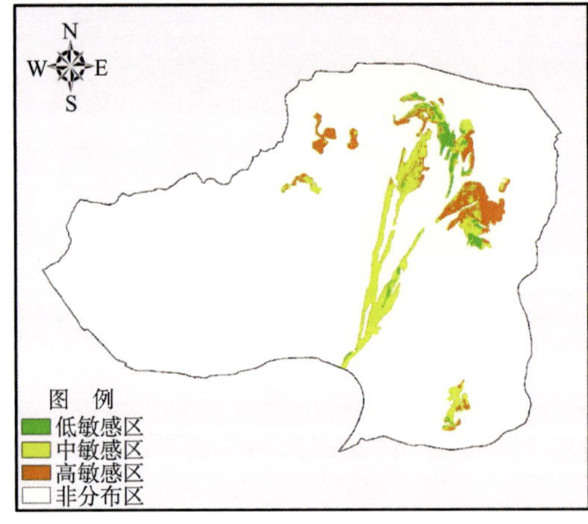

C. 柽柳敏感性评价图

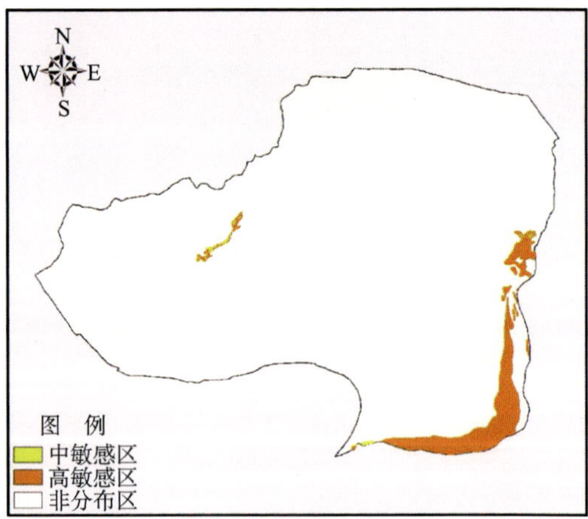

D. 蒙古沙拐枣敏感性评价图

A. 七号山梭梭造林效果（武逢平 摄）

B. 二道桥胡杨开沟断根（武逢平 摄）

C. 四道桥围封后效果（武逢平 摄）

D. 八道桥补造柽柳

E. 柽柳平茬效果（武逢平 摄）

F. 未平茬柽柳（武逢平 摄）

图版Ⅷ

A. 柽柳平茬-未平茬对比（武逢平 摄）

B. “小生物圈”草料地

C. 八道桥生根粉造林区（武逢平 摄）

D. 黑水城梭梭阻沙林（王艳和武逢平 摄）